管理的哲学

道法术器势

PHILOSOPHY OF MANAGEMENT

杨宝根／著

中国经济出版社
CHINA ECONOMIC PUBLISHING HOUSE

·北京·

图书在版编目（CIP）数据

管理的哲学：道法术器势 / 杨宝根著. -- 北京：中国经济出版社，2025. 2. -- ISBN 978-7-5136-8068-4

Ⅰ. F272

中国国家版本馆 CIP 数据核字第 2025Q8S989 号

责任编辑	贺　静　邓婉莹
责任印制	李　伟
封面设计	任燕飞

出版发行	中国经济出版社
印 刷 者	北京艾普海德印刷有限公司
经 销 者	各地新华书店
开　　本	710mm×1000mm　1/16
印　　张	14.25
字　　数	225 千字
版　　次	2025 年 2 月第 1 版
印　　次	2025 年 2 月第 1 次
定　　价	69.00 元

广告经营许可证　京西工商广字第 8179 号

中国经济出版社 网址 http://epc.sinopec.com/epc/　社址 北京市东城区安定门外大街 58 号　邮编 100011
本版图书如存在印装质量问题，请与本社销售中心联系调换（联系电话：010-57512564）

版权所有　盗版必究（举报电话：010-57512600）
国家版权局反盗版举报中心（举报电话：12390）　服务热线：010-57512564

序 言
PREFACE

作为资深长寿企业的研究者，后藤俊夫于2017年受中国人民大学商学院邀请，分享日本百年老店长寿的秘诀。在讲解了企业经营管理理念的基础上，他得出的核心结论是：日本长寿企业都践行《荀子》中的"先义后利"、《周易》中的"积善之家，必有余庆"等理念，即企业必须首先为社会作贡献和成就客户，其次再获取利益，这就是企业长寿的秘诀。同时，日本长寿企业都在认真学习和实践中国的传统国学《论语》《中庸》《礼记》《大学》等儒家思想，《道德经》《韩非子》《孙子兵法》等道家、法家、兵家思想，最终使日本成为拥有长寿企业最多的国家。我国独立学者米鸿宾在日本交流期间，也对日本长寿企业进行了深度调研，并著有《一生感动：日本匠人精神与家训》（东方出版社，2021），得出与后藤俊夫高度一致的结论：日本企业家不仅学习中华优秀传统文化，而且将其持续不断地传承，为此缔造了大量的百年老店。

几千年来，我国诞生了无数哲学家、思想家，他们的思想是中华文明智慧的结晶。其中，"道法术器势"的哲学理念更是集中体现了古人对世界本质、事物发展规律以及人类行为准则的洞察。虽然2000多年过去了，科技已经非常发达，市场全球化也成为常态，但"道法术器势"依然具有旺盛的生命力，并且展现出更加广泛的实用性和深远的影响力。

"道法术器势"作为一种哲学思想，是对自然、社会以及人类行为的综合概括和高度提炼。其中，"道"的核心理念和价值观，代表着事物的本质和规律，是指导我们行为的根本准则；"法"是规则和制度，为我们提供了行为规范和决策依据，保障社会的公平和秩序；"术"是方法和技能，指通过高效的运作管理将制度有效落地，进而实现既定目标；"器"是工具和平台，给我们提供了实现目标的物质基础和技术支撑，有效拓展了我们的发展空间；"势"是形势和趋势，反映了事物的发展方向和变化规律，为我们的决策和行动提供了重要参考。

在企业领域中，"道法术器势"的哲学指导如下。

"道"是企业必须建立愿景和使命，是企业为什么而存在、该朝哪个方向努力的核心理念。企业的使命是为实现客户梦想而不断努力，企业在建立核心价值观时，需要遵循三大自然法则。

- 法则一：成就客户。客户是企业收入的主要来源，是企业的衣食父母，必须建立"以客户为中心"的企业价值观。
- 法则二：成就员工。员工是给客户创造价值、给企业带来收益的核心原动力，必须践行"以员工为本"的价值观。
- 法则三：成就产业链上下游。任何事物都离不开社会这个大家庭，企业同样离不开它们的"小圈子"社会，也就是产业生态圈。只有让整个产业生态圈实现良性发展，构筑"命运共同体"，实现共生、共赢，才能保障企业长期可持续发展。

"法"是法律法规，对于企业来说就是基于企业文化价值观建立的规章制度。对于企业的研发、销售、交付、售后等核心业务，必须建立"以客户为中心"的企业价值观，建立"从客户中来，到客户中去"的管理制度，围绕客户的需求和期望开展业务和工作。对于企业内部的支撑部门，必须建立"以内部客户为中心"的业务制度，实现内部客户的期望和目标，助推核心业务部门为企业持续创造价值。同时，要建立"以员工为本"的管理制度。首先，要有清晰的职业发展规划和薪酬福利制度，让员工看到个人在企业的未来，看到自身晋升的机遇，激发员工持续工作的激情和活力。其次，要针对员工管理、干部管理设置"不拘一格用人才"的越级提拔制度，也要有通过末位淘汰激活团队的管理制度，真正实现"能者上、平者让、庸者下、劣者汰"的人才管理机制。最后，保障员工管理各项制度落地的方式就是拥有公平公正、公开透明的执行力，让员工建立对企业的信任，增强员工的归属感和荣誉感，激发员工的工作热情。

"术"是运作管理的技巧和方法。标准化、规范化、流程化的运作是最高效的运作管理方式。流程的本质是业务，流程是业务的最佳实践，是让"以客户为中心"的业务管理制度通过标准化的程序得以运作，指导员工进行规范化、标准化作业。流程需要与组织框架匹配，通过明确角色和职责建设流程化组织，有效避免岗位不清、职责不清、组织冗余等问题。所有组织必须围绕业务开展工作，一方面承担流程中的职责，另一方面持续提升职能部门的作战能力（平台能力、员工能力等），更高效、优质地执行任务。

"器"是工具，即现代企业的"武器装备"，如工具平台、业务管理平台、用于办公的 IT 系统平台、数据统计分析平台等。这些都是提升员工办公效率的工具，强大的平台能铸就"铁打的营盘"，使平凡的员工创造出不平凡的业绩。

"势"是气势，是企业通过坚持公平公正、信守承诺打造出的气势。有了良好的企业文化价值观和相应的企业管理制度，辅以匹配的流程和组织建设，加上强大的工具平台，以及强大的执行力这一推手，就能打造企业之势。即使企业的规章制度再完善，若执行力度不够，仍会有员工浑水摸鱼、消极怠工，导致企业开始走下坡路。

"道法术器势"的概念有一个非常突出的特点，就是在不同行业的任何业务场景下，企业都可以参考这种思维模式进行分析，不仅简单实用，而且能够帮助企业构建系统化的结构，快速建立体系化运营系统，打造出强大的"体魄"以适应越来越不确定的外部环境，实现长期可持续高质量发展。

杨宝根于重庆

2024 年 8 月 25 日

目 录
CONTENTS

第一章 1 为什么优秀企业的成功经验难以复制　001

第一节　拥有百年老店最多的国家为什么是日本　004
第二节　为什么优秀企业的成功经验难以复制　007
第三节　古代国学智慧对企业的启示　008
第四节　"道法术器势"助力打造"无为而治"的现代化企业　013
第五节　本章小结　016

第二章 2 道　017

第一节　何谓"道"　019
第二节　企业长青之道有哪些自然法则　025
第三节　如何设计企业文化　029
第四节　企业如何传承传统文化　039
第五节　"道"在企业中的应用——成就内部客户　047
第六节　"道"的小结　053

001

第三章 3 法　　055

第一节　何谓"法"　　057
第二节　为什么要把企业建成"法治企业"　　060
第三节　如何建立良好的企业制度　　062
第四节　如何建立"以客户为中心"的业务制度　　081
第五节　如何建立"以员工为本"的业务制度　　112
第六节　建立企业良好的生态圈　　123
第七节　"法"的小结　　126

第四章 4 术　　129

第一节　何谓"术"　　131
第二节　企业管理之"术"的核心价值是什么　　132
第三节　如何设计业务流程　　138
第四节　流程建设需要两个支撑　　152
第五节　"术"的小结　　156

第五章 5 器 159

第一节 何谓"器" 161
第二节 "器"在企业中的价值 161
第三节 企业如何打造自己的工具 162
第四节 "器"的小结 184

第六章 6 势 187

第一节 何谓"势" 189
第二节 "势"在企业中的价值 189
第三节 如何打造企业之"势" 193
第四节 企业执行力不足导致的常见问题 206
第五节 "势"的小结 209

第七章 7 "道法术器势"永不过时 213

第一章

为什么优秀企业的成功经验难以复制

一家优秀的企业，不仅能获得客户的认可，而且有着清晰的发展战略、稳定的客户群体、高素质的员工队伍，以及可观的利润等，往往成为其他企业效仿的对象。

优秀的企业通常有很多闪光点：

- ◆ 产品质量优异——能够获得客户高度认可。
- ◆ 售后服务优质——客户满意度较高。
- ◆ 企业文化优秀——时刻引领全体员工朝企业目标共同努力。
- ◆ 产品创新层出不穷——应对不断变化的市场。
- ◆ 薪资待遇优厚——能够汇聚较多人才力量。
- ◆ 精益求精的工匠精神——把普通产品做到极致。
- ◆ 非常重视人才——不论资排辈，能够实现能者上、庸者下，不拘一格用人才，让员工充分发挥才能，使企业的价值最大化。
- ◆ 企业管理现代化——具备良好的管理制度、运作流程、IT管理平台、员工发展机制和强大的执行力，鼓励员工坚持学习业务知识、向优秀员工及同行学习，持续优化部门业务，推动企业可持续发展。

优秀企业都有这样或那样的优点，但其他企业在模仿和学习优秀企业后，并没有取得良好的效果，为什么？

因为，企业的优秀从来不是某一个点的优秀，而是整个系统的优秀。优秀企业通常具备优秀的企业文化、价值理念、制度建设、业务运作管理、工具平台支持，以及公开透明的内部监管和强大的执行力。一家企业只有具备良好的企业文化理念、从宏观到微观全流程落地的制度、始终围绕客户需求的主动服务意识、以员工为本的企业家精神以及强大的执行力，才有可能成为优秀的企业。我们看到的优秀往往是局部现象，而内部运作管理一定是系统性的。

第一节　拥有百年老店最多的国家为什么是日本

2017年，中国人民大学商学院举办企业管理交流论坛，日本经济大学经营学院院长、日本长寿企业研究领域第一人后藤俊夫发表了《长寿企业与工匠精神》主题演讲[1]。

在本次演讲中，后藤俊夫指出，全球百年老店数量排名前十的国家依次为：日本、美国、德国、英国、瑞士、意大利、法国、澳大利亚、荷兰及加拿大。除此之外，世界上还有136个国家存在百年老店。

2017年全球百年老店数量排名前十的国家及其人口统计如表1-1所示。

表1-1　2017年全球百年老店数量排名前十的国家及其人口

排名	国家	百年老店数量/家	人口/亿人
1	日本	25321	1.26
2	美国	11735	3.32
3	德国	7632	0.83
4	英国	3435	0.67
5	瑞士	1747	0.09
6	意大利	1472	0.59
7	法国	1319	0.68
8	澳大利亚	1086	0.26
9	荷兰	1060	0.18
10	加拿大	828	0.38

注：作者根据演讲稿内容整理。

接下来，后藤俊夫对日本的情况做了更为详细的说明。2017年，日本拥有企业260多万家。其中，百年老店有25321家[2]，超过200年历史的企业有3939家，300年以上历史的企业有1938家，而500年以上历史的企业有147家。令人吃惊的是，日本竟然有21家1000年以上历史的企业，排名第一的企业叫金刚组，是一家木结构建造公司，创立于公元578年，是世界最古老的企

---

[1] 后藤俊夫，王筱卉. 继承者：日本长寿企业基因 [M]. 上海：上海交通大学出版社，2019.
[2] 2023年，日本的百年老店数量超过33000家，并且以每年超过1000家的速度持续增加。

业，并因此入选吉尼斯世界纪录。

后藤俊夫针对长寿企业总结出实现长寿经营的三大条件、六大因素和工匠精神。

（1）三大条件

第一，有相对现代的管理体系。今天，日本大部分企业在人事、财务、市场营销及风险管理上具备了现代化的管理能力。

第二，有良好的外部发展环境。国家的各项经济政策和企业管理政策有利于企业发展和经济发展，这给企业提供了良好的经营环境。

第三，有企业文化传承。这是后藤俊夫认为最重要的一点——在日本文化里，使家业存续并传承给下一代的意愿非常强烈，这也是企业长寿的重要因素之一。

（2）六大因素

第一，长期战略，着眼未来。作为企业经营的负责人，不能仅仅考虑个人的任期，还要为整个家族的后代考虑如何能够使企业持续发展下去。

第二，拒绝短期机会主义。日本的长寿企业注重长期可持续增长及家族事业的传承，即便遇到短期发展机会，也会出于安全考虑避免投机。

第三，强化核心竞争力。企业在发展过程中，市场环境、客户需求都会发生相应的变化。为实现长久生存和健康发展，企业要不断加强自身建设，提升核心竞争力。

第四，重视与利益相关者的长期关系。长寿企业非常重视与员工、客户、供应商、地区、社会之间的利益关系，与合作伙伴实现共赢，确保长期合作。

第五，风险管理意识强烈。任何企业经营都有风险，做好风险识别、风险预防、风险规避、风险转移等管理措施，最大化降低经营风险，是长寿经营的一个重要条件。

第六，实现持续发展的强大意志力。日本文化里有一种强烈的信念，即家族企业必须存续并传承下去，这也是日本长寿企业非常多的重要原因。

（3）工匠精神

第一，精益求精的精神。具体包括：注重细节，追求完美和极致；不惜花费时间和精力，孜孜不倦地反复改进产品；不断提升产品质量，即使良品率已经达到99%的产品，也要继续努力提高到99.9%甚至是99.99%。

第二，承担社会责任。一个企业必须为社会做出应有的贡献，推动社会进步和发展。同时，防止污染环境、避免损害员工身体健康等也是企业的社会责任。

最后，后藤俊夫的总结让人有些意外："日本之所以能够成为拥有长寿企业最多的国家，是因为我们非常认真学习并践行了中国古代哲学思想。"其中，有两句话几乎所有长寿企业都在践行。

第一句是《荀子·荣辱》中的"先义而后利者荣"。这句话的意思是，重视企业在社会上的信用，重视产品的质量和价值，然后再获取利益。

第二句是《周易》中的"积善之家，必有余庆"。日本几乎所有长寿企业都有类似的家训——必须为社会作贡献、为客户作贡献，自然而然就会有更多的收益。

除上述两句话外，大部分日本企业还学习并遵从仁义礼智信、修身、齐家、勤俭节约等中国的儒家思想，通过规范的制度、强大的执行力管理企业。中国有一句古话，叫作"富不过三代"，但是日本长寿企业实现了"富可过三代"，其中，最根本的原因就是它们把中国传统文化的精髓落到实处。

我国独立学者米鸿宾曾深度研究过日本的长寿企业，他的研究结论和后藤俊夫高度相似，就是日本几乎所有的长寿企业都在学习中国的传统文化，从《周易》《道德经》《论语》《孟子》《荀子》《诗经》等中深度汲取中国医疗、建筑、历法、礼仪、服饰、农耕、饮食、养生、茶道、剑道等领域的先进文化与技术，并结合本土实际环境融合创新，极大地促进了日本社会的发展。

日本长寿企业的发展模式可归纳为以下四个阶段，如图1-1所示。

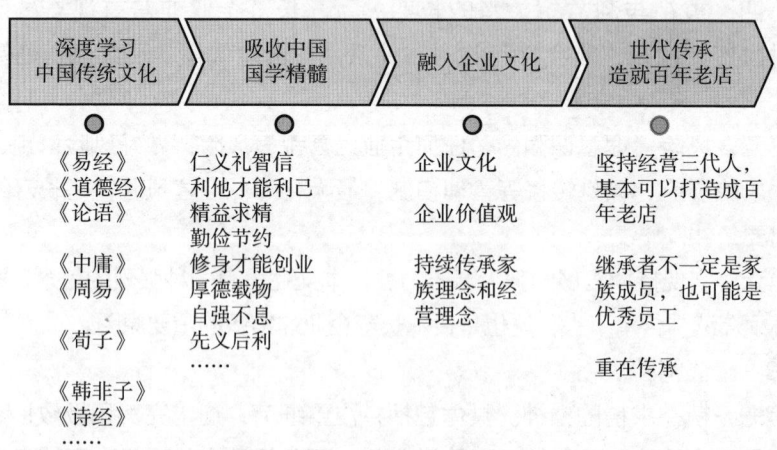

图1-1 日本长寿企业的发展模式

中国古代有大量的思想家、哲学家，其中儒家、法家、道家、兵家等思想的精髓对人生哲理、处世哲理、兵家哲理、经商哲理、治国哲理，以及自然万物的和谐共生给出了清晰的指导和说明。很多经典名句都是亘古不变的真理，需要我们深度学习、充分理解和身体力行地践行。对企业经营管理来说，先贤的思想也有着巨大的指导作用。

第二节　为什么优秀企业的成功经验难以复制

优秀企业往往是大家学习的对象。然而，即使学习借鉴了优秀企业的成功经验，一些企业还是很难让自己改头换面，获得显著的进步。例如，对于华为企业文化核心的"以客户为中心，以奋斗者为本"，大家很容易读懂和理解，很多企业也基本是按照这个思路开展业务的，但是应用效果往往和华为相差很大，甚至毫无效果。企业的系统化运作，需要宏观规划、系统设计、组织运作、全流程落地的端到端解决方案，以及"战略到执行"全方位落地的解决方案，不是简单的一两句话就能领悟的。道理大家都懂，但是其中的精髓很难被复制。

很多企业在学习借鉴优秀企业的经验时，还有一个误区，就是只聚焦它们认为最重要的内容进行学习。这种片面的学习很难达到好的效果，因为这只是复制了优秀企业某些"点"的内容，并没有形成"面"和管理体系，也没有理解优秀企业各种文化理念、管理理念的精髓，学到最后往往是不了了之。这些企业的常见问题如下：

①企业文化问题：虽然学习优秀企业的文化、核心价值观，但是业务管理制度并没有嵌入与之相关的文化理念、实现流程化运作，也没有让全员自动自发地执行和管理、践行企业文化价值观，很容易让企业文化理念流于形式。

②企业制度问题：虽然学习优秀企业的制度建设，但是没有把业务制度进行标准化、流程化的建设和运作管理，基本靠人员进行业务管理、制度管理。依靠员工的自觉性和主管的管理能力进行运作，不仅工作效率低下，而且业务质量堪忧。

③业务运作问题：虽然学习优秀企业的流程和流程化组织建设，但是没有以建立良好的企业文化和管理制度为前提，即使有了流程，也主要通过人员管理。各个环节用书面文件或邮件进行串联，没有IT化的工具平台做支撑。在员工队伍较大、工作地点较为分散的情况下，运作管理效率依然低下。

④工具平台问题：虽然学习优秀企业的工具平台建设，但是业务制度不健全，业务流程未梳理清晰。工具平台无法使业务顺畅地运作，只会在某个业务节点上提速，无法系统性地提升业务效率。

⑤执行落地问题：虽然学习优秀企业的执行力，但是没有相应的企业文化、良好的企业制度、自动自发的运作模式和工具平台做支撑。业务的方向是什么、企业导向的价值观是什么、业务活动的优先级是什么、质量管控标准是什么、用什么工具执行最有效等都不清晰，盲目地高效执行，很难达到预期的效果，甚至可能适得其反。

企业管理是一个系统工程，不是"头痛医头、脚痛医脚"的管理方式，任何问题的背后都可能涉及管理制度不完善、干部滥用职权、员工奖惩不公、员工敷衍了事、执行力差等深层原因。还有大量企业虽然在学习华为的管理模式，包括企业文化、管理制度、流程运营、平台建设、执行力等，但是在激励员工、提高薪酬待遇上，始终不愿意付出更多，把华为的管理理念强加到员工身上，工作反而越做越累，使员工的工作激情一步步丧失。

第三节　古代国学智慧对企业的启示

中国是世界上唯一一个传统文化没有中断的国家。

四大文明古国包括古中国、古印度、古巴比伦、古埃及，而古希腊通常也被视为重要的古老文明之一。印度文明被入侵的雅利安人带来的伊斯兰教中断，导致印度很少有人再信奉佛教，目前主要信奉印度教；古巴比伦被亚述帝国吞并，后被波斯帝国占领，文明彻底中断；古埃及被罗马帝国侵略后，又被阿拉伯国家侵略，文明彻底消亡；由于马其顿的亚历山大在统一希腊后英年早逝，罗马帝国很快入侵了古希腊，古希腊文明融入罗马文化，此后古希腊文明不复存在。

与之相对，中国数千年的文明、文化和传统一直是连续的。甲骨文、金文、篆书、隶书、草书、楷书、行书，不仅有清晰的发展演变轨迹，也是中华文明发展过程的一个缩影。早在远古时期，中国的文化传统、文化精神就已经建立、传承和发展，这造就了中国人独特的社会行为、经济观念、伦理道德体系，而这就是传统文化，经过数千年的传承，至今依然生生不息。生活在现代社会的中国人，依然在日常生活中、教育中、各行各业的职业生涯中，不断学习和践行中国的传统文化。中国的文化不仅历史悠久，而且充满智慧，世界各国也纷纷对其研究和学习。

如下是一些先贤思想对现代企业的启示。

儒家思想（道、器的理念）

- **仁爱理念（仁）**：道千乘之国，敬事而信，节用而爱人，使民以时。人而不仁，如礼何？人而不仁，如乐何？里仁为美，择不处仁，焉得知？不仁者不可以久处约，不可以长处乐。仁者安仁，知者利仁。德不孤，必有邻。

企业启示：员工是企业最重要的财富，企业要尊重员工、关爱员工、助力员工成长。

- **正义理念（义）**：富与贵，是人之所欲也；不以其道得之，不处也。放于利而行，多怨。君子喻于义，小人喻于利。富而可求也，虽执鞭之士，吾亦为之。如不可求，从吾所好。不在其位，不谋其政。无欲速，无见小利。欲速，则不达；见小利，则大事不成。

企业启示：企业应当满足社会公众的共同利益，要对社会的进步和发展有益，为社会和人类作出贡献，建立先义后利的经营思维。

- **道德要求（礼）**：博学于文，约之以礼，亦可以弗畔矣夫。不知命，无以为君子也；不知礼，无以立也；不知言，无以知人也。克己复礼为仁。一日克己复礼，天下归仁焉。名不正，则言不顺；言不顺，则事不成；事不成，则礼乐不兴；礼乐不兴，则刑罚不中；刑罚不中，则民无所措手足。

企业启示：企业要遵守社会规范和道德规范，遵纪守法。要建立规范的管理制度，不学礼，无以立；无规矩，不成方圆。

- **明辨是非（智）**：知者不惑，仁者不忧，勇者不惧。知之者不如好之者，好之者不如乐之者。君子欲讷于言而敏于行。

企业启示：企业的价值观应导向正确，企业要合规诚信经营，承担社会责任。

- **诚信为本（信）**：人而无信，不知其可也。大车无輗，小车无軏，其何以行之哉？言忠信，行笃敬，虽蛮貊之邦行矣；言不忠信，行不笃敬，虽州里行乎哉？言必信，行必果，硁硁然小人哉！抑亦可以为次矣。

企业启示：诚信是个人立命之基、企业立业之本、社会立行之规、国家立事之责。对待客户、员工、产业链上下游的合作伙伴，企业必须诚实守信。

- **以和为贵**：礼之用，和为贵。君子矜而不争，群而不党。君子和而不同，小人同而不和。己所不欲，勿施于人。

企业启示：和气生财，企业只有以"和"的精神对待员工、客户、产业链上下游的合作伙伴，共生共赢，才能形成一种凝聚力，帮助企业持续发展。

◇ 修身养性：博学而笃志，切问而近思，仁在其中矣。三人行，必有我师焉。择其善者而从之，其不善者而改之。见贤思齐焉。三军可夺帅也，匹夫不可夺志也。巧言乱德，小不忍，则乱大谋。巧言令色，鲜矣仁。岁寒，然后知松柏之后凋也。其身正，不令而行；其身不正，虽令不从。修身、齐家、治国、平天下。

企业启示：员工要坚持学习，向优秀的同事、优秀的团队、优秀的同行学习。企业也要坚持学习，成为学习型组织、学习型企业，如此员工和企业才能持续进步。

道家思想（道的理念）

◇ 道法自然：人法地，地法天，天法道，道法自然。天地不仁，以万物为刍狗；圣人不仁，以百姓为刍狗。道之尊，德之贵，夫莫之命而常自然。

企业启示：企业发展如果遵从自然规律，顺势而为，就容易获得成功；如果违背自然规律，就容易遭遇挫折和失败。

◇ 无为而治：治大国若烹小鲜。道常无为而无不为。为无为，则无不治。

企业启示：企业不能基于管理者的喜好进行管理，而是要运用合理的制度。"无为"不是无所作为，而是在良好制度的基础上，通过"无为而治"的运作手段进行管理，防止管理者肆意妄为的"有为"。

◇ 天长地久的本质：天长地久。天地所以能长且久者，以其不自生，故能长生。是以圣人后其身而身先，外其身而身存。非以其无私邪？故能成其私。

企业启示：企业只有为社会和客户作贡献，才能长久地生存，因为成就社会与客户，本质上也是成就企业自身。

法家思想（法、术、势的理念）

◇ 无为而治的管理：治大国而数变法，则民苦之。是以有道之君贵静，不重变法。故曰："治大国若烹小鲜。"

企业启示：企业管理需要"无为而治"的管理方式。

◆ 法治才能走向强大：圣王者不贵义而贵法，法必明，令必行，则已矣。

企业启示：企业必须建成法治企业，才能走向强大。

◆ 用人以品德优先：德者，内也。得者，外也。

企业启示：用人首先看品德，其次看才能。

◆ 细节决定成败：千丈之堤，以蝼蚁之穴溃；百尺之室，以突隙之烟焚。

企业启示：管理在于细节，在于严谨，否则再庞大的企业帝国也会因为一些"蛀虫"而毁于一旦。

◆ 管理者要敢于接受批评：明君之道，贱德义贵，下必坐上，决诚以参，听无门户，故智者不得诈欺。且至言忤于耳而倒于心，非贤圣莫能听。

企业启示：企业要敢于让全员提建议、反馈问题，如果下属有过错，那么上级也难辞其咎。能够听进去批评，才是优秀的管理者。

◆ 唯才是举：夫物有所宜，材者有所施，各处其宜，故上下无为。内举不避亲，外举不避仇。故大人寄形于天地而万物备，历心于山海而国家富。下君尽己之能，中君尽人之力，上君尽人之智。

企业启示：用人要用长处，用人不避亲仇。管理者用人的能力决定其事业成就的高度，优秀的管理者要引导员工把聪明才智充分发挥出来。

◆ 赏罚分明：故赏贤罚暴，誉善之至者也；赏暴罚贤，举恶之至者也。明赏罚，则伯夷、盗跖不乱。如此，则白黑分矣。

企业启示：赏罚分明，才能让员工有安全感和归属感，使全体员工以正确的价值观朝目标努力。

◆ 管理者需要以身作则：劳苦不抚循，忧悲不哀怜，喜则誉小人，贤不肖俱赏，怒则毁君子，使伯夷与盗跖俱辱，故臣有叛主。

企业启示：管理者必须以身作则，用企业规章制度和纪律规范约束自己，然后在此基础上指导员工做事。

◆ 注重长远利益：顾小利，则大利之残也。

企业启示：企业要关注长远利益，而不是短期利益。

◆ 执行力要强：能法之士，必强毅而劲直，不劲直，不能矫奸。

企业启示：企业需要有强大的执行力。

兵家思想（道、势的理念）

◆ 出奇制胜：兵者，诡道也。兵无常势，水无常形。攻其无备，出其不意。凡战者，以正和，以奇胜。故善出奇者，无穷如天地，不竭如江海。

企业启示：市场重在奇招、重在创新，企业需要用创新的产品打开市场、占领市场。

◇ 知彼知己，百战不殆：知彼知己，百战不殆。先知者，不可取于鬼神，不可象于事，不可验于度，必取于人，知敌之情者也。

企业启示：市场竞争中的竞争分析至关重要，企业需要通过行业趋势分析、市场需求分析、竞争对手分析、客户需求分析等制定有竞争力的战略战术。

◇ 全体员工拧成一股绳：道者，令民与上同意也，故可以与之死，可以与之生，而不畏危。善用兵者，携手若使一人。

企业启示：企业只有建立共同的愿景和目标，建立以员工为本的管理机制，让全体员工拧成一股绳，朝同一目标共同努力，才能打造出一支强大的团队。

◇ 避实就虚：善用兵者，避其锐气，击其惰归，此治气者也。夫兵形象水，水之形，避高而趋下，兵之形，避实而击虚。故善战者，致人而不致于人。

企业启示：创业初期的企业其市场竞争力相对薄弱，企业要善于利用空白的蓝海市场制定发展战略，待逐步成长壮大后再进军红海市场，只有这样才能在激烈的市场竞争中生存。

◇ 管理者要求：将者，智、信、仁、勇、严也。

企业启示：企业家、高层管理者不仅要有商战谋略和个人威信，还要关爱员工、敢于探索、严格管理。

◇ 注重风险预防：故用兵之法，高陵勿向，背丘勿逆，佯北勿从，锐卒勿攻，饵兵勿食，归师勿遏，围师必阙，穷寇勿迫。

企业启示：企业风险无处不在，企业只有时刻做好风险防范并制定有效的管控措施，才能立于不败之地。

◇ 善于谋略：故上兵伐谋，其次伐交，其次伐兵，其下攻城。不战而屈人之兵。故用兵之法，十则围之，五则攻之，倍则分之，敌则能战之，少则能逃之，不若则能避之。

企业启示：企业应对竞争需要有长短期的战略规划，避免伤敌一千，自损八百。

古代先贤的理念对各行各业都有非常好的指导和借鉴意义。对于期望持续发展壮大的企业来说，更是需要从先贤总结的自然规律中找到适合自己发展的方法，不断地学习和践行，如此才能做到基业长青。

在我国几千年的传统文化中，集道家、法家、儒家、兵家等思想于一体的

"道法术器势",是一种系统化的思维模式,可以应用于各种领域,提供从宏观战略到落地执行的全方位指导,也是一种系统、全面、实用,并且具有前瞻性、可操作性的哲学理念。本书重点将"道法术器势"的哲学理念引入企业管理,并参考企业的经营模式梳理出企业在"道法术器势"各个层面的经营管理思路,使"道法术器势"帮助企业家、高层管理者、职业经理人、骨干员工等端到端、系统地思考业务、改善业务,从而铸造一个强大的管理体系,以应对不断变化的市场环境;同时,帮助企业和全体员工聚焦业务主航道,用工匠精神持续打造企业的核心竞争力。

第四节 "道法术器势"助力打造"无为而治"的现代化企业

"无为而治"是企业管理的最高境界,也是国学经典《道德经》《韩非子》推崇的最佳管理方式,主要是通过制定清晰的法律法规、实行良好的运作管理、严格执法等方式确保法治化管理下的自动运作,避免"人治",从而实现"无为而治"的管理目标。这样做的核心优势是使百姓各得其所、各司其职,通过规范管理流程,减少管控动作,节省管理者的精力,降低内部运作成本,从而将管理资源和社会资源放在最重要的管理环节,提升工作效率。

因此,"无为"不是无所作为的状态,而是通过建立良好的管理制度,将运作流程规范化、程序化,让全员自动融入程序化的管理状态。

几千年来,我国涌现了无数哲学思想家,他们的思想是中华文明智慧的结晶,其中,"道法术器势"的概念更是集中体现了古人对世界本质、事物发展规律以及人类行为准则的洞察。虽然2000多年过去了,科技已经非常发达,市场全球化也成为常态,但"道法术器势"的哲学理念依然具有旺盛的生命力,且展现出更加广泛的实用性和深远的影响力。

"道法术器势"是"无为而治"这一现代化企业管理模式的核心。

- ◇ "道"层面:聚焦企业文化价值观,明确企业经营理念、核心价值观,是"无为而治"的总体指导方针。
- ◇ "法"层面:基于经营理念和价值观,建立良好的企业管理制度,是"无为而治"的根基。
- ◇ "术"层面:通过规范化、程序化的管理,建立良好的运作管理机制,是"无为而治"的方法和手段。

- ◇ "器"层面：通过工具、平台提升运作管理的效率。企业在"无为而治"管理的基础上，还需要持续提升运作效率和运作质量。
- ◇ "势"层面：企业的执行力，是公开透明、强大的执行力。"无为而治"的管理和强大的执行力能够打造出企业的"气势"。

通过上述对"道法术器势"的全面建设，不仅能够实现"无为而治"的企业管理模式，而且由于建立了系统化的工具平台和公开透明、强大的执行力，企业的运作效率更高，更能够打造出企业之"势"。

接下来，我们简要概括一下"道法术器势"的内容。

"道"的概念在《道德经》里解释得最通俗，"人法地，地法天，天法道，道法自然"。"道"就是自然万物的规律，是自然法则。而《周易》从另一个维度对"道"进行了解释："一阴一阳之谓道。"凡事都有阴、阳两个方面，它们互相依存，互相转化，也是宇宙万物生成、变化和消亡的根本原理。对于人类的启示则是事物都有两面性，有高就有低，有美就有丑，有前进就有后退，有好的一面就有坏的一面，理解事物的复杂性和多样性，注重阴阳平衡与协调，才能实现人与社会的和谐发展，这也是自然万物遵循的共同法则。《庄子》针对自然万物规律给出了"道"的解释："天地固有常矣，日月固有明矣，星辰固有列矣，禽兽固有群矣，树木固有立矣。"顺应自然规律能实现人与自然和谐共处、长寿；背离自然规律则会招致灾祸、短寿。

引申至企业管理层面，如果一家企业总是投机取巧，没有高质量的产品和诚信服务提供给客户，没有用合理的工作制度和薪酬制度对待员工，衰亡就是必然趋势。

企业中的"道"就是企业文化价值观，必须是符合企业发展规律的经营理念。

法家思想的典型代表是韩非子、商鞅、申不害、李悝等，他们强调国家必须是法治国家，要有明确的制度和管理措施，通过公平公正的奖惩机制、及时激励机制，让老百姓充分发挥主观能动性，为国家创造价值；反之，对于混日子、懒散的老百姓，也有配套的管理措施调动他们的积极性。

在战国群雄争霸时代，战国七雄都在实施变法，目的就是让国家变得强大。其中，秦国的商鞅变法最彻底，让底层老百姓可以通过自身努力实现阶层的跨越，这种调动全国人民积极性的方式前所未有，秦国的快速强大成为必然。今天的市场经济与战国时期的群雄争霸非常相似，市场竞争是残酷的，环境变化也日新月异，企业之间的竞争往往"不是你死，就是我亡"。没有过硬的产品和服务打动客户，没有激发员工动力的手段和方法，没有产业生态圈和谐共生共赢、长期发展理念的企业，很难在竞争激烈的市场环境中生存。而法家思想恰巧可以通过建立企业的"法治"体系，让"法治"管理在企业中生根发芽，使企业在激烈的市场竞争中存活下来并走向强大。

"术"的概念是运作机制，有了好的企业管理制度，如何去落地，如何高效率管理，是运作机制的关键。《道德经》有个经典名句："治大国若烹小鲜。"用在企业管理中，就是企业的各项业务管理制度必须有良好的运作机制，让其自动自发地运营，各部门主管不用干预，因为良好的管理制度能够保障运营的质量。就好比我们烹饪美食，不需要不停地翻炒，掌握好火候，调料放得恰到好处，自然就能获得一道好菜，不停地干预反而达不到好的效果。企业管理也与之类似，企业制度的落地不是靠主管整天安排各项工作，而是应该依托企业良好的运作机制，明确员工的工作任务，让员工基于工作程序自然而然地去执行。这样不仅可以充分发挥员工的主观能动性，也让主管腾出时间思考业务的长远发展，思考使下属成长的方法，站在更高的维度规划部门的业务。

"器"是搭建工作平台、开发提升业务运作效率的工具，是业务运营的强大后盾。《论语》《墨子》都强调："工欲善其事，必先利其器。"提高工作效率的有效方法，就是制造和开发工具，让工作更加高效。

在企业管理中，工具平台正发挥着越来越不可替代的作用。用于销售、研发、项目交付和维护的业务知识与指导平台，工具、模板、指导书、案例库、培训赋能体系，以及协助办公的通信工具、交通工具、网络办公平台、邮件系统、工作交流群等的应用都是提升员工战斗力的方式。员工能否高效率、高质量地完成工作，工具平台的作用至关重要，这也是企业的核心竞争力之一。

"势"在法家思想中，主要指君主的权势和地位，是君主统治国家的力量和威严，用来维护自己的统治地位，转化为对现代社会的指导思想就是强大的执行力。

打造企业的"势"同样需要强大的执行力。再完美的制度、方案、团队，如果没有强大的执行力，那么一定会前功尽弃。制度管理松懈、奖惩不清晰、执行不到位，整个团队缺乏战斗力、人心涣散，怎么赢得市场、赢得客户？

"道法术器势"打通了从企业顶层设计到全方位落地的各个环节，提供了系统化的解决思路，这是企业管理的哲学指导思想。

进一步地，我们需要考虑如下几个问题。

◇ "道"是自然法则——企业长期生存的自然法则是什么？

- ◇ "法"是法治管理——如何基于企业生存的自然法则建立良好的企业制度，激发全员的活力，生产出客户满意的产品，提供客户满意的服务？
- ◇ "术"是运作管理——企业如何基于良好制度建立自动自发的运作管理机制，从而保障制度的落地？
- ◇ "器"是工具平台——企业如何打造提升工作效率和质量的工具平台，持续提升工作效率和质量，降低内部运营成本，同时支撑企业核心价值观的践行和各项制度的落地？
- ◇ "势"是企业气势、企业的执行力——企业如何打造出自身的气势和威慑力，保障业务运作和管理的高效执行？

企业在创业之初和守业期间，都需要把上述问题考虑清楚，并逐步完善和落实，最终建立系统化的管理体系，这对保障企业的稳定和可持续发展有重要的支撑作用。

第五节　本章小结

为什么优秀的企业很难复制？因为任何优秀的团队和个人都是系统性的优秀。

一家优秀的企业，必定有优秀的企业文化、完善的管理制度、良好的运作机制、超强的执行力、全员的共同努力，如此才能发展为成功的企业，实现全体员工共同的梦想。

企业要想变得优秀，必须打造一个系统工程，从宏观到微观进行系统化的设计，而借鉴了国学智慧的"道法术器势"理念可以给予我们充分的指导。我国台湾地区的"饭店教父"严长寿先生说过："不要想着把事情做大，而要想着把事情做伟大。""道法术器势"也许并不能帮助我们打造出一家大型或超大型企业，但是它能帮助我们打造一家伟大的企业。

"道法术器势"有助于企业生成体系化的管理架构。

"道法术器势"可以实现"无为而治"的管理模式。

"道法术器势"从企业文化、管理制度、运作机制、工具平台、高效执行五个维度，实现从战略到执行的系统性建设，为企业打造强健的体魄，帮助企业获取"剑锋所指，所向披靡"的战斗力。

第二章

道

第一节　何谓"道"

先讲一个小故事。

北宋初年，有一天，宋太祖赵匡胤在朝上突然问大臣："天下什么东西最大？"大臣面面相觑，不知道该如何回答这个问题，安静了一会儿后，终于有人鼓起勇气回了一句"权力最大"。

大臣见宋太祖没有过多表示，才纷纷说出各自的答案，有说"社稷最大"的，有说"孝道最大"的，也有趁机拍马屁说"皇帝最大"的，但宋太祖依然没有什么表情，好像对这些答案都不太满意。

宋太祖转头对宰相赵普说："爱卿，说说你的答案。"

赵普说："我的答案就两个字——'道理'，我认为道理最大，皇帝再大也要讲道理。"

宋太祖赵匡胤听后很满意。

这里所说的"道理"，指的是自然法则的哲学道理及事物发展的自然规律，即所谓的"道"。

《周易》

《周易》作为群经之始，是中国传统文化的源头，也是自然哲学的鼻祖，诸子百家的核心理念都是《周易》在不同领域的延伸。它告诉了我们大量哲学道理，比较经典的有以下几个。

（1）努力奋斗、积善积德，就能获得好的发展。

天行健，君子以自强不息；地势坤，君子以厚德载物。

大意是：努力奋斗，积善积德，自然会获得好的发展，这是自然规律。

(2)利他才能利己。

积善之家,必有余庆;积不善之家,必有余殃。举而措之天下之民,谓之事业。

大意是:你所做的事情,令天下百姓受益的同时,你也受益了,这才是事业。因此,无论是做人还是做企业,都要积善积德,自然会有好的收获。对于企业来说,产品和服务一定要能帮助客户、帮助社会,自然会发展得越来越好。"进德修业"也是《周易》的核心观点之一,即人生最大的事业,是德业,"德"是养身立命的根本,是万业之基。

(3)顺应自然规律做事,就容易获得成功。

自天佑之,吉无不利。

大意是:按照自然规律为人处世,老天就会保佑你,这就是我们常说的"自助者天助"。

天之所助者,顺也;人之所助者,信也。

大意是:上天辅助的对象是顺从天地之道的人,人间辅助的对象是讲究诚信之道的人。进一步延伸,对企业最有帮助的便是企业家对客户和员工诚实守信。

(4)凡事都有两面性,把握好有利于发展的那一面,才是正道。

一阴一阳之谓道。继之者善也,成之者性也。仁者见之谓之仁,知者见之谓之知,百姓日用而不知,故君子之道鲜矣。

大意是:一阴一阳的矛盾对立和变化统一就是事物发展的"道",即规律性。继承这个"道"的是美善,而成就这个"道"的则是事物内在的固有本质。有仁爱之心的人从这个"道"中发现的是"仁爱",有智慧的人从这个"道"中发现的是"智慧",而百姓在日常生活中每天都在运用此"道"却茫然不知,因此通达兼容的君子之"道"就更鲜为人知了。

君子安而不忘危,存而不忘亡,治而不忘乱。

大意是:君子在国家安全的时候不要忘记危险,在国家存在的时候不要忘记败亡,在国家大治的时候不要忘记变乱。企业同样要有居安思危的忧患意识,才能在行业的冬天到来时,储备好过冬的粮食,度过危机。

(5)三大自然规律——立天之道、立地之道、立人之道。

立天之道,曰阴与阳;立地之道,曰柔与刚;立人之道,曰仁与义。

大意是:掌控上天变化的道理是阴和阳,掌控大地变化的道理是柔和刚,掌控人生起伏的道理是仁和义。说明了主宰世界发展变化的三个基本规律——阴阳变化是天地万物产生和变化的根源,刚柔相济是世间万物生存和发展遵循的基本规律，仁义是人们立身处世的基本准则。

在此简要说明一下事物的两面性。宇宙中的任何事物，都有阴、阳两个方面，如高与低、善与恶、胖与瘦、黑与白、聪明与愚笨、美与丑、前与后等。这是自然万物的法则，它无时无刻不在我们身边，就看我们怎么应用好这些事物的内在本质和自然规律。

《周易》中共有六十四卦，纯阳卦和纯阴卦各有一卦，其他六十二卦都是阴阳混合的状态，说明一个事物仅有"完全好"的一面或"完全坏"的一面是极少见的，大部分情况是"优势与不足"同时存在。水平逻辑思维创始人爱德华·德·博诺著有《六顶思考帽》，其特别强调，遇到问题在讨论解决方案时，需要向包括"积极乐观"的方向和"负面批判"在内的六个方向思考。通过六个方向的综合对比分析，给出解决方案的思路，最终把"积极的一面"尽量最大化，把"不利的一面"尽量最小化，这就是用好了"道"的规律。

《周易》的企业经营之"道"可总结为：努力奋斗、积善积德、利他才能利己、诚实守信、把握事物两面性中对己有利的一面，做好"立人之道"方是企业长盛不衰的秘诀。

《道德经》

《道德经》也是对"道"阐述较为详细的一部经典著作，对于各种自然哲学道理的解读相对比较容易理解，可以说是《周易》的通俗版。

（1）"道"是万物自然法则，为人处世都要遵循。

有物混成，先天地生，寂兮寥兮，独立而不改，周行而不殆，可以为天下母。吾不知其名，字之曰道，强为之名曰大。

大意是：宇宙万物永不停歇的自然规律，不知道该起什么名字时就可以定义为"道"，它涵盖了极其广泛的内容。

人法地，地法天，天法道，道法自然。

大意是：人应该效仿"地"学习，"地"应该效仿"天"学习，"天"应该效仿"道"学习，而"道"则应效仿自然法则。因此，为人处世要遵从自然法则、自然规律，这就是走向成功的最好方式。

万物负阴而抱阳，冲气以为和。

大意是：阴阳（事物的两个方面）是相互对立、相互依存的，共同维持着万物的平衡与和谐。

（2）"无为而治"是最好的管理方式。

道常无为而无不为。

大意是：顺从自然规律，就是最好的作为、最好的管理方式，而对于企业来说，设置良好的制度和运作管理机制，自动自发地运作就是最好的管理方式。

治大国若烹小鲜。

大意是：治理国家就像烹饪小鱼一样，不可经常翻动它。管理企业也是如此，不要总想干涉业务的运作，否则其结果往往适得其反。

太上，下知有之；其次，亲而誉之；其次，畏之；其下，侮之。

大意是：最好的统治者，百姓感觉不到他的存在；次一等的，百姓亲近而称誉他；再次一等的，百姓畏惧疏远他；更差一等的，百姓辱骂甚至打倒他。

（3）要隐匿锋芒，韬光养晦。

一曰慈，二曰俭，三曰不敢为天下先。

大意是：不要总是显露锋芒。

挫其锐，解其纷，和其光，同其尘，是谓玄同。

大意是：只要不显露锋芒，就会消解很多纷争。

善战者，不怒。

大意是：沉得住气才是王者。

大音希声，大象无形。

大意是：最高境界的音乐反而无声，最宏大的存在反而无形。

持而盈之，不如其已。揣而锐之，不可长保。

大意是：与其赚得盆满钵满，不如适可而止；把器物捶磨得过于尖锐，是难以长久保持这种尖锐状态的。知足是一种智慧，如果企业过度追求利益和利润，就会"物极必反"。

（4）管理者要以身作则。

我无欲，而民自朴。

大意是：管理者没有贪欲，百姓自然就会纯朴；管理者是下属最好的榜样。

是以圣人常善救人，故无弃人。

大意是：管理者的眼里没有无用的人，而是能够做到人尽其才。

善用人者，为之下。

大意是：善于用人的管理者，对待下属都很谦逊，礼贤下士。

夫唯不厌，是以不厌。

大意是：管理者只要不压榨员工，就不会被员工厌恶。

不自见，故明；不自是，故彰；不自伐，故有功；不自矜，故长。

大意是：不自我炫耀的人，反而更容易被人看到；不自以为是的人，反而更容易名声显赫；不自吹自擂的人，反而更容易功勋卓著；不自高自大的人，反而能长期有所长进。沉下心来做事，做人要低调。

（5）成功贵在坚持。

合抱之木，生于毫末；九层之台，起于累土；千里之行，始于足下。

大意是：凡事都是一点一滴努力而来的，重在坚持不懈。

天下难事，必作于易；天下大事，必作于细。

大意是：凡天下的难事，必定从容易的地方做起；凡天下的大事，必定从细微的部分做起。

慎终如始，则无败事。

大意是：在事务的最后阶段，仍然像开始时一样认真谨慎，则做事没有不成功的，几十年如一日地坚持做好一件事很难。

（6）要乐于帮助他人、成就他人，不要有过多的贪欲。

上善若水，水善利万物而不争。

大意是：水滋养万物而不与万物相争，最高的品德和修养就应当如水一样，默默地做好自己，而不是到处炫耀。

五色令人目盲，五音令人耳聋，五味令人口爽。

大意是：色彩过于繁多，就会使人眼花缭乱；声音过于繁多，就会使人听觉失灵；食物过于繁多，就会使人食不知味。物欲太多，有时会使人看不清事物本来的样子，失去初心。

天道无亲，常与善人。

大意是：善人就是有德之人，一个人有道德，老天就跟他在一起，照顾他、帮助他，自然大吉大利。做事要有公德心，不可有损人利己的思想观念，凡事共存共赢才能长久。

既以为人，己愈有；既以与人，己愈多。

大意是：越帮助他人，自己反而会越富足；成就他人，实际是成就自己。

《道德经》的企业经营之"道"可总结为：遵从自然法则、无为而治的管理、先义后利的经营、坚持不懈的努力，这是基业长青之道。

"道"的总结

"道"的一句话总结："道"就是自然万物、国家、社会、企业、个人长期生存的自然法则。

对于自然万物来说，"道"就是万物和谐共生、持续共存的法则。对于国家来说，"道"就是传统文化，是指导国家持续发展的法则。对于企业来说，"道"就是企业文化，用于指导企业实现长期持续发展和生存的法则。对于各行各业、不同场景下的事物来说，"道"就是发现并遵循自然科学规律以获得长期发展的法则。

"道"应用于社会，就是各行各业的文化。

为什么各行各业的"文化"可以理解为"道"呢？先看《说文解字》对"道"的解读。

"道"由"首"和"辶"两部分组成。"首"有人的头部或引领之意，引申为方法、道理、通路、主张、思想、道德等含义；"辶"有行走的含义，即在"首"的带领下行走和践行。这就是我们现在所说的文化，各个领域都有引领自身发展的文化。文化的内涵就是承载"道"，生生不息地传承下去。

"文化"二字的内涵可拆解为以下内容。

（1）"文"是事物发展的规律，如天文、地文、人文。

"文化"最早出现在《易经·贲卦》："刚柔交错，天文也；文明以止，人文也。观乎天文，以察时变；观乎人文，以化成天下。"大意是：治国者，需观天道的自然规律，以明耕作渔猎之时序；又需把握现实社会的人伦秩序，以明君臣、父子、夫妇、兄弟、朋友之间的等级关系，通过人的行为呵护文明礼仪，并推及天下，以成"大化"。《易传·系辞下》曰："物相杂故曰文。"文就是事物形成、发展、变化的迹象，亦称文象。它有天、地、人三个维度的呈现：在天为天文，在地为地理、水文，在社会共同体中为人文。

人的文象，既有群体的文象，也有个体的文象。每个区域或城市都有各自不同的人文底色，这就是文象。不同文象的变化，会带来不同的势能，形成其特有的发展规律。无数古圣先贤印证了这个道理，谓之"文以载道"。"文"就是自然法则的载体。

（2）"化"是事物变化并逐步融入的过程。

甲骨文的"化"字，看起来像二人背靠背的形状，一正一反，以示变化。《说文解字》曰："匕，变也。"匕是化的古字。化是什么？万物的生长变迁称为"化"——食物的消化，事物的变化，如商业化、净化、绿化、融化、现代化、出神入化等。

"文化"可综合理解为：把上知天文、下知地理、中通人事的道理，融入自己的生命，使之成为生命中的有机营养。

企业文化就是把企业生存的道理融入企业经营理念，使之成为企业长盛不衰的秘诀。

优秀的传统文化，就是国家的魂、民族的根。它是历史传承的瑰宝、道德伦理的基石。既有智慧生存的哲学思想，也有民族共识的纽带；是社会和谐发展的动力，也是人类文明的重要组成部分。它可以让一个民族有良好的社会风气，让国家发展壮大；在面对外族侵略时使百姓充满血性和斗志，同仇敌忾，虽远必诛；对内促使百姓发扬优良传统，培养高尚品德，为国家发展贡献每个人的力量，这是让国家持续走向强大的动力。

优秀的企业文化（愿景、使命、价值观），就是企业的灵魂。它可以帮助企业全员树立共同的价值导向，凝聚成一股力量，激励各部门及员工，围绕客户需求打造质量过硬的产品，提供优质的服务，全面树立企业品牌和形象，使企业发展成为势不可当的商业帝国。

第二节　企业长青之道有哪些自然法则

企业之"道"的核心就是企业长青自然法则的文化建设，那么企业长青之"道"有哪些自然法则？

企业的收入从哪里来？答案是客户。客户是企业要持续提供优质产品和服务的对象，只有赢得客户的忠诚，企业才能获得稳定的收入和利润，进而持续发展。

谁在为企业创造价值、为客户创造价值？答案是员工。企业要持续关怀员工，并将其发展成为命运共同体的成员。只有让员工充满干劲，企业才有持续发展的原动力。

企业如何建立良好的生存环境？答案是产业生态圈。有了良好的产业生态圈，企业之间便能实现和谐共存和持久发展。

法则一：成就客户是企业长青之本

客户是企业收入的主要来源。

用优质的产品和服务成就客户的事业或助力客户的成功，把客户变成忠实的客户，是企业获得稳定收入和长期发展的重要保证。成就客户包括四个方面：

（1）成就企业客户

成就企业客户就是助力企业客户在其所在行业中取得成功，实现企业客户的梦想。

（2）成就普通消费者客户

成就普通消费者客户就是在工作、生活、家庭、教育、健康、心情、美食、运动等方面为消费者提供帮助，使其有所收获、人生更加精彩。

（3）成就客户关注的价值点

成就客户就是成就客户关注的价值点，包括产品质量、售后服务、外观、使用便捷性、物流速度、品牌、价格、创新性、对客户本身的价值等，这些也是企业的关注点。

（4）成就内部客户

企业的核心业务往往面对的是外部客户，然而还有很多支撑部门如财经管理部门、人力资源管理部门、行政管理部门、后勤管理部门等，它们不直接面对外部客户，其业务核心是支撑内部部门的业务发展，成就内部客户就是其工作目标，而这实际上间接支撑了核心业务部门的工作目标和企业目标。

法则二：成就员工是企业稳固发展的基石

员工是企业为客户创造价值的核心资源，也是企业长期发展不可或缺的基石。

能够给员工提供清晰的职业发展通道、引导员工发挥个人价值、让员工充满激情和活力、充分挖掘员工的潜力、最大限度地为企业创造价值，是企业长期保持优势的重要保障。成就员工通常包括两个方面：

（1）成就员工的物质追求

对于大部分员工来说，物质追求是最基本的追求，如薪水、奖金、股票、各种福利补贴、各类社会保险的保障等，都是员工希望得到的，然而，由于行业不同，各岗位对技术含量要求存在差异，待遇上也会有较大的差别。倘若企业能够做到和同行相比在薪酬上有明显的竞争优势，便可以成就员工的物质追求。

（2）成就员工的价值追求

员工在不断成长，尤其是在通过不懈努力向上攀升的过程中，会逐步从物质追求转向价值追求。价值追求涉及的内容比较多：有的员工能力较强，希望有机会带领团队创造更优秀的团队绩效；有的员工喜欢钻研技术，希望有机会成为技术专家,指导部门业务的发展;有的员工善于管理项目,希望能够承担挑战性强的重大项目;有的员工喜欢创新,希望能够开发出有创意的产品;有的员工善于和客户打交道,希望开拓未开发的市场……这些本质上都是员工希望有更多机会展现个人能力,通过更大的平台提升自己,为企业创造更多价值。这时候,企业要有制度保障,有平台运作,能够给予这些员工更多的机会发挥他们的特长,这也有助于企业实现绩效最大化。

按照马斯洛的需求层次理论,人最基本的需求是生存需求,除对阳光、空气、水等的基本生存需求外,还有对衣食住行的需求。当今社会已经处于物质生活成本比较高的时代,即便是基本的衣食住行,要想达到中等水平也并不轻松,需要有稳定的收入,因此人们对物质的追求是正常的、合理的。

在马斯洛需求层次的最高层,自我价值的实现也是一部分人追求的目标。司马迁用生命撰写了《史记》,曹雪芹用一生来写《红楼梦》,华佗、扁鹊、张仲景、李时珍、孙思邈等医学大师,以救死扶伤为终生的事业……对于那些无私奉献的科学家、各领域专家、愿意奉献个人价值的人,我们要给予物资上的大力支持,为其提供良好的工作和生活环境、实践环境,助力其在各自领域深入发展。企业不能让"雷锋"吃亏,尤其是在物质生活成本较高的时代,我们更要给予关键价值贡献者优厚的待遇。

法则三:成就企业产业链上下游合作厂商

在社会分工越来越细的时代,千万不要有控制全产业链的思维,而是要有建立良好产业生态圈的经营理念。

在当今社会,随着社会分工越来越细,一家企业想成为涵盖全产业链端到端的系统性供应商,已经是不可能的事。即使是一家小饭店,也会有蔬菜水果供应商、酒水饮料供应商、油盐酱醋供应商、肉类供应商等。如果饭店一直压缩供应商的利润,他们就会提供越来越劣质的产品,久而久之,饭店的口碑便会越来越差,这就是恶性的产业生态圈。

只有企业建立良好的产业生态圈,整个产业链的上下游都提供优质的产品和服务,才能使这个产业保持良性运作、大家都能赚到钱,而且能实现共生、共赢发展。同时,企业可以在产业生态圈中选择最优的合作商,确保各个模块都是最优的,最终打造出优秀的产品,这也是实现资源最佳配置的选择。如果企业在产业链上处于关键环节,总是打压周边合作供应商的利润,就会导致供应商的产品和服务质量下降,企业提供给客户的产品和服务质量也随之下滑,最终导致系统性的崩塌。有的企业要求供应商提供明显高于行业通用标准的产品和服务，却不愿提高采购价格，使供应商很难生存，不得不退出供应商名单，寻找其他企业合作，进入新的生态圈。

成就产业链上下游合作厂商包括三个方面：

（1）成就上游物料及设备供应商

企业需要明确供应商的资质及产品的质量标准，同时以合理的价格进行采购；如果对供应商提出高于行业标准的要求，也需要给予新标准下合理的采购价格，让供应商有利可图，只有这样才能保证供应商长期、高质量地提供优质产品。

（2）成就上游服务供应商

需要明确企业资质及服务人员资质。合作企业员工需要通过认证考核获取资质，如此才能提供有质量保证的服务，包括但不限于工程服务、维护服务、培训服务及其他专业服务等。企业同样需要以合理的价格进行采购，只有这样才能保证服务供应商提供高质量的人员和服务。

（3）成就企业的下游客户

我们在"法则一"中介绍过：只有成就了客户，才能让客户转变为企业的忠实客户，让企业有稳定的收入来源，支撑企业的长期可持续发展。

产业生态圈内的企业社会责任如下：

（1）保障员工的社会责任

员工的工作环境、健康与安全保障是企业最基本的责任，企业在经营上必须符合国家及当地法律法规关于环境、健康、安全的要求。

（2）规范生产的社会责任

企业生产中的原材料要环保、健康，企业在生产加工期间要符合行业规范要求，废气、废水、废渣能够得到有效的环保处理，企业生产的最终产品要对消费者没有危害，等等。

（3）遵从当地法律法规的社会责任

面对海外业务时，企业更要先熟悉当地法律法规，包括办公室的租赁或建设、人员招聘与管理、企业的运营管理、产品全流程管理等。

（4）保障客户权益的社会责任

企业不仅要基于行业标准规范和企业客户承诺标准提供健康、安全的产品和服务，而且当发现已经销售的产品存在重大缺陷、严重影响消费者使用，甚至可能给消费者带来安全、健康危害时，必须积极主动召回，通过整改确保安全可靠后，再返还给客户。企业在遇到产品对消费者已经造成伤害、面临退市的情况时，要积极主动给予消费者赔偿，弥补消费者的损失。

（5）共同应对重大灾害的社会责任

当出现重大自然灾害或疫情时，企业要勇于站出来利用自身行业优势帮助解决问题。对于道路抢修、通信抢修、物资运输、临时庇护场所搭建、病人救治等情况，企业也可以捐款捐物，共渡难关。企业的发展靠的就是消费者，要取之于民，用之于民。正如《周易》中所说："积善之家，必有余庆。"企业只有多为社会作贡献，才能获得好的发展。

企业长期生存的自然法则还有很多，本书总结了最核心的三个自然法则。在不同的业务场景中，可能还会涉及接班人继承的自然法则、企业战略制定的自然法则、产品创新突破的自然法则等。这些法则同样具有重要的指导作用，在此不再详细论述。

当然，还有一些其他因素影响企业的长期发展，如国家的安定团结、良好的社会环境、企业所在行业发展的经济政策等，这些对于企业来说，都是很难干涉和左右的。我们聚焦的是企业能够从自身设计和实践出发，遵从企业生存自然法则，在经济环境欠佳时能够活下来，在经济环境好转后又能保持高速、高质量发展。

除三大自然法则之外，围绕实现三大法则的企业核心价值观也至关重要，它可以让全体员工凝聚经营共识，为员工指明工作方向，激发员工活力，塑造企业形象，驱动产品与服务创新，有效支撑企业可持续发展。

第三节　如何设计企业文化

企业文化是企业在生产经营实践中逐步形成，并被全体员工认同和遵守，带有本组织特点的使命、愿景、宗旨、精神、价值观和经营理念，以及这些理念在生产经营实践、管理制度、员工行为方式与企业对外形象中的体现。企业文化除在精神层面外，还需要在制度层面有配套的经营管理机制、组织结构、业务流程、管理制度、行为规范，确保企业文化精神的全面落地。企业文化的特点如下：

- ◇ 企业文化不是一朝一夕形成的，而是长期发展、磨砺和积淀的结果。
- ◇ 资源终会枯竭，唯有文化生生不息。一年企业靠运气，十年企业靠经营，百年企业靠文化。
- ◇ 企业管理通常沿着"经验管理（人治）→科学管理（法治）→文化管理（文治）"的方向演进，最终形成体系化的管理系统。

- ◇ 企业文化一旦形成，员工的行为模式将呈现自发性和合理性，这正是企业文化魅力所在。
- ◇ 企业文化通常由愿景、使命、核心价值观、经营理念等构成。

企业的愿景是企业对未来的设想和展望，是企业在整体发展方向上要达到的一种理想状态，即愿望中的景象。它为企业提供了一个清晰的发展目标和未来图景，告诉企业的每个成员企业将要走向哪里。什么是企业整体发展的未来景象，企业走向未来的方向是什么。答案是客户的终极梦想，成就客户的梦想就是企业终生努力的方向。

企业的使命是指企业由社会责任、义务所承担或由自身发展所规定的任务，它明确了企业在社会中的存在理由和根本性质，是企业的核心目标。它体现了企业的价值观、信仰和宗旨，是企业制定战略和开展业务活动的出发点与归宿。它回答了企业为什么存在、企业要实现什么的问题，确定了企业的发展方向。简单来说，企业的使命就是为了实现企业的愿景、客户的梦想，企业需要付出不懈的努力。

企业的价值观是指企业在经营管理、目标追求的过程中推崇的基本信念，是企业全体员工一致赞同的关于企业意义的终极判断，是企业全体员工共同认可和崇尚的价值评判标准，是企业及其员工在长期的生产实践中产生并共同遵守的思维模式和职业道德，是企业文化的核心。这些价值观反映了企业的独特文化、理念和精神风貌，是企业在面对各种挑战和机遇时，能够坚持自我、保持定力的重要支撑。常见的企业价值观有诚信经营、坚持创新、质量是生命线、社会责任、团队合作、员工为本、客户第一、开放合作、自我批判等。

企业文化的重要价值

价值一：企业文化导向是企业建立制度时的基本原则
- ◇ 在监督或制度覆盖不到的时候，对于企业面临的各种问题，可以用企业的价值观导向进行处理。
- ◇ 企业可以将员工在文化价值观指引下形成的习惯性工作方式或解决方案形成制度。
- ◇ 企业可以用文化判断现有制度中不合理的部分，进行优化和完善。

价值二：明确的企业文化有利于吸引志同道合之人
- ◇ 企业招聘的不仅仅是符合企业岗位要求的员工，更是认同企业文化的员工。

- 企业有了明确的企业文化，就有了明确的企业价值观导向、明确的判断标准，这是企业内部员工及社会共同理解并认同的核心理念。
- 良好的企业文化助力打造优秀的企业，更是吸引志同道合人才的精神旗帜。

价值三：明确的价值导向可以让企业全员达成共识，拧成一股绳，实现高效运营

- 企业文化明确了企业的经营理念，使员工在遇到疑难问题时很容易作出价值判断，知道企业倡导什么、反对什么、赞赏什么、批判什么，当员工在工作中面临不明确或复杂的问题、左右为难而无法决策时，可以为其提供具体的判断依据。
- 企业文化让全员达成共识，凝聚全员力量，实现高效运营。价值观是企业在发展过程中逐渐形成的，因其在实践中被证明有效，员工自然更愿意认同和践行；有助于促进共识、凝聚团队，大大节省企业的运营成本，提升运营效率。

价值四：优秀的企业文化帮助企业树立良好的品牌形象

无论是世界著名的跨国公司，还是国内知名的企业集团，优秀的企业文化，都会给客户留下深刻的印象，是企业形象的巨大支撑，对于提升企业的品牌形象将发挥重要作用。以下是一些企业文化举例：

- 九芝堂：九州共济，芝兰同芳；悬壶济世，利泽生民；药者当付全力，医者当问良心。
- 华为：以客户为中心，以奋斗者为本，长期艰苦奋斗，坚持自我批判。
- 谷歌：对员工关怀备至。
- 海尔：质量是生存的根本。

企业文化的作用还有很多，如有效防止干部不作为、杜绝员工不尽职等行为，它也是企业竞争力的一部分。企业在成长壮大的过程中，一定要逐步形成自身的企业文化，并传递给每位员工，这种无形的影响力是巨大的。

如何设计企业文化——企业的愿景和使命

无论是制造业还是服务业，企业都希望自身的产品或服务能够吸引客户购买，把潜在客户变成真实客户，把真实客户变成忠实客户。只有全心全意服务好客户，保证企业有稳定的收入，才能有效支撑企业的可持续发展。因此，企业的终极目标应该是成就客户，让客户成为忠实客户，只有这样的愿景和使命才能让客户持续满意、持续忠诚，助力基业长青。

设计企业的愿景时需要聚焦两个问题：

第一，谁是我的客户？

第二，客户对我们产品和服务的期望与梦想是什么？

设计愿景的总体思路：将客户的期望和梦想作为企业的愿景。

说明：对于愿景来说，企业不可能帮助客户实现人生的宏大目标，而是依托企业的产品和服务，助力实现客户的期望和梦想。

成就客户的期望和梦想通常分为四个场景：

场景一：对于 B 端企业客户，成就客户就是帮助客户在其所在领域获得成功。

场景二：对于 C 端消费者客户，成就客户就是帮助客户实现产品或服务带来的个人愿望，如高效工作、开心生活、身体健康、心情愉悦、享受健康美食、享受运动快乐、从服饰中展现自信、享受旅行快乐等。

场景三：无论是 B 端企业客户，还是 C 端消费者客户，客户关注的价值点，如产品质量、服务质量、技术领先、价格实惠、特色创新、功能便捷、便于维护、体验良好等，都可以作为企业愿景的着力点。

场景四：业务部门关注的重点内容，如员工选育用留机制、良好的工作及就餐环境、财经数据对业务的分析、日常办公及出差期间的支撑等，需要对应的支撑部门提供良好的服务，让业务部门聚焦客户界面的工作，最大化地创造价值。

有了企业的目标客户群，就容易探讨出这些客户基于企业产品的期望和梦想，这是指导企业设计愿景的重要依据。

设计企业的使命时同样需要聚焦两个问题：

第一，确定企业的愿景是什么。

第二，为实现企业的愿景、客户的梦想，我们该如何努力，这也是企业存在的理由。

设计使命的总体思路：企业的使命就是企业存在的理由，是通过努力一步步实现客户梦想的过程。

说明：如何助力客户实现梦想，就是企业的使命和原动力，这是企业存在的理由，是企业承担并努力实现的责任，同时也告诉全体员工：我们在一起工作是为了什么，准备为这个世界做出怎样的贡献。

业界经典的愿景和使命

医药行业

患者是客户，患者的终极梦想是身体健康、永不生病，其次是生病后，能够快速康复。如下是知名药企的愿景和使命：

- 同仁堂（始于1669年）的使命：弘扬中华医药文化，领导"绿色医药"潮流，提高人类生命与生活质量。
- 胡庆余堂（始于1874年）的使命：是乃仁术。
- 九芝堂（始于1650年）的愿景和使命：九州共济，芝兰同芳；悬壶济世，利泽生民；药者当付全力，医者当问良心。
- 鹤年堂（始于1405年）的愿景和使命：推进健康中国建设，发展中医养生治未病服务，鹤年堂责无旁贷。医不三世，不服其药。[①]
- 同济堂（始于1888年）的愿景和使命：同心协力，济世为民，锲而不舍，追求卓越。同济堂为民族医药产业发展，为西部大开发贡献自己最大的力量。
- 百时美施贵宝（美国，始于1887年）的使命：通过提供最优质的医药保健和个人护理产品来延长人类寿命，提高生活质量。保证生产和销售的每一件产品都是最安全、最有效和最优质的；保证通过不断的创新、辛勤的研究与开发以及坚定的决心来不断完善产品，精益求精；保证做一个诚实负责的企业公民，扶助公益事业，为建立一个清洁健康的环境提供积极、富有成效的支持；保证最高标准的职业道德和行为规范；保证公司的政策和经营准则充分体现出自主经营企业应有的责任以及诚实和良好的企业形象。

咨询行业

咨询行业的客户基本是企业客户，他们的目标通常是提高企业的经营效率，解决企业的痛点问题，提升企业的效益，支撑长期发展，因此咨询行业的愿景和使命可以参考以下企业。

- 波士顿咨询公司（美国，始于1963年）的使命：协助客户创造并保持竞争优势，以提高客户的业绩。

---

① 最后一句话的含义是：如果医生不懂《黄帝内经》《神农本草经》《太素》三本医学经典，就不能服用他们开的药。

- ◇ 麦肯锡公司（美国，始于1926年）的使命：帮助客户在其业务上做出积极的、持久的以及实质性的改进，并为此建立起足以吸引、发展、激励和保留杰出人才的出色公司。

娱乐行业

娱乐行业的客户通常是普通大众消费者，他们希望获得快乐，因此娱乐公司的愿景和使命可以参考以下企业。

- ◇ 迪士尼公司（美国，始于1923年）的使命：让世界快乐起来。
- ◇ 字节跳动公司（始于2012年）的使命：激发创造，丰富生活。

百货零售行业

百货零售行业的客户主要是普通消费者，他们希望便捷地买到物美价廉的货品，因此百货零售行业的愿景和使命可以参考以下企业。

- ◇ 沃尔玛百货公司（美国，始于1962年）的愿景：给普通百姓提供机会，使他们能与富人一样买到同样的东西。
- ◇ 7-ELEVEN便利店（日本，始于1973年）的使命：提供优质及超值的产品和服务，成为他们信任的店铺。

汽车行业

汽车行业的客户有企业客户，也有普通消费者，通常大家希望拥有一辆代步的汽车，也希望汽车驾驶简单便捷、行驶安全等，因此汽车行业的愿景和使命可以参考以下企业。

- ◇ 福特汽车公司（美国，始于1903年）的愿景：汽车要进入家庭。（注：当时汽车价格昂贵，普通家庭很难买得起。）

信息通信技术行业

信息通信技术行业的客户同样有企业客户和普通消费者，大家都希望用科技给生活带来便利，因此信息通信技术行业的愿景和使命可以参考以下企业。

- ◇ 华为公司（始于1987年）的愿景和使命：把数字世界带入每个人、每个家庭、每个组织，构建万物互联的智能世界。
- ◇ 微软公司（美国，始于1975年）的愿景：计算机进入家庭，放在每一张桌子上，使用微软的软件。使命：致力于提供使工作、学习、生活更加方便、丰富的个人电脑软件。
- ◇ 苹果公司（美国，始于1976年）的愿景：将最好的产品带给全世界的用户，让用户的生活更加丰富多彩，让每个人都能享受简单而绝妙的科技体验。
- ◇ 惠普公司（美国，始于1939年）的使命：为人类的幸福和发展做出技术贡献。
- ◆ IBM 公司（美国，始于 1911 年）的使命：无论是一小步，还是一大步，都要带动人类的进步。
- ◆ 通用电气（美国，始于 1892 年）的愿景：使世界更光明。使命：无边界，快速、远大；以科技及创新改善生活品质，在对顾客、员工、社会与股东的责任之间求取互相依赖的平衡；在我们服务的每一个市场中，要成为数一数二的公司。
- ◆ 杜邦公司（美国，始于 1802 年）的愿景：成为世界上最具活力的科学公司，致力于创造可持续的解决方案，让全球各地的人们生活得更美好、更安全和更健康。
- ◆ 英特尔（美国，始于 1968 年）的愿景：超越未来——我们的工作是发现并推动技术、教育、文化、社会责任、制造业及更多领域的下一次飞跃，从而不断地与客户、合作伙伴、消费者和企业共同携手，实现精彩飞跃。英特尔公司将推进技术更迅速、更智能、更经济地向前发展，同时最终用户能够以前所未有的精彩方式应用技术成果，从而令其生活变得更惬意、更多彩、更便捷。

常见误区：企业愿景实现的是企业自身的梦想，而不是客户的梦想

通常，在某一具体的行业领域中，客户的梦想是不变的，因此企业的愿景也应相对固定，一段时期内不宜有太大变化。

然而，有相当多的企业把成为行业领先、国际一流、国内一流等作为企业的愿景，这就是在设定上的误区。因为，这些都是企业自身的梦想，它们可以作为企业发展的目标，这些目标是在发展中不断变化的。任何企业都有一个从小到大的过程，早期的企业梦想可能是获取某个市的多少份额，随着规模的扩大，提升到获取某个省、某个区域（多个省）、全国、全球多少份额等。企业的梦想是分阶段实现的，随着企业的发展壮大，企业的梦想也在提升。

如表 2-1 所示，随着沃尔玛的发展壮大，其企业目标、企业自身梦想也在不断变化和调整，目的就是满足顾客不断变化的需求，并在不断变化的市场环境中保持竞争力。这和客户的梦想有很大不同，当然对于客户来说，他们关注的是企业的产品或服务能给自己带来什么价值，而不是关注企业将成为什么，因为那个目标和客户没有任何关系。如果企业不以客户为中心，不去关注客户需求和痛点，就不能助力客户实现梦想，最终必将失去客户。那样一来，企业又怎么实现自身成为国内一流、世界一流的梦想呢？

表 2-1 沃尔玛各发展阶段业务特点及企业目标

发展阶段	业务特点	企业目标
初始阶段	为顾客提供日常必需品和基本食品	成为一家杂货店
成长阶段	随着不断发展，开始引入新的产品线，如家电、家具、文具等，同时开始提供更多服务，如银行服务、保险服务、电信服务等	提供更多的商品和服务，以满足顾客日益增长的需求
全球化阶段	保持在不同市场上的竞争力，并适应不同文化带来的差异	成为全球最大的零售商，并在全球范围内提供相同水平的服务和产品
多元化阶段	在不同领域保持竞争力，并确保所有业务都符合公司的核心价值观和标准	进一步扩大业务范围，进入其他市场领域，如房地产、金融、能源等

资料来源：作者整理。

《道德经》中说："既以为人，己愈有；既以与人，己愈多。"企业追求的目标为己，企业的愿景为人。只有帮助他人（客户）成功，企业才能实现自身的成功。世界上的成功人士、成功企业都是在帮助身边的人成长，帮助客户实现梦想，最终成就自己。

有些企业愿景设定得就不太合适，它们把阶段性目标或战略目标当作了企业愿景，例如：

◇ 成为地产行业持续领跑者。
◇ 成为中国现代医药零售行业的先锋企业。
◇ 成为最受尊敬的互联网企业。
◇ 控制全球食品服务业。
◇ 成为世界的领导者。
◇ 成为全球休闲食品零售服务业的领导品牌。
◇ 成为世界一流的健康食品集团。
◇ 成为生产经营世界名优酒的全球知名公司，确保行业综合效益第一、竞争力第一。
◇ 在 21 世纪成为数字领域的全球领袖。
◇ 做中国医药健康产业最佳服务商。
◇ 成为有中国特色、可持续发展的世界级企业组织。
◇ 成为世界一流的美容美发有限公司，成为世界一流的服务品牌。

企业愿景脱离客户梦想，缺失助力客户成功、成长的使命和责任，这样的企业很难成为一个有理想、有目标、有追求的企业，伟大更是遥不可及。

设计能够实现企业愿景和使命的价值观

设计企业的核心价值观时可以聚焦两个问题：

第一，企业的愿景和使命是什么？

第二，为了实现企业愿景、客户梦想，企业应采用怎样的经营理念以指导员工付出努力并达成共识？

企业的核心价值观通常围绕客户期望的价值需求和员工努力的方式制定。比如，客户关注产品质量、优质服务、企业品牌、实惠价格、信守承诺、产品创新性和新颖性等，而员工工作的方式则有团结合作、自我批判、艰苦奋斗、自主创新等。

企业的价值观是企业及其员工共同认可和崇尚的价值评判标准，是企业及其员工在长期的生产实践中产生并共同遵守的思维模式和职业道德，是企业文化的核心。它回答了企业为实现使命和愿景如何采取行动的问题。它为企业及其员工在工作的各个方面提供了行为准则，也为企业处理各种矛盾提供了判断依据，是企业提高团队凝聚力和工作效率的重要手段。

可以参考以下优秀企业的价值观。

（1）华为公司（始于1987年）的核心价值观：以客户为中心，以奋斗者为本，长期艰苦奋斗，坚持自我批判；开放进取、至诚守信、团队合作。

①以客户为中心：为客户服务是华为存在的唯一理由，客户需求是华为发展的原动力。我们坚持以客户为中心，快速响应客户需求，持续为客户创造长期价值，进而成就客户。为客户提供有效服务，是我们工作的方向和价值评价的标尺，成就客户就是成就我们自己。

②以奋斗者为本：我们没有任何稀缺的资源可以依赖，唯有艰苦奋斗才能赢得客户的尊重与信赖。奋斗体现在为客户创造价值的任何微小活动中，以及在劳动的准备过程中为充实提高自己而做的努力。我们坚持以奋斗者为本，使奋斗者得到合理的回报。

③坚持自我批判：自我批判的目的是不断进步、不断改进，而不是自我否定。只有坚持自我批判，才能倾听、扬弃和持续超越，才能更容易尊重他人、与他人合作，实现客户、公司、团队和个人的共同发展。

④开放进取：为了更好地满足客户需求，我们积极进取、勇于开拓，坚

持开放与创新。任何先进的技术、产品、解决方案和业务管理，只有转化为商业成功才能产生价值。我们坚持以客户需求为导向，并围绕客户需求持续创新。

⑤至诚守信：我们只有内心坦荡诚恳，才能言出必行，信守承诺。诚信是我们最重要的无形资产，华为坚持以诚信赢得客户。

⑥团队合作：胜则举杯相庆，败则拼死相救。团队合作不仅是跨文化的群体协作精神，也是打破部门墙、提升流程效率的有力保障。

（2）西门子（德国，始于1847年）的价值观：勇担责任、追求卓越、矢志创新。

①勇担责任：致力于符合道德规范的、负责任的行为。西门子努力满足一切法律和道德要求，并且只要可能，我们还努力超越这些要求。我们的责任是按照最高的职业和道德标准与惯例来开展业务，公司绝不容忍任何不合规的行为。我们在"勇担责任"方面的原则堪称我们制定业务决策的指南针。我们还鼓励我们的商业伙伴、供应商和其他利益相关者遵循同样高的道德标准。

②追求卓越：取得卓越的业绩和运营成果。追求卓越，是我们在每个业务中都将尽力实现的目标。我们根据公司愿景制定这一远大目标，并在其指引下提供优异的质量及超越客户需求的解决方案，一直如此。追求卓越还意味着吸引市场上最优秀的人才。我们将帮助这些人才掌握获得成功所需的各种技能，给他们提供发挥潜力的绝佳机会。我们致力于营造一种高绩效企业文化。追求卓越不仅仅关系到我们今天所做的一切，它还要求我们找到一条持续改进的道路。这需要我们灵活、积极地迎接变革，从而确保我们能够牢牢把握新的机遇。

③矢志创新：敢于创新，创造可持续的价值。创新已成为西门子业务成功的基石。研发是西门子发展战略的基本动力。作为关键专利的持有者，无论是已经成熟的工艺，还是正在发展的技术，我们都是客户强有力的合作伙伴。我们的目标是，在所涉足的众多业务中，都占据技术领导地位。我们是创新惠及全球的企业公民。我们用客户是否成功来衡量我们的创新是否成功。我们不断调整业务组合，以便为全人类共同面临的最严峻的挑战提供解决方案，从而使我们得以创造可持续的价值。通过引领潮流，我们可以完全释放员工的能量和创造力。我们富于独创，也欣赏这种素质的所有含义——独创性、创造力、奇思妙想等。

（3）沃尔玛（美国，始于1962年）的核心价值观：尊重个人、服务顾客、追求卓越、诚信行事。

①尊重个人：及时响应，与人合作，用开放的心态对待他人的反馈及建议；保持谦虚，善于引导，给予信任，诚实直接地做出反馈；尊重并欣赏不同的人、不同的想法和经验。

②服务顾客：聆听顾客，预测并满足顾客需求；支持并赋能员工更好地服务顾客；不断创新，有智慧地冒险，迅速应对顾客需求。

③追求卓越：设定并追求富有挑战性的目标；发挥主人翁意识，庆祝每一次成功，对结果负责；做出有利于公司的正确决定，洞悉变化，富有远见。

④诚信行事：诚实守信——说实话，信守承诺；公平公开——公平待人，开诚布公；富有勇气——畅所欲言，适当的时候寻求帮助，挑战困难，明辨是非。

（4）苹果公司（美国，始于1976年）的核心价值观：无障碍使用、教育、环境责任、包容性和多样性、隐私性和安全性、供应商责任。

①无障碍使用：苹果将无障碍使用作为人的基本权利，每个人都享有平等获得科技带来的便利的权利。

②教育：苹果将教育视为人的基本权利，每个人都应该有获得高质量教育的权利。

③环境责任：苹果在设计和制造产品的过程中，以履行环境责任为己任。

④包容性和多样性：苹果相信多元化的团队能成就更多的创新。

⑤隐私性和安全性：苹果将隐私视作人的基本权利，其产品从设计之初就致力于保护隐私和安全。

⑥供应商责任：苹果有责任为其供应链成员提供培训和其他便利，珍惜资源，保护环境。

企业文化体现了企业领导人和全体员工持续追求的价值观念，是企业在发展过程中由一个个血泪经验沉淀下来的宝贵财富，是企业的灵魂。企业文化能凝聚全体员工共同的思想、信念、目标、愿景，使集体奋发向上，开拓创新，为实现企业愿景、客户梦想而奋斗终生。

第四节　企业如何传承传统文化

很多企业的文化价值观虽然非常优秀，但没有得到有效传承，没有让所有员工深入骨髓地理解和践行，变成形式主义，成为空谈和笑话。企业文化没有得到有效传承的原因有很多，本书推荐一些行之有效的方法，可以帮助企业进行文化传承。

方法一：培训和宣传企业文化，向全体员工明确企业价值导向

通常，刚入职的员工对企业文化不是太了解，包括企业的愿景和使命、核心价值观、各项规章制度以及企业经营理念等。企业需要开发一整套企业文化价值观的引导课程，给予新员工接受正式培训和分享交流的平台，让员工在初期就对企业的文化有一定的认识和了解。尤其建议企业把核心内容整理成方便记忆的口头禅，更能帮助员工在工作中充分理解企业文化的核心理念。

以下为部分企业的企业文化培训要点。

- 苹果：注重创造性与奋斗的文化。追求卓越和创新，以用户体验为中心，强调简单、优美、易用的产品设计。
- 谷歌：注重员工的幸福感。以"不作恶"为核心价值观，强调创新、自由和多样性。
- 亚马逊：追求卓越和创新的文化理念。以客户至上为核心价值观，强调极致的客户服务和快速的交付体验。
- 可口可乐：以开放、多元、平等和团队合作为核心价值观，致力于成为全球最佳饮料公司。
- 宜家：为大家提供优质、低价、实用的产品。以"为更多人创造更好的日常生活"为企业使命，注重创新、可持续性和简约设计。
- IBM：强调创新、客户导向和持续改进，以解决复杂的商业问题。
- 微软：注重员工激励与信任，奉行"欲速则不达"理念，注重创造力和效率。以"使每个人和每个组织都能够实现更多"为愿景，注重团队合作和技术创新。
- 华为：以客户为中心，以奋斗者为本，长期艰苦奋斗。强调成就客户、艰苦奋斗、自我批评、开放进取、至诚守信、团结合作。
- 李宁：推动中国体育事业，让运动改变我们的生活。
- 海尔：核心理念是创新。以战略创新为方向、以组织创新为保障、以技术创新为手段、以市场创新为目标。
- 浪潮：以客户为关注焦点，关注六要素——成本、质量、服务、目标、流程、考核。技术创新和管理创新贯穿企业文化建设全过程。
- 海底捞：以客户满意度、员工激情为主导的企业文化。
- 京东：注重用户体验和服务品质。客户至上、科技驱动和团队协作，致

力于推动电商和物流科技的发展。
- ◇ 星巴克：强调社会责任、品质和员工培训，致力于成为一家以人与人之间的联结为核心的咖啡公司。
- ◇ 宝洁：以"人人都值得更好的生活"为企业使命，注重创新、品质和品牌建设。
- ◇ 路易威登：以奢华和卓越工艺为特点，注重品质、独特性和传统文化。

应届毕业的新员工基本是一张白纸，入职期间的企业文化培训，会给他们打下深刻的烙印，使其在工作中逐步体会和践行。如果缺失这个环节，直接让员工在工作中体验和感受企业文化，他们对企业文化的理解程度就会大打折扣。

同时，为了让全体员工理解企业的价值导向，符合价值观导向的优秀员工事迹和违背企业价值观的通报批评事件都需要进行宣传，这样更容易让员工树立正确的价值观。

方法二：管理者的首要任务就是带头践行企业文化价值观

在企业中，企业家和各级管理者需要带头传承企业文化精神并践行价值观，以身作则地做好核心价值观的引导。

企业的管理者带头传承企业文化，并不是一件容易的事。许多企业的管理者，尤其是新入职或跳槽过来的，对企业文化的内涵和精神并未深刻理解，让他们发挥带头作用很难。我们推荐一些管理者传承企业文化的方法。

- ◇ 定期研讨企业文化：我们企业的愿景是什么，使命是什么，价值观是什么？只有把这些全部研究明白，才能找准企业的定位，以及明确价值观，使创始人及核心团队对企业文化的理解更加深刻。这是对企业经营反复复盘，以批评与自我批评的模式推动企业改进的过程。高层管理者也可以组织下属部门进行类似的研讨，让各级管理者深刻理解和践行企业的文化。
- ◇ 及时宣传优秀事迹：可以通过对员工的工作事迹、优秀项目案例、符合企业价值观的优秀事迹、违背企业价值观的负面案例等进行宣传，以此鼓励员工应该朝哪个方向努力，这会持续给员工树立企业文化理念意识，使其在工作中代表企业形象开展工作和面对客户。比如，以客户为中心聚焦客户痛点、客户需求、客户投诉、客户业务，通过产品研发、产品改进、优质交付、售后服务、产品全生命周期保障等多种措施，真正做到服务客户，而不是做"语言的巨人，行动的矮子"。
- ◇ **以关键事件牵引考核**：将重大项目、重要客户、项目关键阶段等场景中的客户表扬或投诉事件作为员工考核的指标，适当地加分或减分，促进员工基于企业价值观开展工作，以统一的标准面对客户。
- ◇ **严惩不作为的管理者**："兵熊熊一个，将熊熊一窝。"如果管理者不能带头传承企业文化，反而倒行逆施，经常有违背企业价值观的行为，那么他带来的伤害会比普通员工大很多，严重影响企业的形象。对于这样的管理者必须严惩，情节严重者降为普通员工，甚至开除。

司马光的《资治通鉴》给出了治国理政最系统的管理思路：治理国家的核心是治理官吏，只要官吏廉洁、不搞裙带关系、一心为民做事，对于违反相应制度的官吏一律严惩，老百姓自然就放心了，国家也就自然而然管理好了。

同样，管理层对企业的稳定发展起着至关重要的作用。作为企业的中流砥柱，他们身体力行地践行核心价值观，能给全体员工树立良好的榜样，能让员工对企业充满信心，把企业文化价值观融入组织，让员工充满激情和活力，树立企业良好的品牌形象。这样的管理者无论走上哪个岗位，他带领的团队都会迸发出超强的活力和进取精神，这也是企业的核心竞争力之一。

方法三：企业要建立以企业文化价值观为导向的业务运作管理机制

华为公司的企业运作制度，对保障企业文化价值观的传递也起到非常积极的作用，其中"以客户为中心"的企业文化，必须建立"以客户为中心"的业务制度和运作管理机制，具体如下：
- ◇ **以客户需求为中心的销售管理（LTC流程）**：建立以客户需求为中心的销售机制，从产品销售到交付运营，在全生命周期交付过程中，相关的业务部门共同参与销售，保障销售解决方案的可行性、竞争性和营利性，最终以高质量的合同保障客户项目的成功和顺利交付。
- ◇ **以客户需求、市场需求为中心的研发管理（IPD流程）**：建立以客户需求、市场需求为导向的产品规划设计机制，不闭门造车，必须迎合客户、迎合市场；同时，在产品开发过程中，与产品相关的市场营销团队、物料采购团队、生产制造团队、工程交付团队、运营维护团队等都安排代表共同参与开发过程，保障产品全流程的一致性，减少各项返工整改；研发上市后的产品，必须通过市场的检验，以此作为研发产品的考核绩效，只有客户认可的产品，才是好产品。

- 以客户问题为中心的客户服务管理（ITR 流程）：针对客户需求、问题的管理，建立基于技术支持服务水平协议（Service Level Agreement, SLA）的承诺管理机制、客户需求转销售或研发的接口、普通类问题的升级处理机制、故障类问题直接升级到研发、成立攻关小组的保障机制等。在问题得到有效处理后，进行典型问题的经验总结、案例库建设、客户回访、满意度调查、端到端闭环解决客户的问题或需求，全方位保证客户满意。
- 以客户牵引公司内部支撑部门的考核：对人力资源管理、财经体系、流程 IT 等业务支撑部门、后勤管理部门等的考核也由公司内部的客户牵引，保障公司以客户为中心的导向，以奋斗者为本的价值观，让业务支撑部门对内部客户的支撑做到最好。以公司食堂为例，华为任何一个办公区的食堂都有 2 家及以上的承包商，分布在独立的用餐区域，员工根据菜品喜好、菜品质量及价格优劣势选择去哪一个用餐区域就餐。这样，食堂的承包商就必须在菜品、种类、质量、价格等方面做到优秀以提升竞争力，否则员工可能就去竞争对手方就餐了。

华为还有"以项目为中心"的高效运作管理机制，实现跨部门高效协同，以项目负责人为总指挥、以项目成功为目标、以项目需求为导向，快速响应客户，保证项目的成功，实现华为与客户的双赢。同时，华为还建立了强大的工具平台、业务管理平台、业务知识库平台、培训赋能平台、案例库平台等，全方位系统性提升作业效率，从流程上聚焦客户，在项目高效运作、作业平台支撑等多方面及时满足客户需求，全方位实现"以客户为中心"的价值理念。

企业文化价值观一旦落地，业务运作管理机制就有了充分的导向作用，这使员工不仅对其进行理论学习，还在业务实践中充分践行。《论语》中的"学而时习之，不亦说乎"的"习"就是实习、践习的意思，这才是真正的学习。然而无论哪种践行方式，通过良好的业务运作管理机制，都能引导员工自动自发地践行企业核心价值观，这样的工作效率是最高的。

方法四：企业的价值观必须凝练为简洁的口号，便于学习和推广

对于企业来说，不妨把企业文化和价值观变成朗朗上口的口号，方便全员学习和践行，比如：
- 没有刁蛮的客户，只有不接受批评的员工。
- 和客户的任何接触（会谈、电话、邮件、微信、施工交流……），都是

展现公司形象的机会。
- ✧ 客户是我们的衣食父母。
- ✧ 敢于自我批判，才能持续进步。
- ✧ 质量是公司的生命线。
- ✧ 品牌靠的是质量，靠的是客户口碑，而不是广告。
- ✧ 管理者要学会灰度处理。
- ✧ 管理者要敢于接受客户的批评、竞争对手的批评、员工的批评。
- ✧ 用心做好细节，以诚信赢得信赖。
- ✧ 态度决定一切。
- ✧ 微笑服务。
- ✧ 理由少一点，做事多一点。

华为公司经典口号式语录

- ✧ 以客户为中心。
- ✧ 以奋斗者为本，长期艰苦奋斗。
- ✧ 坚持自我批判。
- ✧ 烧不死的鸟是凤凰。
- ✧ 板凳要坐十年冷。
- ✧ 资源会枯竭的，唯有文化生生不息。
- ✧ 胜则举杯相庆，败则拼死相救。
- ✧ 脑袋对着客户，屁股对着领导。
- ✧ 小胜靠智，大胜靠德。
- ✧ 将军是打出来的。
- ✧ 让听得见炮声的人呼唤炮火。
- ✧ 不完美的英雄也是英雄。

顺丰快递的服务口号

- ✧ 倾听客户心声，服务从我做起。
- ✧ 您的信任，我们的动力。顺丰快递，使命所至。
- ✧ 顾客的满意微笑是顺丰服务不竭的动力。
- ✧ 客户需求万变，服务努力不变。
- ✧ 顺丰服务，永不止步。
- ✧ 满意源于感动，服务创造价值。

百年老店经典口号式语录

- 胡庆余堂：戒欺。
- 益源庆：老老实实做人，实实在在制醋。
- 九芝堂：药者当付全力，医者当问良心。
- 任天堂：专注做好一件事。
- 吉庆祥：以人为本，讲究信誉。
- 雅诗兰黛：把美丽带给全世界的女性。
- 老凤祥：创新也有生命力。
- 月盛斋：至清至真，至诚至信。
- 同仁堂：炮制虽繁必不敢省人工，品味虽贵必不敢减物力。

方法五：只有给予员工有竞争力的薪酬，员工才会愿意为之奋斗

让百姓认同传统文化、让员工认同企业文化，其中非常重要的一点就是国家或企业可以带领他们走向共同富裕之路。这是推动全员认同传统文化、企业文化的关键要素之一。

《管子·治国》中强调："凡治国之道，必先富民。民富则易治也，民贫则难治也。"

治理国家，首先要让老百姓富起来，才容易推行国家的各项政策。

华为公司的核心价值观：以客户为中心，以奋斗者为本，长期艰苦奋斗，一定要让奋斗者得到应有的价值回报

为什么华为的企业文化落实得非常好，全员执行得非常到位，在疟疾横行的非洲、人迹罕至的珠穆朗玛峰、孤零零的大洋洲小岛、治安环境恶劣的许多国家都有华为人的身影，难道他们不怕感染疾病吗？他们不怕孤独吗？他们不担心个人安全吗？他们都是普通人，同样有这样或那样的担心，那么他们为什么坚持了下来？

这和华为公司给出的薪酬待遇有非常大的关系，认同企业文化的重要前提之一，就是要有足够的薪酬激励。华为在这方面做得非常优秀，员工的收益来自多方面。

（1）薪酬收入：工资、奖金和股票。

（2）各类补贴：健康体检、海外常驻补贴、艰苦地区补贴、战争补贴、疾

病补贴、住宿补贴、交通补贴、伙食补贴、通信补贴、家属陪伴补贴、回国往返机票补贴等。

（3）福利保险：完善的社会保险、住房公积金、养老保险、意外保险和商业保险等。

（4）各类奖项和奖金：公司层面有重大项目奖、市场突破奖、业务支撑奖、通信保障奖、天道酬勤奖、蓝血十杰奖、明日之星奖、质量之星奖、金牌员工奖、金牌团队奖等。各个部门内部设置的奖项更是数不胜数，甚至有"员工委屈奖"（虽然被客户指责甚至谩骂，但仍坚持做好本职工作）。其中，除精神激励外，还有些奖项有物质激励，激励员工奋勇向前。

（5）价值导向：最重要的是，公司在提拔干部、晋升岗位职级、提升薪酬待遇时，都是以在践行核心价值观方面表现优秀的员工为对象，而长期在艰苦地区奋战的员工将优先得到干部提拔和薪酬待遇提升的机会。鼓励员工到一线、艰苦地区去战斗，在那里不仅成长得快，而且待遇提升得也快。

任正非有句话说得好："钱给够了，不是人才都能变成人才。"在遇到困难，分析能不能搞定的时候，员工就会看在公司待遇优厚的分上，努力一把去试试，结果往往能够完成任务，实现既定目标。这样下来，挑战的难度会一次比一次高，从小项目到大项目，从大项目到重大项目、公司级项目，员工一个个都成了身经百战、硕果累累的人才。这充分体现了华为"以奋斗者为本"的企业文化理念，并通过充分的激励来肯定员工，让越来越多的员工愿意成为奋斗者，愿意到公司最需要的地方战斗。

方法六：企业通过公平公正以及强大的执行力，增强员工的安全感、归属感和荣誉感

企业文化价值观和各项管理制度的制定通常是比较容易的，但要做到公平公正地执行却是一件不容易的事情。只要有一次事件处理得不公正，就会给员工留下"这个规章制度就是糊弄人的、企业文化没什么用"的印象。若多次执行不公正，员工就会不再相信企业文化是企业的精髓、企业文化是指导全员共同努力的方向，也就不会有人按照企业文化的理念去工作。久而久之，企业文化就成了一个摆设，员工会离客户越来越远，浑水摸鱼的员工越来越多，管理者之间的裙带关系、员工之间的拉帮结派就会愈演愈烈，产品质量、服务质量开始下滑，企业走向衰败成为必然。

日本百年老店做得最优秀的地方就是文化传承，把优秀传统文化，通过企

业文化和家规家训的方式持续传承与发扬，这也是缔造百年老店的核心原因。

第五节 "道"在企业中的应用——成就内部客户

企业的愿景就是要成就客户的梦想，这是企业的使命及为之奋斗的方向。不过在企业内部，还是有很多部门或岗位不直接面对外部客户，而是支撑业务部门开展工作，如人力资源部、财经管理部、流程IT部、机关、后勤管理部等，这些部门的工作核心就是支撑好各业务部门、一线销售部门，助力内部客户（业务部门）的成功，这也是"以客户为中心"理念的体现。

场景一：对于机关岗位的员工，一线销售团队就是你的内部客户

如果你属于企业机关中的销售支撑团队，那么你的服务对象就是一线销售团队。为使一线销售团队创造更好的绩效，可以通过建设标准化销售管理流程、建立销售支撑平台、组建专家队伍全力支撑一线销售，如图2-1所示。

一线销售团队				
客户关系管理	销售项目管理	客户需求管理	项目竞争管理	合同移交和交付支持

销售管理流程	销售支撑平台		专家队伍
销售立项流程	销售指导书	投标支撑文档	专家任职标准
投标流程	解决方案材料	公司资质能力证明	任职认证流程
决策流程	产品基线文档	销售常用工具	任职结果公示
合同签署流程	服务基线文档	销售常用模板	专家岗位要求
项目移交流程	产品服务红线条款	销售案例库	项目移交流程

IT管理平台	培训赋能平台	案例管理平台	文档管理平台

机关销售支撑团队

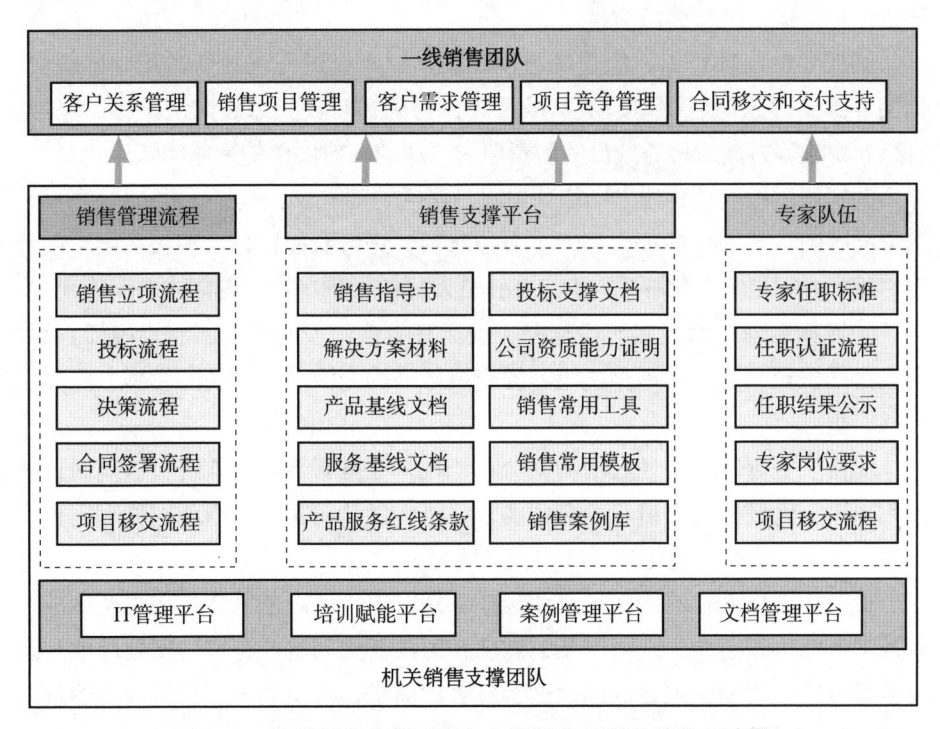

图2-1 机关销售支撑团队与一线销售团队的协作示意图

核心任务一：建设标准化销售管理流程，规范项目运作管理

通过建设标准化销售管理流程，规范项目运作管理，切实保障项目成功。

首先，销售需要规范管理的流程。标准化、规范化的销售项目管理是业务运作的基本要求，是端到端管理客户需求，通过线索发现、项目立项、项目组任命、标书引导、投标运作、投标评审 Checklist（检查列表）、商务授权、澄清谈判、合同签署、合同交付给项目实施团队等标准化、规范化、程序化的流程，实现全流程规范管理，及时响应客户需求，控制产品及服务交付风险，实现项目的竞争性、可交付性和盈利能力。

其次，销售需要通过运作管理机制保障项目的成功。企业通过运用一套系统化、规范化的管理手段和方法，对销售活动进行全面、有效的管理，包括销售目标与策略、销售组织与分工、销售过程管理、销售数据分析、竞争对手分析、客户关系管理、销售方案质量管理、决策管理以及绩效考核与激励等多方面内容。

①销售立项管理：对客户项目背景及预算信息、现网存量信息、竞争对手信息、我方信息等进行充分分析后，对销售项目进行立项，需要制定初步的销售目标与策略，以及销售预算。

②成立销售项目组：组建销售项目组，对人员进行正式任命和明确职责，包括外围支撑人员、评审、决策成员等，明确在客户关系、解决方案、交付、财经、税法等方面对核心成员的职责要求，形成高效协作的销售团队。

③拓展过程管理：建立销售项目库，包括关键需求、差距分析、风险分析、遗留问题跟踪清单等多项内容，全方位对项目进行监控管理，积极拓展和引导客户需求，制定客户化解决方案，在正式发标前做到客户关键需求有利于我方。

④投标管理：通过接收投标书、投标开工会、投标分工、制定投标方案、完成投标答复、标书评审和决策、提交投标书等全流程活动规范管理，保障投标书的质量。

⑤合同签署管理：通过澄清交流和谈判，在签署合同之前进行合同质量评审和决策，确保合同质量符合企业要求，可交付、可盈利，避免出现因签署劣质合同导致无法交付甚至被巨额罚款的情况。

规范化、标准化的销售流程和运作管理，不仅可以使销售过程中全体成员有条不紊地协同运作，还可以及时发现和解决各类问题，通过内部处理或升级决策等方式，让销售项目做到快速响应客户需求，提供高效、有竞争力的解决方案，促进项目中标。

核心任务二：建设销售支撑平台，提升销售运作效率

建立销售支撑平台，提升内部运作效率和质量，帮助一线销售团队快速拿下项目。

- ◆ 销售指导书：通过普通客户销售指导书、大客户销售指导策略、区域销售指导方案、客户战略合作框架、商务（条款和价格）授权指导材料、分级授权指导材料、常见销售问题及解决方案指导材料等，指导一线销售团队高效营销。

- ◆ 解决方案宣讲及交流材料：标准化的解决方案宣讲材料（一线团队可以基于客户需求进行快速定制），包括产品解决方案材料、服务（工程服务、维护服务、培训服务、网络集成服务、备件服务等）解决方案材料、成功案例及客户评价材料等，这是销售团队拓展交流的法宝。

- ◆ 建立产品和服务能力基线：针对产品能力需要提供各个产品的基线版本能力和定制化能力说明。服务基线如生产制造能力基线、配套供应物流能力基线、工程交付能力基线、维护能力基线、备件服务能力基线、培训能力基线等，使一线销售和投标人员在向客户承诺时有了清晰的标准。虽然其服务能力在各地域有所差别，但随着业务能力的不断提升，基线能力也在不断提高，会更加有力地支撑一线销售团队。

- ◆ 建立产品和服务红线条款：为防止一线销售团队违规承诺、超标承诺，导致无法交付与验收、难以回款，需要建立禁止承诺的红线条款。例如，无条件版本定制、承诺绝对工期、基于竞争对手产品设定的验收方案、特殊安装工艺要求、设备故障承诺赔偿间接损失、产品或服务价格永久有效、系统对接集成百分之百负责等。当然遇到特殊情况必须承诺的话，需要通过升级决策给出最终建议。

- ◆ 开发支撑投标的资料库：包括但不限于各种产品的建议书、各项服务的建议书、常见风险条款及应对策略指导等，针对不同的项目灵活定制，有效提升项目投标的效率。也可以整理项目整体高阶方案介绍的样例模板（建议 PPT 格式），一线项目组基于客户需求进行适当定制后，单独发送给客户高层，让他们快速了解我们的方案，从而增加中标的概率。

- ◆ 企业资质及能力证明：包括但不限于企业获取的各项资质证明、能力证明，用于支撑一线销售团队，使其在与客户交流时能够向客户提供足够权威的证明，增加客户的信心，如研发管理体系认证、产品质量资质证明、采购物料质量证明、物流运输能力证明、工程实施能力证明、维护支持能力证明、项目管理能力及成功案例证明、项目经理 PMP 资质证明、EHS 资质证明等。

- ◆ 销售支撑工具：如配置拉通工具，主要用于端到端拉通销售、采购、生产供应、工程交付与维护服务。从客户需求、产品配置报价、服务配置报价、PO（Purchase Order，采购订单）管理、生产制造、成套供应到物流管理、仓储管理、设备到货管理、工程实施、项目验收回款、转入维护、产品生命周期管理都用一个工具拉通，极大地缩减了各部门之间的 BOM（Bill of Materials，物料清单）数据转换、配置数据核对等耗时费力的活动，提高销售向后端传递客户数据、项目数据、业务数据的效率。除配置拉通工具之外，还需要有成本测算工具、报价工具、销售项目管理工具等。

- ◆ 销售支撑模板：包括销售项目立项模板、销售项目任命书模板、客户拜访纪要模板、销售项目进度跟踪表模板（含项目问题及责任人）、销售拓展中的客户需求反馈模板、投标团队任命书模板、投标开工会模板、投标文档分工表模板、投标项目风险评审表模板、投标商务申请表模板、投标文档归档 Checklist 模板、合同交底会（移交给交付团队）模板等。

- ◆ 销售案例库：对于典型的销售场景、重大项目销售场景、疑难复杂客户需求销售场景等，可以让销售项目成员整理成销售案例，无论项目成功与否，后续参与相似项目的人员都可以借鉴参考，有效提高销售的成功率和合同的质量。

销售支撑平台涵盖很多内容，不同的企业也会千差万别，以上列举了常见的平台能力建设，其中核心只有一条，即如何快速响应一线作战团队的需求，提供"炮火"支援，这个"炮火"就是企业需要持续不断建设的能力。

核心任务三：建设销售专家梯队，灵活支持重大项目

销售专家用于机动支持重大项目，在一线项目遇到困难或进入关键阶段时提供支持，助力拿下项目。

普通员工从事日常工作是没有问题的，但是对于重大销售项目、疑难复杂销售项目、盐碱地拓展销售项目等，往往需要专家参与，协助提供客户化且有竞争力的解决方案。专家队伍的建设，通常是通过建立任职资格标准（业务知识和项目经验等）、任职申请、考核、答辩和公示等流程进行选拔。当然，被评定为较高级别的销售专家，就要承担全球机动支持、重大项目谈判、撰写项目案例、优化工具模板、业务培训讲师、专家梯队建设、业务评审、方案指导书开发等重要工作，助力整体销售专家梯队建设。在标准化销售管理流程和销售支撑平台的共同努力下,辅以专家机动部队,确保一线项目组遇到困难时可以得到强有力的现场"炮火"支援,从而对拿下项目提供了保障。

每个部门都有各自的业务特点,对于支撑部门来说,实现下游内部客户的业务目标就是其不断追求的目标,这样的团队就会形成前线冲锋陷阵、后端鼎力支持的强大"火力",在双方共同努力下,为企业创造最大价值。

场景二:业务活动流向中下一个环节所对应的部门,就是我们的内部客户

以销售项目为例,在一个销售项目中,通常有客户经理团队、产品解决方案销售团队、服务解决方案销售团队、投标团队、合同谈判团队、中标后的交付团队等,合同谈判团队的业务活动流向如图2-2所示。

> 客户需求 〉销售经理 〉方案设计 〉项目投标 〉**合同谈判** 〉签订合同 〉项目交付 〉验收回款 〉

图 2-2 合同谈判团队的业务活动流向

在签订合同后,下游就是项目交付团队,高质量的合同就是对下游客户负责。

如果合同的质量不好,就会影响项目的交付。如果产品功能要求、供应物流要求、交付工期要求、施工工艺标准、验收标准等超出项目交付团队的能力,不仅会给工程实施带来巨大的压力,也会影响工期,影响验收,导致无法回款。

如果合同没有交付好,那么不仅回款困难,还会影响二次销售,容易形成恶性循环。

因此,合同谈判团队应签署高质量的合同,对于有风险的条款,必须采取规避措施或对应的解决方案,让交付团队能够顺利交付,顺利验收回款,保证企业的收入和利润。

作为一名合同谈判团队的负责人,必须考虑如何对下游内部客户负责,保证合同质量,通常有以下方法。

- ◇ 设置红线条款,禁止承诺与企业能力差距太大的条款:如果不得不承诺,必须升级到对应级别主管和决策团队进行决策授权;对于涉及相应业务部门的条款,对应的业务部门主管必须参与决策。
- ◇ 对于常见的风险条款,需要制定应对策略并规避风险。
- ◇ 对于定量风险(可以用数字衡量的风险),通过维护物流SLA、工期承诺、验收关键绩效指标（Key Performance Indicator, KPI）、交付能力基线、各项成本、项目收益等进行评估和承诺，以保证合同的质量。
◆ 对于定性风险（较难用数字数据衡量的风险），必须评估发生的可能性和预估的成本，并计算可能损失的费用在合同总额中的占比，通过风险规避、风险转移等方式纳入合同条款。
◆ 除谈判技巧等知识外，所有参与谈判的人员，还需要具备一定的业务知识，否则有较大风险的条款还未识别出来就轻易向客户承诺了。
◆ 合同谈判的终版合同需要进行最终评审和决策，方可提交给客户。

这样，有了层层质量管控，对下游客户负责就是上游部门最大的价值，也是在销售全链条中获得认可的最简单有效的方式之一。

一份高质量的合同，可以帮助后期的交付团队顺利地交付，同时可以避免交付工期压力大、验收极为苛刻，甚至面临罚款等对企业不利的情况。因此，对于合同谈判团队来说，不仅要签署合同，而且要签署高质量的合同，保证后端交付业务的顺利开展，实现企业整体的收入和盈利目标。

场景三：如果你是普通员工，主管就是你的内部客户

对于员工来说，个人绩效需要对部门负责、对主管负责。主管负责员工绩效管理、薪酬管理、职级管理等，对员工在企业的发展影响巨大，因此主管就是员工的衣食父母、员工的内部客户。

目前，行业中流行一句话："员工因公司而来，因主管而走。"这在各行各业是普遍现象，每个人都觉得很难遇到令自己满意的主管，主管总有这样或那样的问题：脾气不好，整天开会，经常批评员工，过度关注考核指标，从不搞团建，喜欢听上级领导的话，对周边部门不够强势，遇到问题就甩锅给员工，考核评价总是偏向某几个人，等等。其实主管面临的挑战可能比你想象的要大得多：上级领导的任务要重视，客户业务要关注，员工成长要培养，绩效指标要完成，周边部门要合作，遇到问题要处理，"突发事件"要预防，客户投诉、周边部门投诉要找原因并及时解决，员工奖、项目奖、部门奖等奖项要关注数据收集整理和及时申报，等等。看来，做好一个主管并非易事，部门有功他排第一，部门有过他还是排第一。

员工之所以总喜欢和主管对着干，是因为只看到主管"不足"或"不对"的一面，对于背后的各种原因，部门内部和部门之间工作的平衡，员工往往是看不到的。因此，和主管对峙是不明智的，反过来，如果想在部门获得好的发展，就必须成就主管，因为主管负责员工考评、薪酬以及晋升的推荐，从某种

程度上来说，主管也是员工在企业发展的关键支撑者。

从哪些方面成就主管呢？把部门分解到员工身上的各项KPI，尽量做到优秀；上级安排给主管的任务，协助主管完成；对于主管关注的业务，虽然没有放入KPI，但是对提升部门绩效和团队成长有很大帮助的业务，在完成个人工作之余，可以多承担一些。

努力提升个人能力并将业务经验、项目经验传递给同事，把工作小技巧做成工具模板，促进部门全员战斗力的提升。

在工作中获得成功的自然法则就是成就你的内部客户，常见的场景有：

①作为一名员工，要成就你的主管。
②作为一名项目组成员，要成就项目整体的成功。
③作为一个部门主管，要成就下游部门的内部客户。
④对于一些没有清晰业务场景的员工，要确认自己的工作为谁负责、内部或外部的客户是谁，最后去成就他们的工作。
⑤对于直接面对外部客户的部门，他们的核心就是成就客户（外部），这是永恒不变的真理。

对于普通员工和部门主管来说，核心职责就是找准内部或外部客户，助力他们的成功，这也是在成就自己的未来。

第六节 "道"的小结

"道"是自然法则，是事物发展的自然规律。遵循自然法则和规律就能获得良好的发展。

对于企业来说，"道"是企业的"灵魂"，是企业的愿景、使命和价值观，是企业的文化。

愿景是客户的梦想，使命是企业帮助客户实现梦想孜孜不倦做出的努力，并驱动企业奋斗终生。只有这样的愿景和使命才符合自然规律，才能让客户忠诚和持续支持企业的产品与服务，保证企业长期稳定发展。

企业的"灵魂"——由愿景、使命和企业价值观组成的企业文化

◇ 愿景：成就客户的梦想。
◇ 使命：为实现客户梦想持续不断地努力。

✧ 企业价值观：以客户为中心，以员工为本。客户是企业收入的唯一来源，员工是给企业、客户创造价值的原动力。

避免误区：

企业的愿景是客户的期望和梦想，企业在制定愿景时，容易把企业的战略目标当作企业的愿景，这通常是企业发展的阶段目标，随着企业的壮大和业务范围的变化，这些目标也在不断变化。然而，对于一个具体领域、具体行业的企业来说，客户的梦想往往是不变的，甚至可以沿用数百年。

第三章

法

第一节 何谓"法"

《说文解字》对于"法"的解析,展现了深厚的文化底蕴和哲学思考。从字形上看,"法"字的古法写作"灋",由"水""廌"和"去"三部分组成。在古代文化中,"水"常常象征着公平、公正和流动不居的真理;"廌"是一种神兽,传说具有分辨是非曲直的能力,它能够识别善恶忠奸,用角触倒奸邪的官员;"去"可以理解为去除、消除,在这里表示通过法律消除社会中的不公和邪恶,保障公民的权益和自由,维护社会和谐与稳定。

"法"是管理者(统治者)立下的规矩,制定的管理制度;"法"也是在"道"的自然法则中显现出具体事务的原理和运行方法;"法"具有"时易性"特征,随着环境的变化进行制度、战略、规划等的调整。"法"还是企业管理的基石,有助于全体员工基于制度规范全力创造价值。

法治企业是企业以国家的法律为准则,以法治思维管理企业、经营企业,并以此作为企业发展的根本原则和基础。它是企业文化价值观落地的保障,牵引全员自然而然地基于企业文化价值观导向开展工作。法治企业不仅能够合规经营,还能保障客户权益、员工权益、产业链生态上下游合作伙伴的权益,并承担社会责任。企业需要为社会创造价值,贡献自身的力量,这是永恒不变的真理。

良好的企业制度,应该是规范管理、规范业务运作,防止出现"千里之堤,溃于蚁穴"的灾难性事件。

卫生制度不健全,企业丢失合同

汪中求的《细节决定成败》中有个案例:一家德国公司计划与中国一家医药制造企业合作,于是来到现场进行实地考察。整个过程都非常顺利,就在考察工作快要结束的时候,这家医药制造企业的厂长随地吐了一口痰,让德国公司的工作人员极为震惊,因为对于一个医药制造企业来说,环境卫生的要求是非常严格的,作为企业负责人竟然在厂区内随地吐痰,可见整体的卫生质量一定存在诸多管理漏洞，他们立刻终止了合作。

这个案例的核心是企业在环境卫生管理层面制度不健全，久而久之，会导致全员缺乏卫生意识，药品质量下降，直到有一天企业全面崩溃。作为对卫生要求极高的药品，必须有非常严格的卫生管理制度，要覆盖生产过程中的员工着装管理、日常卫生管理、药品原材料管理、加工过程管理、包装管理等细枝末节。

诺基亚：创新制度不健全，企业盛极而衰

诺基亚手机曾一度统治传统手机领域，在成千上万家竞争对手中，其市场份额最高时超过 40%。然而在互联网，尤其是移动互联网即将走向历史舞台时，诺基亚依然迷恋传统制造业的思维遏制了产品创新的研究，最终被来势汹汹的苹果手机等新一代智能手机击落神坛，市场份额暴跌。2013 年，诺基亚手机业务被微软公司收购。

福特：固守 T 型车战略，忽视市场需求变化

20 世纪初，福特公司率先使用流水线作业的方式，极大地降低了汽车成本，其中简单、耐用、低价的 T 型车，占据了世界汽车市场 68% 的份额。

然而，福特总裁坚持认为，提高质量、降低成本是市民对汽车永远的追求，速度、环保、个性化、多元化的需求根本不在福特的考虑范围内，坚持将单调的黑色作为 T 型车的唯一颜色，其油耗高、排气量大的特点与当时日益紧张的石油供应状况不相适应。

其他几家汽车公司则紧跟市场需求，推出低能耗、小型轻便、多种颜色的汽车，很快抢占了福特的汽车市场，福特再也没有了往日的辉煌。

如果一家企业没有管理制度，员工就会迷失方向。企业各方面的管理制度不仅要清晰明确，还要结合实际合情合理，才能获得全员的支持。如果企业不能基于"法治"进行管理，就会产生巨大危害，如下是比较常见的问题。

①山头林立：一家没有清晰管理制度的企业，很难规范企业的各项管理运作，使员工各自为政，谁能做好业绩谁就是"王者"，对于其使用什么手段提升业绩则很难管控。反之，能力不足的员工也没有培训、锻炼和成长的机会，长期得不到重用，最终不得不离开。这便造成企业留下来的"优秀员工"各自"占山为王"，企业既不敢得罪，也不敢开除他们。

②组织混乱：一家没有清晰管理制度的企业，员工不知道自己的职责和工作内容。企业容易出现员工不清楚企业的目标、部门的目标、个人考核的目标，

还可能存在员工多头汇报，无法将个人目标与企业目标相结合，不清楚工作到底该由谁负责等组织混乱、内耗严重的问题。

③盲目决策：一家没有清晰管理制度的企业，对企业的发展方向、发展战略缺乏清晰的定位，在决策过程中往往基于个人的意愿，而不是组织的目标，容易出现更多的失误和偏差，导致企业在发展上迷失方向，影响企业的竞争力和盈利能力，难以支撑企业的长期稳定发展。

④效率低下：一家没有清晰管理制度的企业，会导致业务管理不是靠制度进行运作和指导，而是完全听命于主管的安排、监督和考核，不能基于业务属性开展工作。这样"非常忙碌"的主管就成为部门业务最大的"瓶颈"，员工整天等待主管下发指令，需要时刻向主管汇报进展，完全没有独立运作业务的机会。最终导致两个结果：一是员工效率低下，每天都按照主管指令工作，工作没有动力；二是主管工作很累，每天要安排和监控大量的事情，感觉员工没什么能力，不会思考，只会机械地工作。

⑤滥用职权：一家没有清晰管理制度的企业，对于有职权的主管，很难有清晰的权力界定。如果企业在决策上又缺乏基于业务决策流程的管理模式，就很容易导致主管滥用职权。胆子大的主管，什么都敢做，没有约束力，把企业搞垮了，老板还不知情；胆子小的主管，唯唯诺诺，人在其位，不谋其政，不求有功，但求无过。

《韩非子·喻老》中有段话："千丈之堤，以蝼蚁之穴溃；百尺之室，以突隙之烟焚。"大意是：千里大堤，因为有蝼蚁在打洞，虽然每个洞都很小，但大堤可能会因此而塌掉；百尺高楼，可能会因为烟囱的缝隙冒出火星，引起火灾而焚毁。这就是持续的量变过程最终会引发质变的道理。《道德经》中说："合抱之木，生于毫末；九层之台，起于累土；千里之行，始于足下。"事物都是积少成多，积小变大。系统性的管理制度会有效支撑企业发展，经过时间的沉淀，企业会一步步走向强大；缺乏系统性的管理制度，企业会逐步走向衰落，这是事物发展的必然。

企业想要发展壮大，从创业之初就需要系统化的管理，初期可以是粗颗粒的，随着企业规模扩大，可以逐步细化和完善。企业需要认真对待每个客户、每项管理措施，因此需要有清晰的制度进行管理，否则很容易出现员工经常钻空子偷懒、不善待客户等问题，导致客户流失，使企业走向灭亡。

第二节　为什么要把企业建成"法治企业"

《韩非子》中说："法者，编著之图籍，设之于官府，而布之于百姓者也。释法术而任心治，尧不能正一国。去规矩而妄意度，奚仲不能成一轮。"没有法律制度，被称为"圣贤"的尧也没办法管理国家；行业没有制度标准，能工巧匠也没办法完成一件小作品。

"法"就是管理制度，没有规矩，不成方圆。企业的管理制度必须是清晰规范、可操作、可执行的，让全体员工容易理解，对于违反管理制度的员工需要根据严重程度给予不同级别的处罚，以树立"法治企业"的权威。

法治企业不仅能合规经营，也能保障客户、员工、合作伙伴、股东等各方权益，在明确业务管理制度、员工及干部管理制度、薪酬管理制度、各项激励制度的基础上，充分激发员工的活力，为客户提供优质的产品和服务，树立良好的企业形象，对促进企业的持续稳定发展有着巨大的推动作用。

一家优秀的企业，一定是法治企业。

在市场经济自由化时代，企业之间的竞争演变成"群雄争霸"，要么在残酷的竞争中活下来，要么被淘汰。因此，法治管理的模式显得尤为重要。

《韩非子·有度》中说："法不阿贵，绳不挠曲。"法律不偏袒权贵，墨绳不迁就和偏向弯曲的地方。

法治管理强调公开性和公平性，不应该因为对象的身份高低而有所不同，应该一视同仁。《商君书》强调："法令者，民之命也，为治之本也。""仁义不足以治天下。""不贵义而贵法，法必明，令必行。"有法可依，有法必依，违法必究，执法必严。"王子犯法，与庶民同罪"，这是法治管理的重要原则。当然，商鞅强调的"刑多而赏少""以杀刑之反于德"这一严刑峻法的概念，在企业并不适用。我们所说的"执法必严"，不能过度严苛地执法，而是要儒法并治。对于管理制度混乱不堪、违反规章制度成为常态的情况，要执法必严；如果业务运作良好，员工绩效优秀，"教育＋处罚"并行的方式就比较合适。否则，过度严苛的处罚会让员工畏首畏尾，工作放不开，整天请示领导、忙于汇报、一味等待主管指令，工作效率会非常低下。"赏罚有度"也是法治管理的重要概念。

韩非子"法、术、势"的理念对于企业管理具有多方面的借鉴价值。

首先，"法"在韩非子的思想中代表管理的权威，为管理者提供了明确的管理依据。在企业中，就是要建立完善的规章制度和法律体系，保障企业业务的运营秩序，提高员工的工作效率，从而推动企业的稳定发展。

其次，"术"在韩非子的思想中是一种管理技巧，涉及如何运用权术、各种手段和方法达成君主的管理目标。在企业中，管理者应尽量减少对业务运作的干涉，而是让业务自动自发地运作，充分发挥员工的主观能动性，为企业创造价值。

最后，"势"在韩非子的思想中强调的是一种管理的权威。在企业中引申为企业之"势"，类似军队气势，一种强大的"气势"使企业在行业中势不可当。这种"气势"，需要公平公正的执行力，从而震慑"不法员工"；还需要信守承诺的执行力，以便在客户、合作伙伴那里树立威信。这样不仅能够激发员工的工作热情和创造力，也在企业内部形成了强大的团队凝聚力。

让我们看一些法治企业的案例。

良好的考核制度使肯德基数万家分店标准统一

肯德基有数万家分店，分布在全球各地，肯德基总部如何让每个分店都能够严格执行标准呢？

一次，上海肯德基有限公司收到了三份总部寄来的鉴定书，对其外滩快餐厅的工作质量分三次鉴定评分，分别为83分、85分、88分。

公司经理都为之瞠目结舌，这三个分数是如何评定的？原来，肯德基总部雇用、培训了一批人，让他们佯装顾客潜入店内用餐、使用洗手间，时不时观察店里员工的工作情况，并进行检查评分。

这些"特殊顾客"来无影去无踪，使快餐厅经理、雇员时时感到某种压力，丝毫不敢懈怠，时刻按照总部的统一标准和要求服务顾客，保持环境卫生整洁。

人性有阳光的一面，也有灰暗的一面，绝大部分员工很难凭个人自觉做好工作并保障业务正常运作。只有良好的企业管理制度、业务管理制度和清晰的奖惩措施，才能告诉员工企业的价值观导向是什么，鼓励员工该朝哪个方向努力，杜绝做"坏事"以及避免做"不推荐做的事情"，持续提升个人及组织绩效。

良好的业务管理制度，会让企业业务部门围绕客户需求开展工作，从而给客户创造价值。

良好的员工管理制度、薪酬管理制度、职级管理制度、干部管理制度，会帮助员工明确发展方向，激励员工不断努力、拼搏向上。

良好的供应商管理制度不仅能避免采购期间的腐败，还能营造供应商之间的良性竞争，打造良好的产业生态圈，创造共生共赢的营商环境。

良好的质量管理制度，会营造出"劣质产品可耻，优质产品为荣"的工作氛围，促使企业生产出高质量的产品。

良好的管理制度，可以防止企业管理者滥用权力，保证执法的公正透明，增强员工的归属感和忠诚度。

成为法治企业能够确保企业运营规范、风险可控，保障员工权益，提升社会信任度。法治管理，能够明确员工该朝什么方向努力，该用什么方式激励员工，该如何与合作伙伴建立良好的合作关系，该如何防止管理者滥用权力，该如何提高执行力，这些都是企业可持续发展的重要保障。

第三节 如何建立良好的企业制度

企业之"道"就是企业文化价值观，是企业的经营理念，而企业行为和决策的准则则使全体员工拧成一股绳朝某一方向奋斗。同时，核心价值观必须具有可操作性，能够转化为具体的行为规范和工作制度要求。因此，在明确核心价值观之后，下一步就是将这些价值观融入企业的各项制度。

企业的销售管理、研发管理、交付管理、维护管理、人力资源管理、采购管理、生产管理、财务管理、行政管理、后勤管理等业务制度都应该基于核心价值观进行设计，只有这样，才能让员工在工作中主动践行企业价值观，避免让企业文化流于形式，让良好的价值观持续传承。

融入企业管理制度需要考虑几个关键要素。

①如何建立"以客户为中心"的管理制度？该管理制度不仅需要包括外部客户，还需要包括内部客户。

②如何建立"以员工为本"的管理制度？

③如何建立"良好的产业生态圈"管理制度？

企业的管理制度，必须"以客户为中心"进行设计

建设"以客户为中心"的企业管理制度有三个要素，如图3-1所示。

```
客户 → 业务运作制度 → 建立"以客户为中心"导向的业务流程 → 始终聚焦客户需求 → 客户
客户 → 项目运作机制 → 建立"以项目为中心"的运作机制 → 快速响应客户需求 → 客户
客户 → 作业效率管理 → 建立作业平台，持续提升作业效率 → 快速满足客户需求 → 客户
```

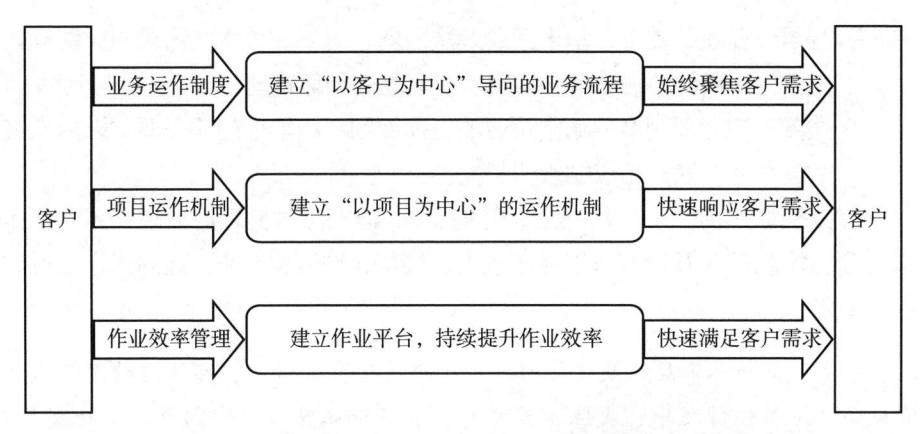

图 3-1 建设"以客户为中心"的企业管理制度的三个要素

①始终围绕客户需求的业务运作制度：建立"以客户为中心"导向的业务流程，以及"从客户中来，到客户中去"的业务运作管理流程；对于支撑部门，建立以内部客户为中心的业务运作管理流程。

②快速响应客户需求的项目运作机制：建立"以项目为中心"的运作机制，以项目负责人为统帅，实现跨部门协同，从而快速响应客户需求。

③快速满足客户需求的作业平台：建立作业平台，提供业务管理平台、业务指导平台、工具模板平台、案例库平台、业务交流平台等，持续提升作业效率，快速满足客户需求。

为了不让"以客户为中心"成为空洞的口号，建立"以客户为中心"导向的业务流程，始终聚焦客户需求；建立"以项目为中心"的运作机制，实现跨部门协同，快速响应客户需求；建立强大的作业平台，持续提升职能部门的作业效率，高效满足客户需求。有了这三件法宝，才算真正实现了"以客户为中心"。

法宝一：建立"以客户为中心"导向的业务流程，始终聚焦客户需求

✧ 销售管理制度：必须建立"以客户需求为中心"的销售模式，提供客户化、全生命周期的端到端解决方案，全方位保障合同签订后的产品质量、项目实施质量、后期维护质量、备件服务质量等。

✧ 研发管理制度：必须建立以市场需求、客户需求为导向的研发制度，开发和提供满足市场需求的产品，以及可销售、可交付、可维护、可盈利的产品解决方案，使产品一上市就具有较强的竞争力。

✧ 售后服务管理制度：必须建立客户问题及需求端到端闭环的管理制度，

提供专业化的支持，承诺问题解决时间，对于非技术类需求同样能够转接到对应部门快速处理，实现所有问题的闭环管理。
- ◇ 内部客户管理制度：通常企业的支撑部门、职能部门等需要"以内部客户为中心"建立相应的管理制度。

西汉开国功臣萧何，从未到过前线打仗，但刘邦对他评价极高，因为他作为"后勤部部长"，及时高效地输送战士、粮草、物资到前线，让刘邦作战没有后顾之忧。

汉高祖刘邦称帝后，最欣赏的三位干将是张良、萧何、韩信，对他们的评价极高：运筹帷幄之中，决胜千里之外，我不如张良；平定国家，安抚百姓，供应粮饷，不断绝运粮通道，我不如萧何；率领百万大军，战必胜，攻必取，我不如韩信。这三个人，都是人中豪杰，我能重用他们，这就是我取得天下的原因。

刘邦对萧何的评价如此之高，有很多将士都不大认可，认为他从不冲锋陷阵、奋战在一线，整天就在大后方守城，生活舒适，凭什么成为打下江山最核心的三大功臣之一？

刘邦对此给出的解释企业可以借鉴参考：萧何很像"后勤部部长"，整天招兵买马，对百姓实施亲民、惠民政策，让百姓安居乐业的同时，积极储备粮草，招募士兵并积极训练。刘邦手下的将士在前线打仗，没有粮草了，萧何马上送到，兵力不足了，兵源立刻补上，这才让刘邦在前线敢于打硬仗、打大仗。即使和项羽之间的战役屡屡失败，刘邦也相信自己一定能坚持下去，这就是萧何这个"后勤部部长"的巨大作用，如同企业中的支撑部门，他们虽未上战场杀敌，但如果没有他们，战争是打不赢的。

- ◇ 人力资源管理制度：需要帮助业务部门招聘合适的员工，并建立良好的员工发展通道、薪酬制度、培养制度、干部管理机制、考核机制等，全力支撑各业务部门目标的实现。
- ◇ 供应链管理制度：提供高效率、高质量的生产制造、供应管理，支撑项目的优质、快速、低成本、契约化交付。
- ◇ 财务管理制度：帮助业务部门进行财务管理，同时分析业务经营特点。助力业务部门发现问题、改进业务。
- ◇ 采购管理制度：针对物料、设备采购，建立采购需求和标准，以实惠的价格采购满足产品需求的物料和设备；对于服务采购，需要建立合作服务的资质管理体系，筛选和认证符合资质的合作企业及员工，让企业聚焦核心业务，降低项目交付成本，提升交付效率和质量。
- ◇ 后勤保障制度：企业食堂、班车管理、物业管理都是为了给员工提供良好的工作环境，其内部客户就是员工，如何让员工健康饮食、舒心地工作，是后勤保障制度需要考虑的重点。

法宝二：建立"以项目为中心"的运作机制，快速响应客户需求

项目运作最大的问题就是跨部门协同困难，因为这是一个临时性组织，如销售、研发、交付等各类项目的成员来自各个职能部门，每个职能部门都有一个主管，而这些参与项目的成员通常由本职能部门主管考核，因此，他们很难服从项目负责人的指挥；同时，由于各个职能部门的员工仅关注自身利益，跨部门协同非常困难，大量内部沟通协调会、汇报和决策等使项目运作效率低下。

"以项目为中心"的运作机制其核心就是以项目负责人为统帅，给项目负责人充分授权，包括但不限于考核授权、财务授权、决策授权等，统一指挥和管理团队成员，制定项目目标、项目实施计划、关键成员任务目标及考核要求等，确保项目高效运作，快速响应客户需求。

法宝三：建立作业平台，持续提升作业效率，快速满足客户需求

企业需要强大的作业平台，统一管理业务、明确作业流程、提供作业指导、及时解决"前线"困难、提供成功案例、给一线培训赋能、提供工具模板等，不仅可以极大地提升一线的作业效率，在遇到困难时还有平台提供全方位的支持，这对企业业务的集中监控与管理、作业效率的提升、业务的扩展、部门之间的高效协同、企业品牌形象的提升、基于客户需求的业务改进等有着良好的支撑作用，能够系统性地提升企业的竞争力。

只有做好"以客户为中心"的三件法宝制度建设，才能真正做到"以客户为中心"，把聚焦客户需求、快速响应和满足客户需求落到实处，而不是沦为形式主义的口号。

企业制度，要能够持续激发员工的活力

千里马常有，而伯乐不常有。

人人都可能是千里马，能够发挥个人特长和创造价值，而企业就应该扮演伯乐的角色，它需要充分利用员工的个人优势，激发和培养大量的"千里马"，为企业效力。

员工是给客户和企业创造价值唯一可依靠的资源，因此，必须建立持续激发员工活力的管理制度，让员工最大化地创造价值。激发员工活力有多方面的因素，如薪酬激励、职业发展通道激励、技术专家认证激励、提干激励、考核授权／财务授权／决策授权激励、项目奖金激励、优秀团队或个人奖激励、越级提拔激励等，通过物质激励和精神激励相结合的管理制度，时刻激励员工向前冲。

◇ **有竞争力的薪酬制度建设**：要和岗位职级、任职资格挂钩，让员工不断努力通过绩效考核、能力提升、组织工作等实现晋升；同时，薪酬基线的设计要在同行中有明显的优势和竞争力，工资、奖金、股票及各种福利补贴和项目奖金等的薪酬体系对员工要有较大的吸引力，这些都可以有效激励员工持续努力。

◇ **员工发展通道制度建设**：让员工进入企业后能够看到自己的发展空间和未来。企业收入分配基本是金字塔结构：下面的层级人数多，薪水低；上面的管理层人数少，薪水高。如果员工看不到发展通道和上升空间，就容易"做一天和尚撞一天钟"，工作消极懈怠。清晰的发展通道通常有两类：一类是管理通道，另一类是专家通道。对企业来说，管理岗位有限，而专家岗位在各业务领域基本没有限制，只要达到专业能力、实践经验、绩效贡献等方面的标准要求，都可以成为专家，在岗位职级和薪酬待遇上同样理想。有了清晰的职业发展通道，员工就有了努力工作的动力。

◇ **员工晋升为干部的机会**：大部分员工希望成为管理者，因为这是企业认可其个人能力的最佳证明。作为管理者，除基本的品德要求外，还要认同并践行企业文化和价值观，因为他们是企业文化传承的中坚力量。另外，管理者要从经过优秀业务实践、项目实践锻炼，并获得良好绩效的优秀员工中选拔。"实践是检验真理的唯一标准"，干部选拔不需要论资排辈，不需要看毕业院校，也不需要看学历，重点是看实战能力、管理能力和创造高绩效的能力，一切以实际结果为导向，公平公正地选拔。在业务中敢闯敢干，敢于挑战重大项目，即使面对强大的竞争对手，也不畏艰难，想办法提供满足客户需求的解决方案，获得客户认可，这些都是一个管理者应该具备的特质。对于有一堆经济管理、工商管理证书，但是没有业务实践的员工，不能任命为干部，这种员工很容易变成纸上谈兵的赵括，给企业带来损失。因此，干部选拔标准、干部培养机制、干部考核与管理等相关制度的建设，是让干部队伍保持干劲的重要支撑。
- ✧ 给骨干和专家充分授权：让员工充满激情的一个重要前提，就是主管敢于充分授权，让他们基于个人的能力自行安排工作，极大地提升工作效率，使他们高效地完成工作目标。俗话说"将在外，君命有所不受"，就是鼓励一线员工根据瞬息万变的市场环境，及时做出应对策略、赢得项目，否则事事汇报，等待各种授权审批，等拿到授权以后，项目可能已经丢掉了。当然，充分授权也有要求，要基于项目规模、项目利润、可交付性、盈利能力等综合因素考虑授权范围，不能为拿项目签订质量很差的合同，把问题丢给下游产品及服务团队，导致产品研发团队无法按期开发出满足客户需求的产品；或者交付验收的标准非常苛刻，超出行业规范和企业产品能力，导致项目无法通过验收；或者制定苛刻的工期要求，不能按期交付面临罚款；等等。因此，分层分级授权是比较推荐的模式，在员工提升能力和职级后，可以逐步扩大授权范围。

《韩非子·主道》："明君无为于上，君臣竦惧乎下。明君之道，使智者尽其虑，而君因以断事，故君不穷于智；贤者敕其材，君因而任之，故君不穷于能；有功则君有其贤，有过则臣任其罪，故君不穷于名。是故不贤而为贤者师，不智而为智者正。臣有其劳，君有其成功，此之谓贤主之经也。"

大意是：明君在上面"无为而治"，群臣在下面诚惶诚恐。明君驾驭臣下，使聪明人竭尽思虑，君主据此决断事情，所以君主的才智不会穷尽；鼓励贤者发挥才干，君主据此任用他们，所以君主的能力不会穷尽；有功劳则君主占有贤明，有过失则臣下承担罪责，所以君主的名声不会穷尽。因此，不贤的人反而成为贤者的老师，不智的人却成为智者的纠正者。臣下承担劳苦，君主享受成功，这就叫贤明君主的常法。这就是韩非子推荐君主要善于授权，否则君主非常辛苦，而臣下越来越不愿意思考，总是等待安排事情，因为个人思考和推荐的方案一旦与君主不一致，就会受到指责。诸葛亮不善于授权就是经典的案例，虽然诸葛亮才华横溢，一心为国为民，但是始终没有放权，没有培养更多人才梯队，使得他去世后谁来接班成了一个大问题。

企业也是如此，管理者必须会放权，一方面让自己有更多时间思考企业和部门的战略，另一方面培养下属独立处事的能力，所有人都是在错误中成长的。"失败乃成功之母"，这句话是经典名言，曾国藩在家书中是这样解释的："盘根错节，可以验我之才；波流风靡，可以验我之操；艰难险阻，可以验我之思；震撼折衡，可以验我之力；含垢忍辱，可以验我之节。"意思是：面对繁难复杂、不易处理的事情,可以检验我的才干;面对纷繁世间的变化、人情冷暖,是否容易随波逐流,可以检验我的节操;面对世上道路的艰难险阻,可以检验我的思维和思想;遇事审时度势,把握权衡,可以检验我的定力;含垢忍辱,可以检验我的节操是否忠贞。因为曾国藩经历过很多错误和失败,并能够反思和改进,所以他的成长速度惊人,他希望家人能够借鉴他的经验,不要惧怕错误和失败。放权和适当指导相结合的方式,不仅能减少主管在琐事上的投入,更能让员工快速成长,为企业创造更多的价值。

多元化奖项激励。肯定员工的工作和绩效,激励他们不断前行。与销售相关的项目突破奖、格局项目奖、山头项目奖等,以及与其他业务部门相关的各类奖项,可以通过颁发奖杯、奖状等方式,从精神层面和物质层面激励员工和团队。当员工在家里摆满各种奖品时,他的亲人都会为他感到自豪,更加支持他的工作,这是低成本激励员工的最佳方式之一。

企业要不拘一格用人才。《韩非子·显学》中说:"宰相必起于州部,猛将必发于卒伍。"如果按照论资排辈、一步一步往上晋升的思路,就会有很多人才被长期埋没,诸葛亮也许要在刘备那里要奋斗很多年才能当上军师,韩信需要在刘邦那里奋斗很多年才能当上大将军,而霍去病也许还没有领兵打仗就已经去世了。这些顶尖人才正是因为被领导赏识、直接任职重要岗位,才发挥了巨大的作用。

管仲曾刺杀小白(后来的齐桓公)失败,但是齐桓公不计前嫌,任用管仲为相,负责对齐国进行改革,促进经济和军事发展,最终使其助自己成为春秋时期第一霸主。

刘邦手下的樊哙以屠狗为生,夏侯婴是赶马车的,郦商是无业游民,灌婴是贩卖布帛的,他们都是生活在最底层的老百姓,但是都被刘邦重用,成为得力干将,在推翻秦朝和楚汉争霸期间立下了汗马功劳。

魏徵原是李建成手下的谋士,曾多次建议李建成除掉李世民。李世民在继承皇位后,看重魏徵的才干,毅然任命他为谏议大夫。魏徵向李世民提出了很多治国理政的建议,为贞观之治的盛世作出了贡献。

良好的用人制度,要能够实现"和而不同"的和谐共处。人无完人,企业的员工也是由不同特点、不同性格、不同优势的人组成的,必须充分发挥他们的才能,共同为团队创造价值。《韩非子·扬权》中说:"夫物者有所宜,材者有所施,各处其宜,故上下无为。"大意是:事物有它适宜的用处,才能有它施展的地方,各自处在适当的位置上,这样君主可以做到"无为而治"。"和而不同"是《周易》《道德经》《论语》《庄子》推崇的万物和谐共生模式。企业利用员工各自的优点拧成一股绳才是正道，总是挑员工的"毛病"，把员工的缺点放大，内斗纷争不断，这种情况很难形成企业的合力和战斗力。

在员工激励上，要建立末位淘汰机制。淘汰一名不合格的员工，可以激活整个团队。例如，对于评为"不合格"的员工予以沟通改进，连续2~3次改进无效者将其淘汰。

HR可以制定末位淘汰机制的策略，通过明确岗位职责与考核制度、定期制定KPI、实施任务、考核评定和沟通等方式，让考核制度运作起来。对于绩效完成差的员工，海外部分国家要求必须通过警告信（Warning Letter）的提醒和警告、绩效改进计划（Performance Improvement Plan, PIP）等比较正式的方式，在警告和绩效改进无效后才能将其辞退。现在，国内很多企业也在学习和借鉴这一方式，能避免一些员工被淘汰时引发的冲突和矛盾，万一发生劳动纠纷，这也是重要的证据。

企业需要盈利，如果以团队为单位考核，就会出现混日子的员工；如果单独考核，并有清晰的KPI管理，就很容易看出员工的绩效。通过优胜劣汰的管理机制，持续激励员工努力向上，企业的蛀虫就会越来越少。

企业制度，要能够培养全员持续苦练内功的工匠精神

如果一家企业没有清晰的管理制度、经营理念和战略规划，就容易演变成一家浮躁的企业，成为机会主义者，哪里热门就往哪里蹭，只想赚快钱，项目成功基本靠运气，项目失败只认自己倒霉，这种运作模式很难持续发展。有清晰战略和管理制度的企业，会让全体员工把业务做实、做精，苦练内功，不断提升产品和服务质量，持续提升自身的核心竞争力，成为真正有实力的企业。

苦练内功要关注客户需求，需要实时分析和研究市场，寻找新的市场机会或业务领域，积极探索创新产品和服务，通过技术创新、产品创新和服务创新等多种方式满足客户需求，持续提升企业核心竞争力和市场地位。

关注客户、关注行业是永不过时的话题。21世纪最大的特点就是技术更新太快，行业需求、客户需求变化太快，让客户对企业忠诚变得越来越难。数码相机的出现，使胶卷相机逐渐没落；手机摄影的出现，使数码相机的销售额大幅萎缩；网约车的出现，使出租车生意惨淡；网络购物平台的出现，使实体店大量倒闭；网络培训课程的出现，使实体培训机构的生存空间被大幅压缩……各行各业面临着巨大的冲击，如果不紧跟行业需求、客户需求，那么随时都可

能被淘汰。

苦练内功要以员工为本，需要有员工的选育用留机制，建立完善的员工培训体系，通过企业文化培训、岗前培训、项目锻炼、业务提升培训、管理者培训、合作管理培训、网络培训、建立自我学习知识库、建立经验库平台等方式让员工在企业快速成长，并承担重要职责，为企业最大化地发挥个人价值、作出贡献。

企业不仅需要招聘人才，更需要有培养人才的环境和土壤，这样才会有越来越多的人愿意为其奋斗。美国举全国之力打压华为，华为不仅没有被打倒，反而越来越强大。难道华为的20万员工是神兵天将吗？那倒不是，他们只是来自国内普通高校，还有很多人来自农村和小县城。为什么华为能在美国的极限打压下活下来？除任正非指挥有方外，还有员工的管理机制在发挥作用。这种培养和激励员工的管理机制，让员工有"以一当十、以一当百"的战斗力，有"力出一孔、利出一孔"的凝聚力，有剑锋所指、所向披靡的"亮剑"精神和坚不可摧的意志力。

苦练内功要持续提升工作效率。工作效率是降低成本、提高企业核心竞争力的重要手段。通过优化工作流程、建立工具平台、减少内部无效活动、降低物料消耗，最大化使用企业的各项资源，实现内部运作管理成本、采购成本、生产制造成本、销售拓展成本、项目交付成本的持续降低。这就是把工作做到最优的方法。

为什么要持续提升工作效率？人类历史上的工业革命，其核心都是提高生产力、提升工作效率。

现代企业的竞争，就是生产效率的竞争。在异常发达的互联网时代，技术、服务、价格都变得越来越透明，如果不持续提升效率、降低成本，就会被市场淘汰。目前，国家的"十四五"规划强调企业的数字化转型，就是鼓励企业不断提升生产效率。

苦练内功就是工匠精神的体现。工匠精神是对产品和服务精益求精的极致追求。企业需要鼓励员工在本职岗位上追求卓越，把业务做到"极致"。流程化、标准化、程序化的业务运作，以及清晰的岗位职责要求、考核目标等，让业务在运作中得到持续改善和优化，不断提升质量和效率，员工目标一致地努力奋斗，不会被外界机会主义动摇。

工匠精神做得最好的国家是日本。2023年，日本有超过3.3万家百年老店，不仅有大中型企业，而且有很多小微企业、家族企业，它们有着极高的职业道德，对职业充满虔诚的神圣感、责任感、使命感和荣誉感，对产品精益求精并代代传承。这种执着的信念、庄重的态度、使命和责任，落实到行为上就是工匠精神。

苦练内功要建立全面的质量管理体系。工匠精神的核心就是过硬的质量，要确保产品质量、项目交付质量、维护服务质量、销售解决方案质量、客户培训质量、物料供应商质量、服务供应商质量等符合行业标准和客户要求。需要在各个业务体系中建立质量管理制度，保证各项业务的质量达标。

质量是企业的生命线，这是永恒不变的真理。优质且价格合理的产品永远好于劣质低价的产品，在行业中最后活下来的一定是集优质产品、服务和客户体验于一身的企业。在市场竞争中拿下项目，需要靠质量；让客户忠诚，能够持续购买企业产品和服务，需要靠质量；树立企业的品牌形象，持续发展，需要靠质量；企业降低营销和推广成本，也需要靠质量。没有过硬的质量，通过强大的营销手段获得客户，往往是一锤子买卖，不会长久。有营销大师说："把一堆垃圾能够高价卖出去，这才是营销高手。"但实际情况是，客户在上当后，不仅不会再次购买，而且会告诉身边的朋友，这种垃圾质量差，几乎没有任何用处。企业仅靠营销建立起来的脆弱口碑很快就会崩塌，怎么可能持续发展？

苦练内功就是工匠精神的表现形式，一个人一生做好一件事，并非易事，一家企业做好一件产品同样非常困难。因为，苦练内功是一项系统工程，包含企业制度、业务运作、员工培养、效率提升、质量体系建设、持续关注客户需求等多方面的建设和管理，不是急功近利的投机主义，只有静下心来，全员坚持不懈地努力，用匠心精神把产品做到极致，才可能成为行业中的传奇，在惊涛骇浪的市场竞争中生存下来。

企业制度，要与产业链上下游共生共赢，形成良好的产业生态圈

为什么要构建产业生态圈？因为现在无论是怎样的产品都会涉及大量的配件、原材料以及各种技术，一家企业很难把产业链所有的模块都搞定，各个模块涉及的技术领域相差很大。即使一家企业全部搞定，它也几乎无法做到每个模块都是最先进的，最终集成的产品可能很一般，在市场上缺乏竞争力。如下诠释了为什么要建立良好的产业生态圈。

- ◇ 产业链分工越来越细，各行各业都在走专业化路线，这样更容易激发细分领域的创新，让细分领域的组件做到极致。这样企业之间就是互补和协作模式，让生产效率更高，产品质量更优。

以制造一部手机为例，涉及的技术有通信技术（2G、3G、4G、5G等）、硬件技术（处理器、内存、存储、显示器、电池等）、软件技术（操作系统、管理软件、应用软件等)、人工智能技术(语音识别、图像识别、智能助手等)、显示技术(液晶显示器、AMOLED显示器、虚拟现实、增强现实等)、摄像头技术、音频技术、传感器技术、安全性技术(数据加密、生物识别等)等。一家企业很难全部搞定,就算全部搞定,也无法做到每项技术都取得行业领先水平,这样制造出的手机在市场上缺乏竞争力。

- 信息技术越来越透明,通过技术壁垒成为一家独大的时代过去了。然而,通过企业之间的共同协作,如物料供应商(原材料、成品模块、设备等)、服务供应商(工程、维护、培训、研发等)合作的模式已经成为企业发展的共识,大家各自发展强项,通过合作建立产业生态圈,共生共赢是企业生存的普遍方法。
- 良性的产业生态圈是良好合作的生态圈。对于客户,企业要提供能够解决客户痛点的方案以满足客户需求,信守承诺地履行合同,并提供良好的售后维护保障,这是企业与客户层面的产业生态圈;对于员工,企业要与员工建立共同的企业文化和发展目标,提供职业发展机会,确保符合EHS要求的工作环境,提供优于同行的薪酬福利待遇和清晰的职业发展通道,能够公平公正地执行与管理,这是企业与员工层面的产业生态圈;对于合作伙伴,企业要基于行业标准进行采购与服务合作,提供公平合理的采购价格、履行承诺的付款机制,以及定期进行符合行业要求的企业信息披露等,这是企业与合作伙伴层面的产业生态圈;对于社会责任,企业要对废气、废水、废渣进行环保处理,提供有益于社会发展的产品和服务,确保产品无毒无害,在自然灾害面前展现企业责任等,这是企业与社会层面的产业生态圈。另外,企业还要与股东、竞争对手、政府等多个团体或组织建立良好的合作关系,形成良性的产业生态圈。

企业不能有全产业链独大的思维,良性的产业生态圈建立在和谐共生、互惠共赢的长期发展模式之上。如果企业通过压榨员工、欺骗客户、榨取供应商、祸害社会等不良手段获得高收益,那么一定走不远。

企业制度,要有效防止滥用职权、内部腐败

商业帝国的衰落往往是从内部腐败开始的。

一家企业的管理者溜须拍马、不聚焦客户需求和痛点、不去围绕客户开发有竞争力的产品、不去研究如何服务才能让客户满意,整天互相推诿内耗,举

行各种低效无效的会议，就是不作为，就是企业内部的腐败，最终会失去客户和市场，让企业走向衰落。

企业常见的内部腐败现象有：①滥用职权，为完成个人目标，违规使用权力；②业务不围绕客户而是围绕领导，不是向客户负责而是向领导负责，逐步脱离客户，不关注客户，最终也会失去客户；③业务造假，是危害企业最严重的问题之一；④供应商管理缺少公平竞争的机制，引入质次价高的供应商，不仅浪费企业大量资金，而且生产出了低质的产品；⑤贪污受贿，可能引发产业链上下游之间不公平的竞争，或者让企业蒙受巨大损失；⑥管理者整天业务懈怠、贪图享受、拉帮结派，不求有功，但求无过。

管理好企业，首先要管理好干部。如果每位企业管理者都身体力行地践行企业核心价值观，做好本职工作，成为部门业务的带头人，那么他带领的团队自然会非常优秀。防止业务不作为、干部腐败的措施如下：

（1）确保业务流程围绕客户

流程即业务，是优秀实践的总结，建立围绕客户开展工作的业务流程，是全体员工聚焦业务的最好方式。在建立完善的业务流程基础上，还需要设置关键控制点（如评审点、决策点等），让所有参与工作的业务人员，不仅要做好本职工作，还要有关键控制点（Key Control Point，KCP）的记录，以备审查。对于交易金额较高或风险较大的业务，还需要多人签字备案，这是审查业务不作为、业务腐败的重要依据。通常，确保流程规范运作包括如下五个方面：

①建立清晰的流程规范，指导业务运作。企业应根据自身业务特点和实际需求，制定清晰、明确的流程规范。流程规范应涵盖流程的输入、输出、关键活动、岗位职责、时间节点等关键要素，确保流程的一致性和可操作性。同时，流程规范应定期更新，以适应企业业务发展和市场变化。

②员工培训赋能，快速上手业务。为确保流程规范得到有效执行，企业需加强员工培训和沟通。通过培训，员工充分理解流程规范的内容和要求，掌握必要的操作技能。同时，企业应建立有效的沟通机制，鼓励员工提出改进意见和建议，促进流程管控的持续优化。

③流程监控与评估机制，防止业务"偷工减料"。流程的执行情况需要实时跟踪和定期评估，及时发现流程执行过程中的问题和不足，并采取措施进行纠正。针对设定关键指标进行审核，包括流程周期时间、成本、质量等方面，用于评估流程的应用效果；同时，对流程中管理者应负职责进行审核。

④定期审核与改进，持续优化业务流程。定期对流程管控进行审核和改进，除了发现流程中的冗余、浪费及不合理之处，还要对流程运营过程中是否有违

规、越权、造假等现象进行稽查，通过优化流程、引入新技术或方法，改善流程运营和管控。

⑤IT 系统支持，提升业务运作效率。借助 IT 信息化系统，引入流程管理系统、数据分析工具等，企业可以实现对业务流程的透明化管理，包括数据管理、数据分析、自动化运作、智能化管控，提升流程管控的效率，为流程的监控、评估、审核提供重要依据。

销售流程、研发流程、交付流程、维护流程需要聚焦客户需求、客户痛点开展工作。同时，业务流程涉及的采购、客户经理、财务、项目经理等"高危"岗位，容易滋生腐败，需要更加严格的监管。有了 IT 信息化、数据化的平台进行业务运作管理，可以大大提高审计效率，如"费用报销管理平台"便是通过数据统计分析，查找报销金额远超本岗位合理报销金额且排名靠前的员工，进行重点审计，往往一抓一个准。

（2）内控审计，稽查部门业务状况

作为一名管理者，核心职责是完成上级组织下达的业务目标。这需要管理者聚焦工作，带领团队共同努力。然而，有一部分管理者在完成目标的过程中，可能存在以下不规范的操作。

◇ 劣质合同：未经规范流程进行决策、签署合同，对客户承诺超标。
◇ 劣质供应商：采购业务未经规范的招标采购流程，选择了劣质供应商。
◇ 采购交易不合规：采购发票错误，引发大量企业税务问题。
◇ 业务运作不合规：业务代表直接参与代理商的经营活动。
◇ 违规行使权力：为完成部门指标，部门主管违规行使职权。

对管理者来说，这些操作看似得到了短期收益，但对企业来说损失更大，甚至可能为未来的长期损失买单。一个健全的内部控制审计体系是预防企业经营风险和处理企业内部腐败问题的基础。内部控制是企业为确保资产安全、提高经营效率、实现管理目标实施的一系列管理活动，包括控制环境构建、风险评估、控制活动设计等环节，旨在为企业营造一个稳健、规范的经营环境。审计是对内部控制有效性进行评价和监督的重要手段，目标在于确保企业内部控制的合规性、有效性和完整性，包括财务审计、内控审计、风险评估审计、业绩审计、信息系统审计、运营审计、专项审计等。审计过程中，审计人员会运用企业或第三方的程序和方法，对企业整体运营管理状况进行全面评估，对于审计发现的问题，可以推动业务部门改进。

1763 年，弗朗西斯·巴林爵士在伦敦创建了世界上第一家商业银行——巴林银行。由于经营灵活、富于创新，巴林银行在国际金融界获得了巨大的成功。从巴拿马运河的开凿，到1803年美国从法国手中购买路易斯安那州等所用资金均来自巴林银行。20世纪初，巴林银行荣幸地得到一个客户——英国王室。巴林家族先后获得了5个世袭爵位，这也是一项世界纪录。

1989年，尼克·里森到巴林银行工作。1992年，巴林总部决定在新加坡分行成立期货与期权交易部，并聘请他出任总经理。在里森到新加坡前，巴林银行已有一个99905的错误账户。1992年夏天，总部要求里森重新设一个"错误账户"以记录较小的错误金额，里森申请了一个88888的账户。同年7月，里森手下一名交易员误将一笔本为卖出的日经225指数期货合约买进，损失了2万英镑，里森当天并没有向总部汇报，而是将其记入了88888账户。同年9月，里森的一位好友乔治误将100份应卖出的期货（800万英镑）买进，里森将损失做了同样的处理。为弥补手下员工的失误，里森决定铤而走险，直接从事期货交易。1993年7月，他将88888账户亏损的600万英镑转为略有盈余。但后来的交易出现了亏损，最高时一天亏损达到170万英镑。1994年7月，里森损失了5000万英镑。1995年1月17日，日本神户发生大地震，导致日经指数暴跌；2月，由里森带来的损失高达8.6亿英镑（而巴林银行的股份资金总共才4.7亿英镑），最终将巴林银行送上了绝路[①]。

巴林银行倒闭的核心原因可总结为缺乏内部审核与监管机制，具体如下：

- ◇ **业务管理没有分权**：巴林银行没有将交易业务和清算业务分开，里森既是交易员，又负责交易的清算工作，这给他提供了数据造假的空间。
- ◇ **内部监管形同虚设**：在损失达到一定程度时，资产负债表也记录了这些亏损，但是银行高层对资产负债表反映的问题视而不见，轻信了里森的谎言。
- ◇ **风险管控执行不力**：当巴林银行在衍生品交易中亏损严重时，风险管理部门并未及时发现并采取相应的应对措施，导致损失不断扩大。
- ◇ **交易决策缺乏监管**：里森大量买进日经225指数期货合约和看涨期权，并在损失后为反败为胜再次大量补仓，以赌博的方式对待期货，最终导致巨大的亏损。

具有233年历史、在全球范围掌控270多亿英镑资产的巴林银行，竟毁于一个只有28岁的毛头小子尼克·里森之手。这也是内控管理缺失导致企业倒闭

---

① 汪中求.细节决定成败［M］.北京：新华出版社，2003.

的经典案例,它促进了全球企业内部控制管理及风险管理各项法案、制度、基本规范的出台。主要法案、制度、基本规范如下:

① 1992 年,COSO(Committee of Sponsoring Organizations)委员会[①]发布的《内部控制——整体框架》(以下简称"COSO 报告")。

② 2002 年,美国国会发布的《萨班斯—奥克斯利法案》(简称"SOX 法案")有关内部控制的条款。

③ 2004 年,COSO 委员会发布的《企业风险管理——整体框架》(ERM2004)(简称"新 COSO 报告"),针对 1992 年的版本进行了补充完善。

④ 2007 年,财政部联合证监会等四部门发布的《企业内部控制规范(征求意见稿)》。

⑤ 2008 年,财政部等五部委联合印发的《企业内部控制基本规范》。

⑥ 2010 年,财政部等五部委联合发布的《企业内部控制配套指引》。

目前,内控管理已成为企业日常工作的一部分,尤其大中型企业执行得更加规范和严格,它对包括管理者权力、敏感岗位员工日常工作、经营活动、交易活动、业务流程的遵从性等多项内容进行监控管理。内控目标涉及经营目标、财务目标、遵循目标三大核心,通过控制环境、风险评估、控制活动、信息与沟通、监督等方式进行管控,有效防止企业出现"千里之堤,溃于蚁穴"的情况。

(3)定期通报腐败堕落等典型问题进行警示

针对重点审计的采购、销售、交付、财务、人力资源等部门进行规范性、合规性培训。同时,对内部腐败、不作为等典型案例进行警示宣传,尤其是被扭送司法机关,最终服刑的案例,要让全体员工了解"铁窗泪"下悔过的前辈。

国内某公司采购部每年都会安排探访老前辈的"节日"活动,部门的新老员工到当地的监狱探望曾经在同部门工作的老前辈。他们当时由于收受贿赂、贪污公款等被判刑。员工在现场听听他们的忏悔和反思,接受现实教育,以后在和供应商进行业务交流、面临各方面的诱惑时,想想在狱中的老前辈,自然就打消了不该有的念头。

对于企业内部的腐败案例宣传警示,尤其是和供应商、客户、合作伙伴有

---

① COSO 委员会是由美国"反虚假财务报告委员会"下属的美国会计学会(AAA)、美国注册会计师协会(AICPA)、内部审计师协会(IIA)、财务经理协会(FEI)以及管理会计师协会(IMA)等组织形成的,并于 1992 年发布了 COSO 报告。

业务合作的岗位，不仅需要学习，还需要写心得体会，做好自我防范，时刻警醒自己：不要犯错误，以防"一失足成千古恨"。

（4）内部举报，建立高层和一线员工对话平台

《韩非子·八说》中说："明君之道，贱德义贵，下必坐上，决诚以参，听无门户，故智者不得诈欺。"

大意是：英明的君主要允许卑贱的人议论尊贵的人；下面的人犯了错误，一定要连带上面的人追责；用检验的方法判断事情的真假，不要偏听偏信，这样的君主没有人能够欺骗他。

只依靠企业监管，在业务渗透的深度和审查的时间上并不能实时发现不作为的管理者，而依靠全体员工的相互监督，并提供相应的奖惩机制，就容易将内部腐败扼杀在萌芽中。

虽然企业家及高层管理者通常都是从一线做起来的，但是随着职位的提升，往往很难深入一线项目，容易脱离项目、一线员工、"炮火"（一线的项目）的声音，报喜不报忧、糊弄领导的事情就会发生。企业的业务问题、底层员工的声音很难传递到高层那里，久而久之，企业内部就会出现问题，最终从量变演变成质变。

企业高层和员工对话的平台可以是多种多样的：

◇ 公共举报邮箱。
◇ 企业内部反馈问题的热线电话。
◇ 企业内部报刊上反馈业务问题的专栏。
◇ 员工交流社区等互动平台。
◇ 高层主管与基层员工的例行交流。

华为公司有个名为"心声社区"的开放交流平台，极大地方便了员工反馈问题。由于反馈者是匿名，各级主管无法查询到反馈者信息，但后台管理者可以查询到员工信息（严禁提供给各级主管），所以员工只能就事论事地如实反馈，不能夸大事实或造谣。

对于反馈的主管管理问题且比较严重的，企业要进行调查取证，需要评估业务问题的严重程度、管理岗位能否胜任等情况。曾经有个业务部门高管对员工反馈的问题非常不满，要求"心声社区"负责人查一下到底是谁写的帖子，"心声社区"工作人员比较为难，就向任正非汇报了一下，结果任正非直接说，把我的工号报给他，就说是我反馈的。

员工能够代表客户、代表企业一线的需求。作为高层，不能脱离"群众"，必须倾听一线的声音，只有帮助改善一线的业务，才能持续获得良好的发展。

在防止内部腐败的方法上，需要从企业经营反腐理念宣传、企业内控审计制度建设、流程运营的监管和稽查、高层和一线对话平台等多方面着手。对于腐败严重的高层主管，不仅要内部处分甚至开除，有些还要移送司法机关。企业需要实时宣传内部不良现象，让高层主管不敢腐败、惰怠，始终聚焦工作、聚焦业务增长和团队成长，这是防止企业突然"崩塌"，确保长期可持续发展的重点工作之一。

企业制度，要顺应时代发展、及时调整

张居正在《辛未会试程策》中说道："法无古今，惟其时之所宜与民之所安耳。"法律没有古与今的区别，只要与当今时势相适宜，适合现世的民情，就是好的法律。

由于时代在发展、环境在变化，如果企业不及时调整战略、更新制度，那么很容易被社会淘汰。今天，工业互联网、云计算、大数据、工业机器人、虚拟现实、人工智能、3D打印、新能源、新材料等各项技术的大发展，不用说和100年前相比，就是和10年前、20年前相比，都发生了巨大的变化，今天的市场环境变化用"瞬息万变"来形容再合适不过。

对于企业来说，要尽快制定应对市场变化的策略和制度，否则很快会被市场淘汰。对于员工来说，要敢于接受工作挑战、坚持学习新技能、及时发现问题和优化业务流程、迅速应对市场变化制定相应策略，才能得到快速成长；对于企业来说，每位员工对业务一点一滴的改进，都能汇聚成巨大的力量，帮助企业在不确定的市场竞争中生存下来。

在互联网高度发达的时代，新技术、新产品的上线，可能对某些行业带来巨大的挑战。物流行业的巨大发展，让网络购物变得非常方便，给实体店带来巨大冲击；智能手机集拍照、摄像、电子支付、银行日常业务办理、导航、网络购物、知识学习等功能于一体，它的出现影响了大部分行业的经营模式，对某些行业的冲击几乎是致命的。这时候，企业需要尽快调整业务模式和业务制度，顺应时代潮流，才能继续发展壮大。

企业制度，要在内部建立良性竞争机制，避免业务冲突

随着企业规模的不断扩大、业务复杂度日益增强，企业内部的不良竞争与业务冲突现象也逐渐显现。这些现象不仅让员工之间的信任与合作氛围遭到破

坏，还会损害企业的整体利益，久而久之，内耗不断，真正给企业带来价值的业务活动越来越少，这非常危险。企业内部常见的不良竞争和业务冲突现象有：

①资源分配不均：企业内部资源分配不均、客户资源分配不均、项目资源分配不均是出现不良竞争和业务冲突的主要原因。优质资源（人力、物力、财力）、优质产品、优质服务向优质客户倾斜，是企业通常的经营行为。然而，哪些算是优质资源，哪些算是优质客户和优质项目，在资源分配时很难做到精准判断，导致部门、团队、员工之间产生矛盾和冲突。

②权力斗争激烈：企业内部权力斗争激烈是内部不良竞争和业务冲突的恶劣表现。在权力斗争的过程中，各方为了维护个人及团队的地位和利益，往往会采取一些不道德的手段，甚至可能牺牲企业的整体利益。这种权力斗争不仅不利于企业的稳定和发展，还可能导致企业陷入混乱和危机。

③团队利益冲突：团队利益冲突是企业内部常见的不良竞争现象。每个团队都有各自的目标和利益诉求，在完成目标任务时，工作界面、资源分配不均等问题，会让团队之间产生矛盾。这些矛盾如果得不到妥善解决，不仅会影响团队的协作和效率，还可能对整个企业的运营造成负面影响。

④信息不透明：信息不透明是导致企业内部不良竞争和业务冲突的一个重要因素。企业战略不透明、部门总体绩效不透明、人员安排不透明、项目负责人任命不透明、考核评定标准和评定方法不透明、客户信息不透明、部门之间的数据共享不透明等，导致部门、员工往往难以了解企业的真实情况和决策背后的原因，引发员工对工作安排的不满和猜疑，进而导致不良竞争和业务冲突。

内部存在恶性竞争、仅站在部门利益角度考虑问题、合作意识淡薄，甚至为了个人利益不惜损害企业形象和企业利益等也是企业容易出现的问题，很可能导致企业资源的浪费和效率的降低，影响企业的竞争力和市场占有率，甚至在客户层面形成非常不好的印象，影响企业品牌形象。

推荐的解决方案如下：

①明确职责与分工：这是减少不良竞争和业务冲突最有效的方法。通过详细划分业务范围，建立清晰的工作界面，让各部门之间的工作界面和职责尽量做到有且唯一。对外部需要明确客户群、市场区域、项目类别、业务类别、产品类别、服务类别、不同层级的客户等，对内部需要明确业务流程的关键活动、对应的岗位和职责、关键的交付件、质量标准、评审和决策要求，避免内部的职责重叠、权限冲突，让组织、团队、个人清楚自身在业务中的工作职责和权限范围，最大限度地避免内部职责不明确引发的不良竞争和业务

冲突。

②跨部门沟通与协作：企业需要建立有效的沟通机制，促进各部门和员工之间的信息共享与交流。定期召开跨部门协作会议，让业务合作协同部门了解彼此的工作进展和需求，及时发现和解决潜在的业务冲突。同时，企业还可以建立内部沟通平台，方便员工随时进行交流和反馈。

③公平分配资源：资源是企业运营的重要基础，包括人力、物力、财力等，企业应当制定公平的资源分配原则，确保各部门能根据实际需求和贡献程度获得相应的资源支持，避免资源分配不均引发的业务冲突。

④设立决策流程：基于不同级别的业务问题，可以分层、分级设定决策机制，以确保决策的科学性和公正性。通过制定决策流程和不同层级的决策委员会，明确决策的流程、参与决策的人员和决策方式，以缓解决策不透明或不合理引发的业务冲突。

⑤培养团队文化：企业营造团队协作、互相支持、共享成功的文化氛围，"胜则举杯相庆，败则拼死相救"是企业员工或团队共同努力的合作精神，让企业全员更加关注整体利益而非个人得失，避免不良竞争和业务冲突。

公开透明、公平合理的激励机制，第三方评估业务运营状况，定期审查和优化业务与组织，对缓解业务冲突也有一定的帮助。

企业的内耗，包括不良竞争、业务冲突、部门墙等，会极大地消耗企业的资源，而不产生任何客户层面的价值，实际上是给企业带来了各种损失，这与职责不清晰、团队合作意识不强、权力斗争、资源分配不合理、信息不透明有很大关系。可以通过明确组织、团队和个人职责（尽量做到有且唯一），对权力的监管、审查，信息的公开透明，公平公正地奖惩，建立团队合作的企业文化等方式，让企业尽量减少内耗，聚焦客户层面的业务增长，围绕共同的目标努力奋斗。

良好的企业制度，需要围绕企业愿景目标、使命责任，以核心价值观为导向建立各项制度，包括"以客户为中心"导向的业务运作制度，"以员工为本"导向的员工管理、干部管理和薪酬福利制度，以工匠精神为导向的苦练内功制度，以良好的产业生态圈为导向的管理制度，防止滥用职权的监管制度，以及防止内耗、不良竞争和业务冲突的管理制度等。完善的管理制度，能为企业持续发展打下坚实的基础。

第四节　如何建立"以客户为中心"的业务制度

企业需要建立各种业务场景下的制度，而客户界面的业务通常是企业的核心业务。对于制造业来说，客户界面的业务主要有研发、销售、交付、维护等，本节重点针对这四种业务进行讨论（见图3-2）。

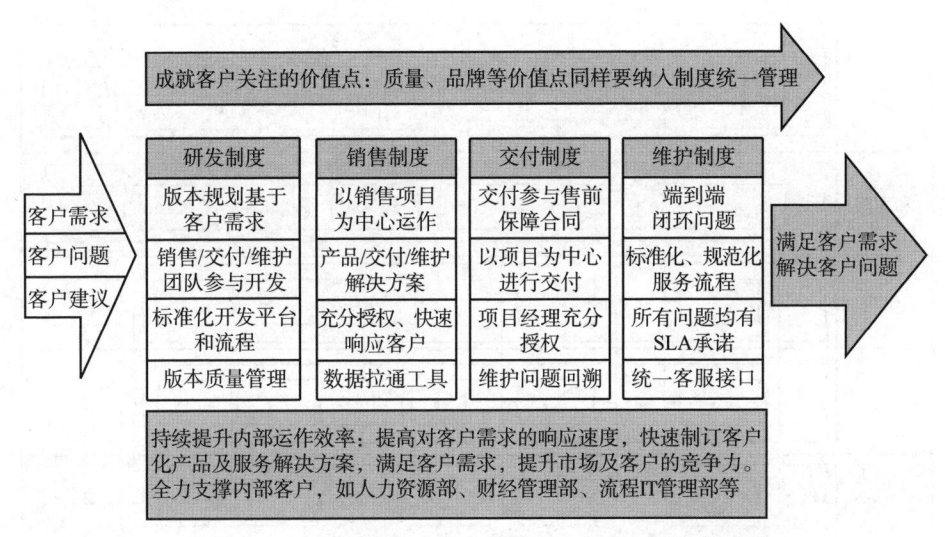

成就客户关注的价值点：质量、品牌等价值点同样要纳入制度统一管理

研发制度	销售制度	交付制度	维护制度
版本规划基于客户需求	以销售项目为中心运作	交付参与售前保障合同	端到端闭环问题
销售/交付/维护团队参与开发	产品/交付/维护解决方案	以项目为中心进行交付	标准化、规范化服务流程
标准化开发平台和流程	充分授权、快速响应客户	项目经理充分授权	所有问题均有SLA承诺
版本质量管理	数据拉通工具	维护问题回溯	统一客服接口

客户需求
客户问题
客户建议
→
满足客户需求
解决客户问题

持续提升内部运作效率：提高对客户需求的响应速度，快速制订客户化产品及服务解决方案，满足客户需求，提升市场及客户的竞争力。全力支撑内部客户，如人力资源部、财经管理部、流程IT管理部等

图3-2　研发、销售、交付、维护业务成就客户示意图

如何建立"以客户为中心"的销售制度

法则一：To B客户，成就客户的业务。针对To B客户，"以客户为中心"就是基于客户项目的需求，提供客户化的解决方案，助力实现客户业务与客户项目的目标，让客户能够从产品上获得收益。

法则二：对于To C客户，需要成就客户的工作和生活。针对To C客户，"以客户为中心"就是提供与价值相匹配的客户价值主张，如产品质量、功能特性、耐用性、健康、安全性、外观优美、操作便捷、品牌、优质售后服务、实惠价格等，为客户的生活或工作带来便利。

法则三：对于通用类客户，需要成就客户的价值点，建立产品全生命周期的保障。整体的销售方案，必须建立产品全生命周期的解决方案，从产品销售、交付实施、售后维护、产品回收等方面，实现全生命周期的保障与承诺。

法则四：对于业务支撑部门，需要成就内部客户。人力资源部、财经管理部、流程 IT 管理部等业务支撑部门通过服务好内部客户，间接为外部客户创造价值。

第一，建立"以客户为中心"的销售流程，始终围绕客户需求开展业务（见图 3-3）。

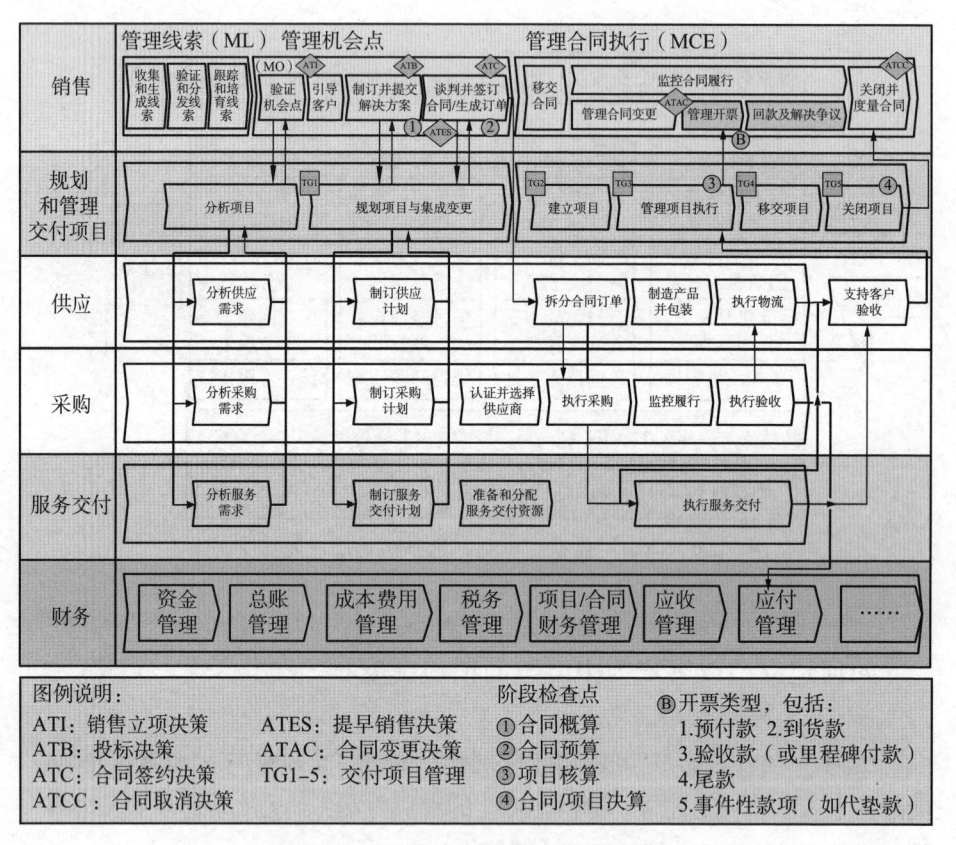

图 3-3 "以客户为中心"的销售流程

"以客户为中心"的销售流程，首先，需要基于客户需求提供与价值匹配的客户化解决方案，在产品解决方案中，需要同步制订物料采购、生产制造、供应发货的解决方案，确保产品可交付；其次，在服务交付解决方案中，需要制订服务交付实施计划、资源配置计划、交付履行计划的方案，确保项目可交付；再次，需要匹配财务的概算（投标阶段）、预算（中标谈判阶段）、核算（项目实施阶段)、结算(项目关闭阶段)方案,确保项目可盈利;最后,需要提供后期维护的解决方案,确保项目实施完毕后的维护阶段,由专业技术团队提供保障服务,直至项目生命周期结束。

由此可以看出,"以客户为中心"的销售流程,是基于客户需求提供系统化的解决方案,在满足客户需求的前提下,提供端到端的服务保障。各个行业的差别较大,侧重点也有所不同,可以基于系统化解决方案这一思路制定各自"以客户为中心"的销售运作流程。

第二,建立"以项目为中心"的销售项目运作,快速响应客户需求。

传统销售项目中的常见问题如表3-1所示。

表3-1 传统销售项目中的常见问题

类别	常见问题
项目运作	临时组织销售团队,团队成员基于业务功能模块各自参与项目,项目PD(Project Director)对团队成员没有管理权限,运作混乱,每天都需要用邮件、电话催促
解决方案	产品线、服务团队各自基于客户需求理解输出解决方案,内部没有拉通项目整体解决方案、产品方案和服务方案,提交给客户不同网点的产品配置,在供应物流、项目交付进度、整体工期等多方面不一致
投标承诺	各业务功能模块重点关注自身的KPI,聚焦可交付与盈利能力,对项目竞争性关注度不够,在销售承诺上基本采用保守策略
客户接口	各业务模块自行与客户相关部门对接,销售团队内部尚未达成共识,客户感知较差,销售项目运作混乱
机关决策	通常一线销售项目团队没有决策权,需要机关进行决策,对客户关键条款需求、商务价格需求响应较慢,效率低下

项目PD组织人员加入销售项目团队,但由于人员来自不同的职能部门,没有直接管辖权,组织运作效率低下;各职能部门在客户交流、解决方案输出、标书答复甚至业务决策上各自为政,与项目组的总体目标不一致,导致竞争力严重不足。为了拿下项目,容易出现项目PD直接向客户承诺各项条款。中标后,如果后期交付期间的产品功能性能、采购制造供应、交付实施工期等无法按照合同条款交付,就不得不投入大量资源保障项目交付,不仅劳民伤财,还很难通过验收和回款。

◇ "以项目为中心"的项目销售,是提供产品及服务全生命周期的解决方案。基于合同承诺，从产品生产、质量保证、供应发货、现场交付实施、售后维护（含服务网点建设）等方面提供全方位的保障。

✧ "以项目为中心"的项目销售，是项目 PD 统一运作管理。积极跟进和引导客户需求，聚焦客户关系管理、解决方案输出、交付实施计划三大核心业务，提供有竞争力的客户化解决方案，并确保可交付和盈利。

✧ "以项目为中心"的项目销售，必须持续提升内部运作效率和能力基线。在提升效率方面，保障项目运作管理的效率、解决方案输出的效率、交付能力基线建设和承诺的效率，都是快速满足客户需求的能力。通常思路就是打造强大的营销平台、交付平台和一线项目联合作战的模式，包括解决方案引导策略、不同客户的销售策略—交付策略—维护策略，以及不同区域、不同客户级别下产品能力基线和交付能力基线。交付能力基线包括采购—制造—供应—物流—交付—维护—培训等服务能力基线和承诺标准等，支撑一线销售项目组快速响应客户需求，提供有竞争力的解决方案，以赢得竞争优势。

✧ "以客户为中心"的项目销售，需要对项目 PD 及核心成员充分授权，实现跨部门高效协同。授权包括考核授权、财务授权、决策授权（条款承诺、商务承诺等），这为项目组团队的运营管理、快速响应客户需求并输出解决方案，以及高效决策等提供了保障，有效避免了各种申请、审批流程"延误战机"，降低了市场竞争力。

✧ "以项目为中心"的项目销售，需要 IT 信息平台的支持。有了 IT 数字化平台，不仅可以快速传递客户需求、了解项目信息，让各个职能部门并行工作，也让销售 BOM—采购 BOM—生产制造 BOM—供应物流 BOM—站点实施 BOM—验收 BOM—维护 BOM 等全面建立对应关系，一旦销售方案成交，就可以快速转成后续所有环节的 BOM 及工作任务，全面启动交付，以最高效的模式服务客户（见图 3-4）。

如图 3-5 所示，纵向是项目组各职能部门的成员，横向是项目组核心成员，客户经理、解决方案经理、交付项目经理等需要制订跨各职能部门的解决方案，提供端到端解决方案和最终报价的工作任务，发挥项目的竞争优势。

项目运作管理 （高效运作）	解决方案 （聚焦客户需求）	授权管理 （快速响应客户）
·由项目PD组建团队 ·确定团队核心成员（客户经理团队、解决方案团队、项目交付团队） ·明确各成员职责	·聚焦客户需求、项目的竞争性、可交付性、盈利能力等核心目标 ·客户需求、项目整体方案、产品方案、服务方案拉通	·考核授权、财务授权、决策授权 ·通过分级授权管理，对代表处、地区部、机关等依次升级授权 ·代表处级项目不用升到地区部授权，地区部级项目不用升级到机关授权，依次类推
客户需求反推能力改善 （提升企业基线）	"以项目为中心"的项目销售	推动企业数字化转型 （提高运营效率）
·对于重要客户、关键客户的需求，要推动企业内部提高交付能力 ·通过版本功能能力、生产供货能力、项目实施能力、维保交付能力、培训交付能力等持续提升基线能力		·销售BOM—采购BOM—生产制造BOM—成套发货BOM—工程交付BOM—维护BOM等需要通过数据管理工具拉通管理，避免大量耗时费力的数据核对 ·通过销售、交付、研发、供应链等IT化管理平台建设，提高各阶段业务衔接及交付的效率

图 3-4 "以项目为中心"的项目销售示意图

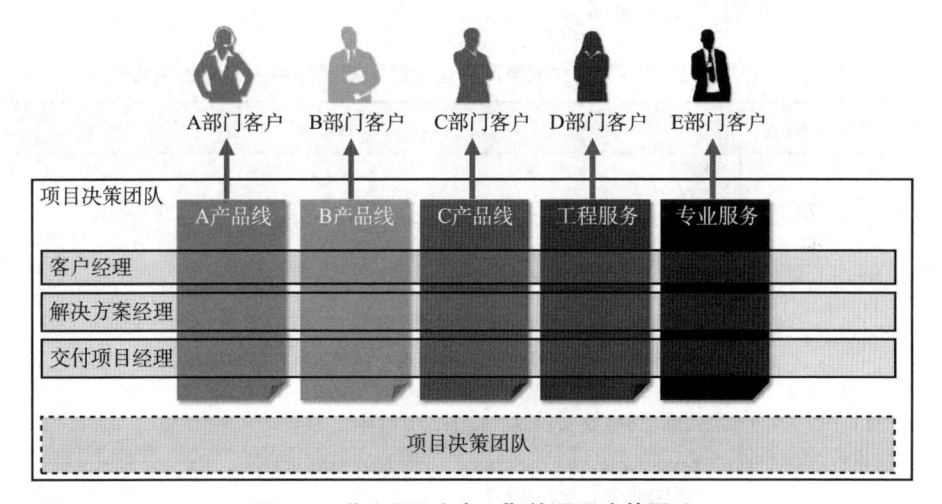

图 3-5 "以项目为中心"的项目决策团队

如图 3-6 所示，"以项目为中心"的销售运作组织结构中，核心成员的客户工作组、解决方案工作组、交付工作组都有自己的团队助力完成对应的核心任务，他们接受项目 PD 核心组的统一指挥。

销售团队必须围绕客户需求提供全生命周期的解决方案，让客户在购买产品之后，和客户相关的所有后续业务活动都能得到充分保障，不会出现需求变

```
                    ┌─────────────┐
                    │ 项目PD核心组 │
                    └──────┬──────┘
        ┌──────────┬───────┴───────┬──────────┐
   ┌────┴────┐ ┌───┴──────┐  ┌────┴────┐ ┌────┴──────┐
   │客户工作组│ │解决方案工作组│ │交付工作组│ │项目支撑工作组│
   └────┬────┘ └───┬──────┘  └────┬────┘ └───────────┘
        │          │               │
   ┌────┴────┐ ┌───┴──────┐   ┌───┴──────┐
   │客户工作组│ │产品解决方案│   │交付方案  │
   └─────────┘ │工作组     │   │与设计团队 │
   ┌─────────┐ └──────────┘   └──────────┘
   │融资工作组│ ┌──────────┐   ┌──────────┐
   └─────────┘ │服务解决方案│   │交付履行团队│
               │工作组     │   └──────────┘
               └──────────┘
               ┌──────────┐
               │商务解决方案│
               │工作组     │
               └──────────┘
```

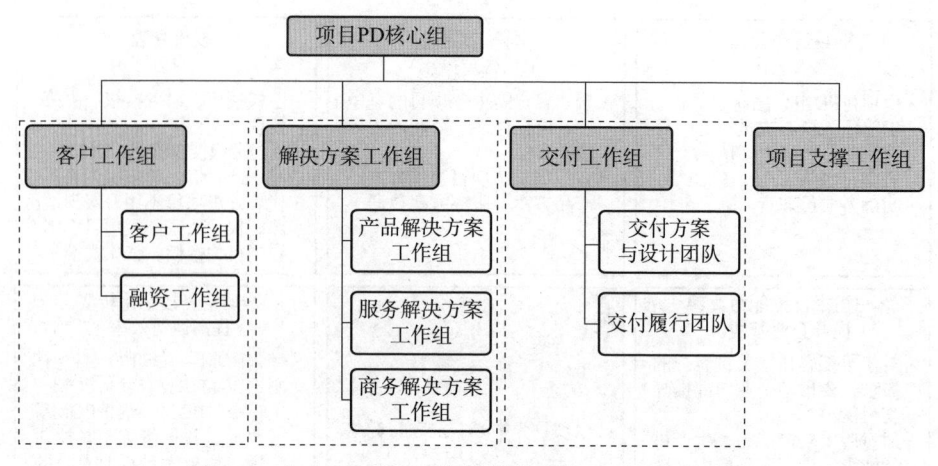

图 3-6 "以项目为中心"的销售运作组织结构示意图

更、客户咨询反馈、客户问题求助响应不积极的情况，导致客户对企业信任度下降，最终流失客户。

本节对"以项目为中心"建立围绕产品全生命周期提供解决方案的销售团队进行了详细说明（见表 3-2）。

表 3-2 "以项目为中心"建立围绕产品全生命周期提供解决方案的销售团队

销售团队关键角色	关键职责
客户工作组 （客户需求与合同质量拉通）	✓ 客户关系 ■ 负责建立并维护客户关系 ■ 管理客户在各种机会点活动中的期望 ✓ 营利性销售 ■ 驱动营利性销售，确保合同成功签订 ■ 负责财务概算和预测、定价策略、融资策略、条款及相关风险识别 ■ 制订合同谈判策略，主导合同谈判，确保合同质量 ■ 确保交易和 PO 签署、回款以及尾款
解决方案工作组 （客户需求与端到端解决方案拉通）	✓ 客户技术和服务解决方案 ■ 负责解决方案策略，规划解决方案，保证解决方案质量、标书总体质量以及提升竞争力 ■ 制订满足客户需求的恰当方案，引导客户接受我方方案 ■ 确保解决方案与企业产品、服务组合和战略保持一致 ■ 准备报价清单，识别解决方案风险，采取风险规避措施 ■ 负责与客户共同解决有关技术与服务方案的问题 ■ 支持客户关系的维护

续表

销售团队关键角色	关键职责
交付工作组 （客户需求与交付实施方案拉通）	✓ 履行和交付 ■ 总体负责合同履行、项目管理和服务交付 ■ 领导交付团队在售前阶段进行早期介入，保证合同质量及可交付性 ■ 负责合同执行策略以及相关风险的识别和规避 ■ 保障合同成功履行（包括开票），确保合同双方都完全履行了合同义务 ■ 负责解决与客户在合同履行中的争议，并提供解决方案，如网络集成方案、网络优化方案等

每个销售团队的成员都来自各职能部门，因此产品解决方案涉及各个产品线。交付项目经理的工程实施方案不仅和各产品经理有关，还和采购部、生产制造部、供应物流部、交付技术实施部、服务合作部、财务部、合同商务部等部门相关。通常，各职能岗位员工都只关注自身的业务能否顺利交付并且有盈余，对项目整体的竞争性关注不足。本节通过"以项目为中心"的运作管理考核机制，把团队凝聚到一起，为项目的成功共同努力（见表3-3）。

表3-3 "以项目为中心"建立统一指挥和考核的团队管理模式

类别	关键内容	操作模式
项目组建 （PD授权）	● 确定销售项目负责人 ● 项目负责人组织任命销售团队成员 ● 对项目PD财务授权、考核授权、决策授权	● 大型项目正式任命 ● 普通项目可通过内部正式会议、邮件等方式任命
运作管理 （PD职责）	● 项目负责人需要制定整体的销售策略，解决方案关键点，统一运作管理，规划和任务分配 ● 各业务模块负责人及时了解项目进展，并输出需要支撑的销售拓展资料、投标文件、谈判方案等	● 项目进展通报（包括客户交流、客户需求、任务分派、解决方案输出要求等） ● 项目关键点评审及决策
业务考核 （团队管理）	● 项目负责人对项目组成员进行考核 ● 因为除客户经理和产品经理几乎专职投入外，其他成员往往是兼职投入，所以考核可以是建议权 ● 对项目期间考评拥有"一票否决权"。如果团队成员在项目期间绩效为"不合格"，其将被取消年终奖或在本年度不得晋升	● 项目负责人对参与项目的员工提供考核结果建议和考评关键点评价 ● 最终考核结果由业务部门主管决定 ● 对于项目期间考评为"不合格"的团队成员，按照"一票否决权"处理

在"以项目为中心"的组织运作中，能力基线的建设将极大提升一线响应客户需求的效率。产品基线能力通常在产品技术规格说明书中有详细介绍，比较容易确定，但服务能力基线的确定通常比较难，收到 PO 以后，物料多久可以采购到位、生产制造的周期是多久、供应物流多久可以送达、交付实施工期是多久、SLA 承诺的解决时间是多长、培训支持哪些课程和语言等，如果上述基线都明确，那么一线项目组在对客户需求响应上，效率会极大提升。

第三，建立销售管理平台，高效满足客户需求。

销售管理平台是一线销售团队的强大后盾，是建立销售业务管理和销售运作流程，提供销售解决方案、产品基线能力、服务基线能力、销售策略指导、销售战术打法、销售方法论、销售工具和模板、销售成功案例、销售赋能和销售专家梯队等的系统化作战平台，帮助企业销售团队高效率运作项目，快速赢得商机。本部分选择基线能力和销售工具说明它们的价值。

产品、服务（含采购、生产制造、供应发货、项目实施、售后维护、培训、专业服务等）、商务法务和财务等方面的基线能力，构成了销售团队在拓展业务时可以向客户直接承诺的基本保障。有了企业的基线，会极大减少内部的沟通和博弈，提升销售团队与客户沟通承诺的效率、投标与合同谈判的效率，获取业务上围绕客户需求、运作过程中快速响应客户需求、交付期间高效满足客户需求的核心能力。对于企业基线与客户需求存在一定差距的情况，企业可以根据该需求是否具有普适性来确定是否提升企业基线能力，为下一个项目提供更加优质的承诺基准（见表 3-4）。

表 3-4 建立围绕客户需求的产品及服务基线

解决方案团队	客户关键需求	能力基线
产品解决方案	✓ 功能需求、特性需求 ✓ 性能需求、容量需求 ✓ 外观需求、便捷性需求 ✓ 其他需求（重量、材质等）	✓ 当前版本基线能力 ✓ 规划产品未来基线能力

续表

解决方案团队	客户关键需求	能力基线
服务解决方案	✓ 供应发货需求 ✓ 仓储需求 ✓ 工程实施交付需求 ✓ 维护需求 ✓ 备件服务需求 ✓ 培训需求 ✓ 网络集成需求 ✓ 网络优化需求 ✓ 其他服务需求（服务业务定制等）	✓ 供应发货能力基线（生产制造、成套发货、物流供应等） ✓ 仓储能力基线（临时存储设备） ✓ 工程实施能力基线（含合作外包） ✓ 维护 SLA 能力基线（服务网点、服务热线、现场服务能力） ✓ 备件服务 SLA 能力基线（备件中心、备件服务物流） ✓ 培训能力基线（培训课程、讲师、培训中心、培训语言等） ✓ 网络集成能力基线（多厂家之间集成） ✓ 定制服务能力（通常要单独收费）
商务、法务和财务解决方案[①]	✓ 商务法务条款需求（法律适用范围、合同有效范围、知识产权责任、保密责任等） ✓ 商务财务条款需求（交货条款、交付条款、保证金条款、付款条款、发票条款、税务条款、保密条款、违约条款、罚款条款等）	✓ 商务的基线承诺条款 ✓ 财务的基线承诺条款（成本、利润等） ✓ 法务的基线承诺条款

注：①对于商务、法务和财务的基线，通常按照本地行业的通用标准进行基线能力建设即可，针对大客户等重要客户可整理为仅适用于某些大客户的框架基线，不一定要适用于所有项目，否则企业的风险可能会增大。

销售IT工具的支撑，对销售效率的提升同样有着巨大的支撑作用，尤其在销售BOM到验收BOM中间各环节存在巨大差异时，BOM管理工具可以支撑产品报价和服务报价；同时，直接销售解决方案对应的采购清单、生产制造清单、站点发货清单、工程交付清单等全部自动对应整理完毕，减少了部门之间的数据核对、BOM条目核对等耗时费力的工作，让各个业务部门并行开展工作；当销售方案更新时，后端的所有业务BOM同步更新，极大地提升了全流程运作交付的效率（见表3-5）。

表 3–5　建立端到端 BOM 全面拉通的销售 IT 工具

数据拉通	常见问题	解决思路
客户原始需求转成销售 BOM • 产品销售及报价 BOM • 服务销售及报价 BOM 销售 BOM 转成采购和生产 BOM • 物料采购 BOM • 生产制造 BOM • 成套发货 BOM 销售 BOM 转成交付实施 BOM • 客户网点交付实施 BOM • 验收 BOM 销售 BOM 转成维护 BOM • 维护服务 BOM	✓ 销售语言：某个模块销售、某个配置销售、某个站点销售 ✓ 采购语言：物料采购需要精细到最小单位 ✓ 生产制造语言：通过各种物料的组合、生产、加工成成品件，基于各种成品件再组合成符合销售配置的标准件 ✓ 交付语言：基于客户需求交付，如基于站点交付、基于配置交付等 ✓ 维护语言：通常按照台数、套数、个数等进行维护（和产品配置关系不大） ✓ 各个环节产品和服务 BOM 转换是非常麻烦的事情，一旦客户需求变更，就要让全流程业务 BOM 同步更新，非常耗时费力	✓ 数据配置拉通：产品、服务、商法、财经等需要用同一个数据配置工具 ✓ 源头（产品解决方案部）完成产品选型和数据配置后，统一传递给后续团队，使其在此基础上进行各自方案的设计和报价 ✓ 客户需求变更时，产品解决方案团队更新后，配置管理工具自动端到端全面更新并传递给后端业务团队，使其在此基础上更新各自的方案和报价 ✓ 数据拉通的工具，可以是 Excel 文件或某种软件

真正实现"以客户为中心"的销售模式，需要在三个层面协同发力：业务流程全面围绕客户需求设计，项目运作以客户目标为导向，由销售负责人统筹协调。此外，要建立强大的支持平台，确保团队能够高效响应并满足客户需求。

这里顺便说一下"以客户为中心"的客户关系管理。对于客户关系的建设，每个人都有自己的方式方法，但"表面上的吃喝玩乐"很难建立钢铁般的友谊，只有成就客户，帮助客户实现其所在企业的业务目标，让客户的所在企业认可他，友谊才能牢固且长久。在成就客户方面，由于不同部门客户关注的价值点不同，需要基于业务特点进行目标设定。如果客户是维护部的，我们就让设备稳定运行，避免出现重大故障；如果客户是工程部的，我们就让工程实施如期完成，并且保证工程质量；如果客户是采购部的，我们就要提供高质量的产品和服务，让客户觉得买得很值……我们始终要帮助客户提升他们的绩效、实现他们的项目目标，这样的客户关系才真正牢靠，客户才会持续支持我们的产品和业务。以下是华为员工在尼泊尔的亲身经历。

2015 年，尼泊尔发生 8.1 级大地震，面对遍地狼藉的废墟，尼泊尔通信公司的高管呼喊：

爱立信公司有人在吗？没人回应……

诺基亚西门子公司有人在吗？没人回应……

阿尔卡特朗讯公司有人在吗？没人回应……

华为公司有人在吗？很多人同时回答："我们在这儿！"

可以想象，客户当时有多感动。危难时刻见真情，这就是华为企业价值观的魅力，无论西方公司是否认同，客户都对华为的努力非常认同。

伊拉克战争、叙利亚战争、利比亚战争等，我国都启动了撤侨行动，但是华为的很多勇士留了下来，继续为战争创伤下的国家在通信保障上贡献一份力量。

服务好客户就能感动客户。在客户最需要我们的时候，即使困难再大，也要想办法帮助客户克服困难、解决问题。当下一个项目来临时，凭借这一点，我们提供的解决方案就会加分。

如何建立"以客户为中心"的研发制度

研发不是闭门造车，而是以市场需求、客户需求为导向的产品开发，是"以客户为中心"的产品全生命周期开发。不是局限于产品的功能特性，而是聚焦产品的易销售性、易安装性、易维护性、环保性、健康与安全要求、物料成本质量与产品质量的高性价比、易物流性等全流程的开发与设计，使产品一上市，就具有系统化的竞争力。当然，也有如下功能强大，但是没有聚焦客户需求的失败案例。

谷歌眼镜（Google Project Glass）是谷歌推出的一款智能眼镜，具备显示屏、摄像、音频等多种功能。然而，谷歌眼镜并未像预期那样在市场上获得成功，而是在数年后宣布停产。

首先，用户体验差。谷歌眼镜在设计上过于复杂，佩戴后不仅笨重，而且引人注目，使用起来不够自然和舒适。这导致用户在使用过程中感到尴尬，使用频率较低，难以形成口碑传播。

其次，价格过高。谷歌眼镜的定价较高，使它成为高端市场的产品，无法普及大众消费者。另外，高昂的价格也成为消费者选择其他更实惠产品的主要原因之一。

最后，个人隐私被侵犯。谷歌眼镜搭载了摄像头等功能，引发了人们对隐私泄露风险的担忧。人们担心自己的隐私会被侵犯，这形成了消费者对该产品的抵触情绪[①]。

没有围绕市场需求、客户需求和客户体验开发的产品，看似功能强大，却很快退出市场，这就是传统产品开发面临的典型问题。

传统研发的常见问题如图3-7所示。

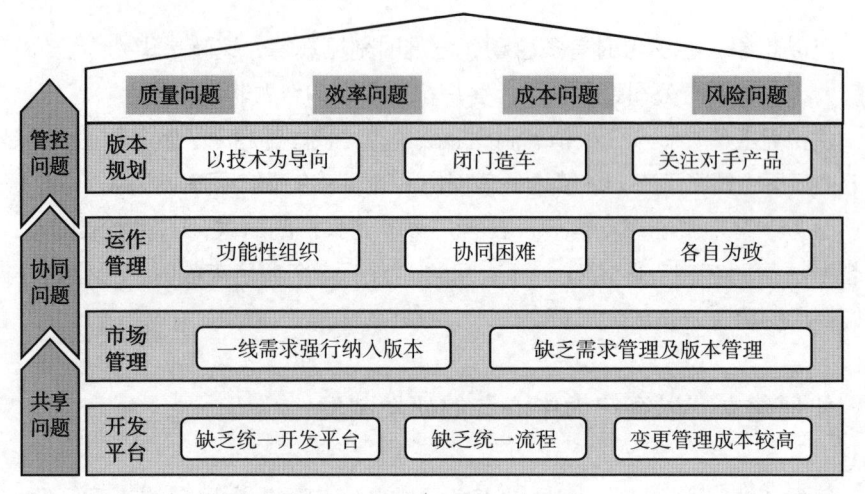

图3-7 传统研发的常见问题

传统研发的常见问题如下：

第一，版本规划没有围绕市场需求和客户需求。研发部门做版本规划，往往是以技术为导向，闭门造车，或关注行业中比较优秀的几个对手产品。实际上，版本规划是一种投资行为，是企业要投入资金，并最终将开发出来的产品销售出去为企业赚取利润的。因此，新产品将聚焦哪些客户、哪类市场，在开发之前都要明确，只有这样，产品一上市才会有清晰的目标客户群和较强的竞争力。

第二，与产品相关的职能部门不关注产品开发。研发产品时，除研发部门员工外，市场部、销售部、采购部、生产制造部、财务部、项目交付部、维护部等部门，它们要么不参与开发过程，要么站在自身角度看待产品研发问题，聚焦各自的可销售性、可交付性、可营利性等指标，对于版本整体的目标不重视。研发成员也往往缺乏和这些部门之间的沟通，导致产品开发在诸多方面存在不足，一旦上市，就会被职能部门抱怨。其中，保险公司的产品套餐很难销

---

① 索维亚．做对产品［M］．徐毅，译．天津：天津科学技术出版社，2021.

售出去就是典型案例。在社保体系越来越完善的今天，没有针对某一类客户群体开发定制化的保险产品，保险合同签署后没有提供客户关怀、保险的触发和跟进、积极理赔等服务（没有提供端到端的服务保障），对待客户始终"以保险公司为中心"，让客户对保险业务的信任度大幅降低。一旦出现因"理赔问题"而打官司的案件，其带来的负面效应将更强烈。

第三，开发期间不断增加一线需求。对于已经通过版本规划决策、正在开发的版本，一线销售人员为拿下项目，往往会要求研发团队把新的需求强行纳入版本，打乱正在开发的版本的进度。如果研发团队不接招，就升级到高层施压，使研发团队的开发工作非常被动，导致很难有较高的开发效率。

第四，开发效率低下。缺乏统一的开发平台，统一标准、统一语言才能提升开发运作效率；研发流程未实现标准化、规范化；没有建立和一线市场需求相匹配的管理机制；没有做好版本规划和开发期间的需求管理；没有建立跨部门多团队高效协同机制；没有做好产品短期利益和长期利益之间的平衡等。

"以客户为中心"的研发，是把所有成员拧成一股绳作战，除研发部团队之外，还有市场部、销售部、采购部、制造部、交付部、维护部、财务部等作为核心团队成员共同参与，需要保证产品的可销售性、可采购性、可生产性、可交付性、可维护性、可营利性等。既满足市场需求和客户需求，又能提升在市场中的竞争力、保证交付和盈利的产品，才是符合市场的好产品。

"以客户为中心"的研发主要包括如下四个方面：

第一，以市场需求、客户需求为导向，让产品一上市就有目标客户群。

研发是投资行为，必须建立以客户需求、市场需求为导向的研发制度，让投资快速产生回报。

研发产品是需要大量投资并关系到企业战略、企业发展的重大事项，因此，一定要围绕客户进行产品规划和开发，同时以市场需求、客户需求为导向。

- ◇ 市场需求获取途径：行业峰会、技术交流会、行业分析报告；竞争对手的财务报告、分析报告；与战略客户共同探讨未来发展趋势的分析报告等。
- ◇ 客户需求获取途径：客户的年报、财报、战略规划；客户例行的拜访（高层、中层、基层）；技术支持中心收到的客户问题反馈及投诉；客户的标书；客户突发性需求等。

其中，客户需求也有短期需求和中长期需求，需要通过理解市场、细分市场、从痛点需求发力等制订产品规划方案，确保产品在市场上的精准定位及明确未来发展趋势。

第二，通过标准化流程、跨部门协同运作、建立研发管理平台，提升研发效率，使产品快速上市抢占先机。

开发流程的标准化、规范化、程序化是高效率、高质量开发的关键。目前，行业主推的就是 IPD 流程，适合大型企业研发；中小型企业可以基于 IPD 的标准规范，制定自身的标准开发流程，以简单实用为主。

研发项目运作最大的问题是跨部门协同管理困难，建立跨部门的管理和决策机制，是实现高效协同的有效途径。由于参与产品开发的职能部门人员较多，容易站在各自部门的角度看待问题。当遇到矛盾和冲突较大的场景时，如果没有跨部门协同机制，就不得不频繁举行会议，导致内耗巨大。建立跨部门决策团队，在进行需求管理、产品规划与设计、产品开发、需求变更、开发方案变更等并且涉及多方利益时，通过启动决策机制，快速制定解决方案，可以有效提升工作效率。跨部门研发决策示意如图 3-8 所示。

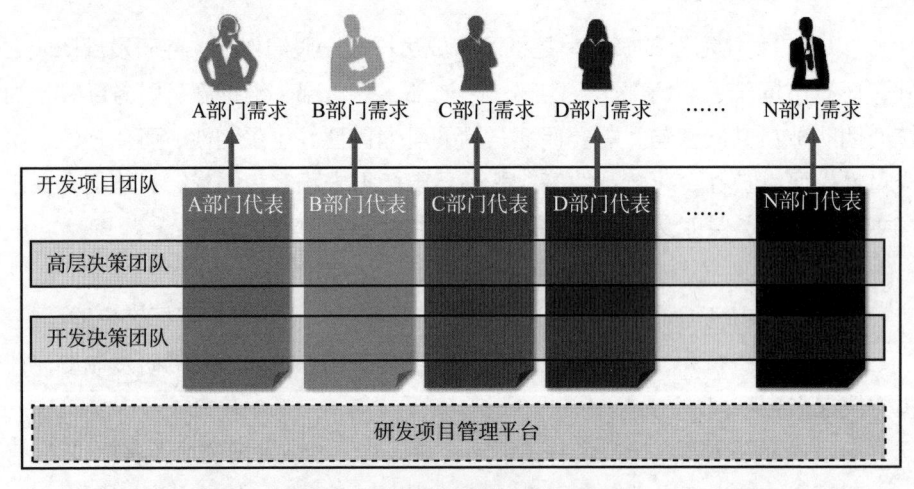

图 3-8 跨部门研发决策示意图

建立统一的开发管理平台。基于产品、服务、解决方案的开发效率，可以通过需求管理、产品和技术规划，提前识别公共技术和关键技术，抽取现有产品共同使用的模块，形成平台基础性工作；同时，探索和研究战略客户、目标客户未来发展的共同需求，加固和夯实产品与技术平台，让企业的研发能力成为核心竞争力。

1997年，任正非去天津出差期间，得知大学生打电话很困难，电话亭外每天都排很长的队伍，他立刻要求研发团队开发智能网产品，让座机电话首先使用200、201智能电话卡认证，通过之后便能拨打电话，这极大地方便了在校学生，他们自行购买电话卡即可使用（说明：宿舍的座机需要输入卡号密码才能外拨）。当时，我国有1000多所大学，在校大学生超过1000万人，还有大量中学生住校，市场整体潜力巨大。

华为公司为此成立了专门的研发团队，快速开发智能电话卡产品并上市，等其他竞争对手发现这个商机的时候，电信市场的95%已经被华为占领了。

如果企业发现了市场商机，但是产品开发的效率低下、上市太慢，市场很可能很快就被其他企业占领了。标准化的研发流程、"以项目为中心"的运作机制、成熟的研发管理平台，是持续提升开发效率和质量的法宝，可以使产品快速上市抢占先机。

第三，项目开发需要涵盖产品全生命周期，提供端到端高质量解决方案。

只有建立端到端的产品管理制度，才能让产品一上市就具有较强竞争力。

在相当多的企业中，产品研发由研发部门主导，其他部门仅偶尔参与，未真正纳入规范化管理。实际上，一个新产品上市，需要一套系统化的解决方案：是否有竞争力会影响销售；是否可交付会影响采购、生产、供应、工程实施、维护、备件服务等各交付环节；是否盈利会影响财务指标、企业长期发展等。建立一个端到端解决方案的产品开发团队，从各自部门的角度帮助优化产品规划、设计、开发、质量管理等各环节，便能做到产品上市后具有竞争优势，如表3-6所示。

表3-6　研发团队成员的业务范围需要涵盖产品全生命周期

研发团队角色	关键职责	主要输出件
研发团队	✓ 负责产品开发	✓ 产品版本相关的所有资料
市场部代表	✓ 聚焦产品的关键亮点及主要卖点	✓ 产品销售拓展材料（销售场景、配套解决方案、关键亮点等） ✓ 产品定价和授权
销售部代表	✓ 聚焦产品的可销售性、销售策略（中小企业和市场部合并成一个部门）	✓ 不同场景下的销售策略，新产品引入、存量网络延伸拓展、产品之间组合销售等
交付部代表	✓ 聚焦产品的可安装性、易安装性	✓ 交付方案设计、交付指导书等

续表

研发团队角色	关键职责	主要输出件
采购部代表	✓ 聚焦生产物料的可采购性、高性价比，同时预防仅有一家供应商	✓ 物料采购方案
制造部代表	✓ 聚焦产品的可生产制造、可成套发货运输	✓ 生产制造方案
技术支持服务部代表	✓ 聚焦产品的可维护性、易维护性	✓ 产品维护方案 ✓ 备件服务方案
财务部代表	✓ 聚焦项目整体的成本和利润	✓ 盈利能力分析
质量管理部代表	✓ 聚焦产品开发周期全流程的阶段质量、整体质量监控与管理	✓ 全流程质量管理方案

过去打广告，实行"三包"（包退货、包更换、包维修）就是为了让顾客放心。现在不仅要"三包"，而且要在整个生命周期提供全方位保障，包括物料采购、生产制造、物流供应、工程实施、售后维护、备件更换等服务，并且每项服务都有标准的承诺时间，让用户买了以后放心，这才是真正让人放心的好产品和好企业。

第四，研发质量管理机制，是企业品牌的重要保障。

建立质量管理机制，确保产品上市时具备高质量。

所有客户都会关注一个重要价值点——质量。保证产品上市的质量，主要通过三个方面发力。

①产品开发全流程的质量规划：包括需求准确性质量、产品规划与设计质量、产品硬件开发质量、产品软件代码开发质量、产品采购质量、产品生产制造质量、产品包装存储质量、产品可销售质量、产品可交付质量、产品易操作性质量、产品易维护性质量等。通过质量管理的详细规划，对研发活动进行全面监控、测量和评估，及时发现并纠正研发过程中的问题，确保产品质量的稳步提升。

②各团队全员参与质量管理：市场部、研发部、采购部、生产部、物流供应部、工程交付部、技术支持部、财务部、质量部等部门参与质量管理。因为，产品上市后，所有和产品相关的业务活动将主要由这些职能部门负责，它们需要站在各自的业务角度为上市产品的质量把关。

③系统化的质量管理机制：产品质量管理是一个系统工程，市场营销部关注的是产品与客户需求的匹配度、成本及报价等；采购部关注的是物料的质量标准、高性价比等；工程实施部关注的是易安装性、批量交付实施能力、易测试验收等。只有每个部门对自己关注的质量严格把关，才能保证产品系统性

的高质量。质量不是检测出来的，而是融入全流程开发工作的日常环节进行例行管理和控制的，事后的质量检测和整改不仅成本高，而且严重影响整体开发进度。

质量是企业的生命线，产品研发是质量保障的源头，企业应建立完善的质量管理体系、制订科学的研发计划、实施有效的质量控制措施、设定明确的质量目标、采用高效的质量管理工具等，确保研发活动顺利进行、产品质量符合企业标准，并满足市场及客户要求。

如何建立"以客户为中心"的交付管理制度

在传统交付项目中，交付项目经理的核心职责是基于合同要求把项目交付完成。然而，在实际交付期间会遇到很多问题：①在销售阶段，项目经理通常不会参与前期的销售拓展并评审把关合同质量，客户经理、产品经理对于交付条款常常会超标承诺，如缩短工期、采用特殊的施工工艺、执行苛刻的验收标准等，使交付难度加大；②在交付阶段，参与项目交付的各职能部门成员只关注自身模块进度和收益，对项目整体目标、交付计划、质量要求并不关注，导致虽然已经完成局部任务，但是项目整体目标的各项指标完成情况较差；③在维护阶段，项目经理授权不到位，跨部门人员管理、客户需求及变更管理、员工出差管理等多方面需要层层汇报，效率低下（见图3-9）。

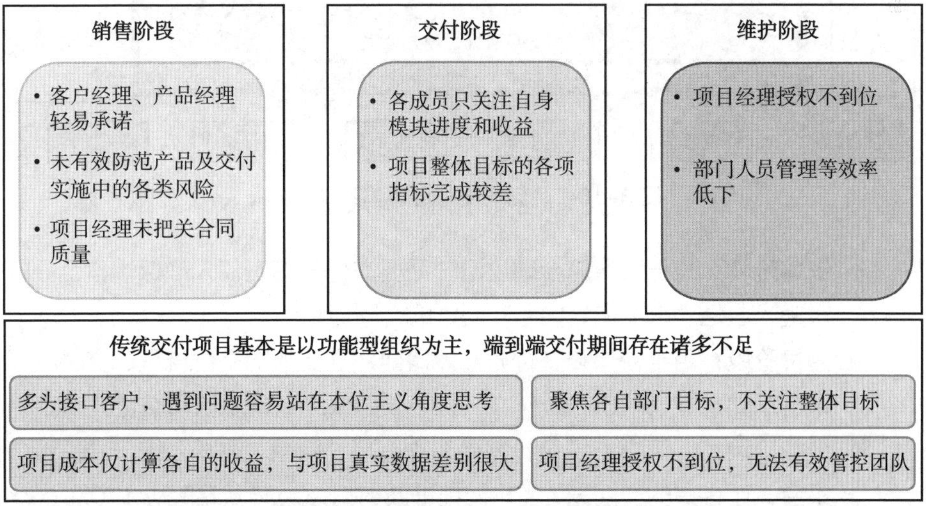

销售阶段	交付阶段	维护阶段
• 客户经理、产品经理轻易承诺 • 未有效防范产品及交付实施中的各类风险 • 项目经理未把关合同质量	• 各成员只关注自身模块进度和收益 • 项目整体目标的各项指标完成较差	• 项目经理授权不到位 • 部门人员管理等效率低下

传统交付项目基本是以功能型组织为主，端到端交付期间存在诸多不足	
多头接口客户，遇到问题容易站在本位主义角度思考	聚焦各自部门目标，不关注整体目标
项目成本仅计算各自的收益，与项目真实数据差别很大	项目经理授权不到位，无法有效管控团队

图3-9 传统交付项目的常见问题

要解决传统交付项目面临的问题，需要从三个方面进行改进：①流程上，交付需要从销售期间介入，保证合同质量，确保交付方案的可实施性、成本可控性，并提供有竞争力的工程实施方案；在交付期间需联合交付平台，高效作业，满足合同要求；在后期维护阶段能够对后端的产品问题追根溯源，推动研发、销售或交付团队持续改进，实现交付质量的螺旋式上升。②项目运作上，能够对项目经理充分授权，建立"以项目为中心"的交付团队，快速响应客户需求，通过内部运作实现跨部门高效协同管理，实现"优质、快速、低成本、契约化"的交付目标。③交付支撑平台上，通过交付项目管理、交付业务指导、交付案例共享、交付团队赋能、交付工具模板支撑、交付问题推动解决、交付专家队伍建设等方式，持续提升交付能力基线和作业效率。

第一，构建端到端交付管理体系，全流程管控交付质量（见图3-10）。

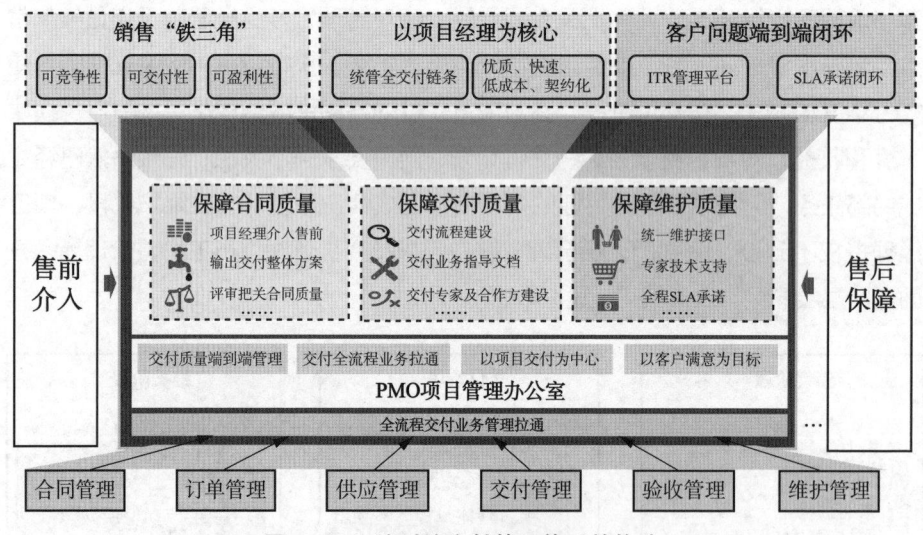

图3-10 端到端交付管理体系的构建

◇ 销售阶段：从源头保障合同质量。需要交付方案责任人确保销售合同的质量，这是"以客户为中心"交付的合同保障。
◇ 交付阶段：用平台保障交付质量。需要建立清晰的交付流程、交付支撑平台、交付专家队伍、合作方队伍，共同保障交付质量和交付效率。
◇ 维护阶段：保障维护质量。需要建立客户"问题/需求"统一维护接口平台，让客户的"问题/需求"能够及时有效地端到端解决和闭环。

如图3-11所示，交付项目经理在销售项目立项时就介入销售拓展、项目投标及合同谈判，提供交付实施方案，评审把关合同质量管理，这对交付发起的源头——合同进行了有效的管控，为后续高质量交付的实施提供了重要保障。

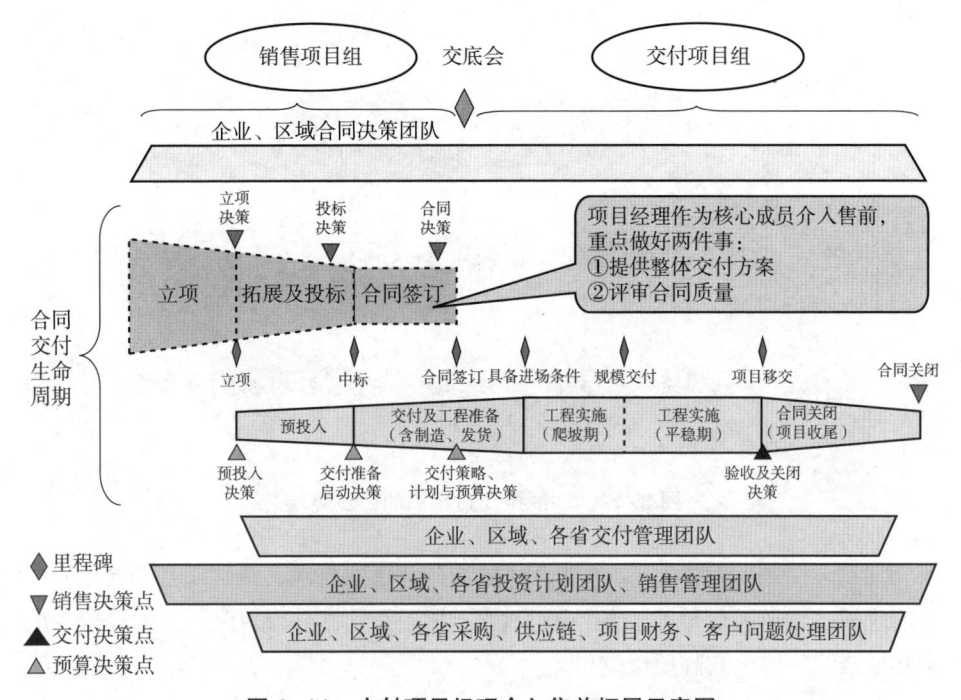

图 3-11　交付项目经理介入售前拓展示意图

第二，建立"以项目为中心"的交付团队，优质、快速、低成本、契约化地交付项目。

项目是临时性组织，团队成员来自各个职能部门，他们往往直接由原部门主管考核与管理。因此，项目经理在进行工作分派、考核管理、费用管理时权力不大，项目成员并不认同他们的项目经理，导致项目团队在项目运作期间很难得到有效的管理。

交付项目的运作管理必须建立"以项目（客户合同）为中心"的项目管理模式，可以有效规避功能型交付组织的诸多弊端（见图 3-12）。

"以项目为中心"使项目全体成员聚焦项目整体交付的成败，而不是只关注各自业务功能模块的成败。

只有"以项目为中心"，才能建立端到端的业务框架，实现真正意义上的系统化交付，而不是让客户感知到：有的人只负责通电，有的人只负责网络联通，有的人只负责安装底座，有的人只负责安装设备，有的人只负责调试软件，有的人只负责网络集成……例如,当网络集成人员发现网络不通时,负责网络联通的人就说:"我测试时是通的,至于你哪里不通肯定是你的问题。"如此一来,给客户最大的感知就是:一盘散沙、各自为政,没有人关注项目整体的成功。

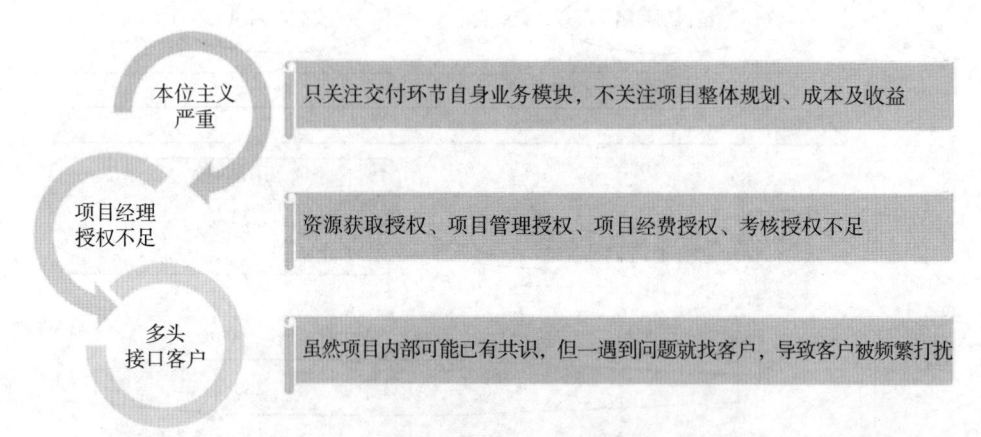

本位主义严重	只关注交付环节自身业务模块,不关注项目整体规划、成本及收益
项目经理授权不足	资源获取授权、项目管理授权、项目经费授权、考核授权不足
多头接口客户	虽然项目内部可能已有共识,但一遇到问题就找客户,导致客户被频繁打扰

图 3-12 功能型交付组织的诸多弊端

只有"以项目为中心",才能全面拉通经营管理流程,做到以合同要求为中心的优质、快速、低成本、契约化交付,进而实现端到端的管理,通过控制成本实现合同契约化的高质量交付。

"以项目为中心",必须给项目经理充分授权,包括但不限于以下三个方面:

- ◇ 财务授权:项目组成员的差旅费、采购费、运营管理等费用。
- ◇ 决策授权:客户需求的承诺、变更的管理等。
- ◇ 人力资源授权:团队成员的招聘、分层分级考核、任职资格管理、职级晋升等。

只有"以项目为中心"的交付,才能推动交付能力基线持续改进。以物流为例,20 世纪七八十年代,我国国内各地运送包裹通常需要 1 周到 1 个月,而最近 10~20 年,在电子商务逐步走上历史舞台的进程中,物流速度持续提升,3 日可达、次日可达、当日可达的物流已经不再是神话,甚至出现 30 分钟、1 小时可达的快递,这在三四十年前完全不敢想象。

目前,业界正在推行项目管理办公室(Project Management Office,PMO)统一管理交付运营的模式,在企业、区域、各省市建立三级 PMO,聚焦企业级、区域级、省市级等不同级别的项目,实现企业关键项目统一管理。

第三，建立交付业务平台，持续提升交付能力基线和作业效率。

如今的客户需求越来越高，客户对交付的要求也在不断提升，如工期越来越短、安装工艺要求越来越高、技术支持响应越来越快、一次性解决率要求越来越高等。如果企业不持续提升自身的交付能力，满足客户不断攀升的需求，就会被竞争对手一步步超越，最终被淘汰出市场。

在提升企业的交付能力上，可以通过交付作业 IT 信息化管理、提升远程交付能力、增强标准化专业化交付能力、持续发展服务合作队伍等方式，提升服务交付能力基线，提高交付质量和效率。交付能力基线包括但不限于以下内容：

- PO 处理能力基线 SLA：明确从收到 PO 到 PO 确认并拆分至采购、生产制造的时间承诺。
- 生产制造供应能力基线 SLA：从 PO 确认到采购、生产制造完成的时间承诺。
- 物流能力基线 SLA：从完成生产制造到运送到客户指定地点的承诺（不同区域基线能力会有所不同）。
- 工程交付能力基线：基于项目实施能力的承诺，如 ×× 站／月、×× 台／月、×× 套／月等。
- 技术支持服务能力基线 SLA：基于不同级别、不同类别的客户问题，如咨询类、普通故障、重大故障、备件服务等业务需求，承诺 SLA 解决问题的时间。
- 培训业务基线：包括培训地点（国内、国外）、培训语言（普通话、方言、英语、小语种）、培训课件（标准版、弱定制版、强定制版）等。
- 其他能力基线：如国外的本地采购能力、本地合作能力、本地法律法规下的特殊需求实现能力等。

此外，产品知识、业务知识、交付安装调试指导书、交付验收方案、远程交付工具、交付模板、批量配置脚本的软件、常见交付问题及应对方案、交付专家交流社区等都是提升交付效率的法宝。

当然，在"以客户为中心"提供高质量服务的同时，不能过度超界面交付，而是应基于合同的契约化交付。因为，超界面交付虽然会让客户满意，但是拉升了客户的期望值，在之后的服务中，客户会提出更高的要求，导致企业的交付成本越来越高，不利于优质、快速、低成本地达成交付目标，很有可能导致客户满意度下降，不利于长期合作发展。

如何建立"以客户为中心"的售后服务制度

作者在德国工作期间，因宿舍的宽带网络发生故障打电话给客服热线，他们承诺在 30 天内上门服务解决问题，导致作者整整一个月无法上网。通过公司的行政平台得知，在德国甚至整个欧洲都是这个标准，30 天内上门服务很正常。反观国内，用户在 16 点之前的服务请求，电信工程师可以做到当天上门服务；16 点之后的服务请求，电信工程师第二天上门服务，这种体验比德国强太多。

售后技术支持是企业的核心业务，这对确保客户忠诚、促进客户二次购买产品、树立企业的良好口碑有着至关重要的作用。然而，相当多的企业不重视售后服务。产品没有问题时，用户不一定帮企业宣传；产品一旦出了问题，若没有得到良好态度的服务、及时高效的解决，就会极大影响客户对产品和企业的感知，他们反而会积极宣传企业的不足，让企业口碑和形象受损。目前，不同行业在售后方面常见的问题有：

- ◇ 客户问题接口过多：邮箱、公众号、网站、电话热线、微博、抖音、社区平台等多种反馈问题方式的存在，使问题往往很难得到有效的跟踪和闭环。
- ◇ 问题闭环缺少管理：针对各个接口收到的客户问题，企业只按照自身的能力和工作计划进行处理，何时解决问题、以什么方式解决问题都不向客户承诺，客户感知很差。央视每年的"3·15"晚会为什么关注度这么高？很大程度上源于企业售后服务问题频发，用户诉求长期未被重视。在被曝光后，企业开始"积极"反思问题、"积极"整改，过了这阵风，又恢复原状，它们从骨子里还是"非常自我"，并没有真心做到"以客户为中心"。
- ◇ 技术支持人员缺少平台支撑：技术支持人员在解决客户问题时，缺少案例库和知识库的支撑、问题升级运作机制、IT 平台的支持、SLA 进度管理等，导致技术支持人员一个人在战斗，在遇到难度较大的问题、处理效率较慢的情况时，客户感知就会很差。
- ◇ 非技术问题缺少接口：客户可能提出的并不是产品问题，而是项目交付问题、需求类问题、产品优化类问题等，需要和项目交付团队、销售团队、研发团队对接，而技术支持人员往往不清楚该如何把这些客户需求转交给相应的部门。

在客户支持业务的制度建设中，统一服务接口、分级管理、SLA 承诺、端到端闭环是核心要素。

"以客户为中心"的售后服务从问题到解决，需要有清晰的技术支持流程、高效率的运作机制和平台支持；需要涵盖售后的价值目标、主业务流、支撑业务的使能业务流，以及售后服务的支撑平台，通过全方位系统化的服务为客户提供最佳体验。"从问题到解决"技术支持平台的建设思路如图 3-13 所示。

统一客户反馈问题接口
邮箱、公众号、网站、电话热线、微博、抖音、社区平台等统一为 ITR 服务平台接口

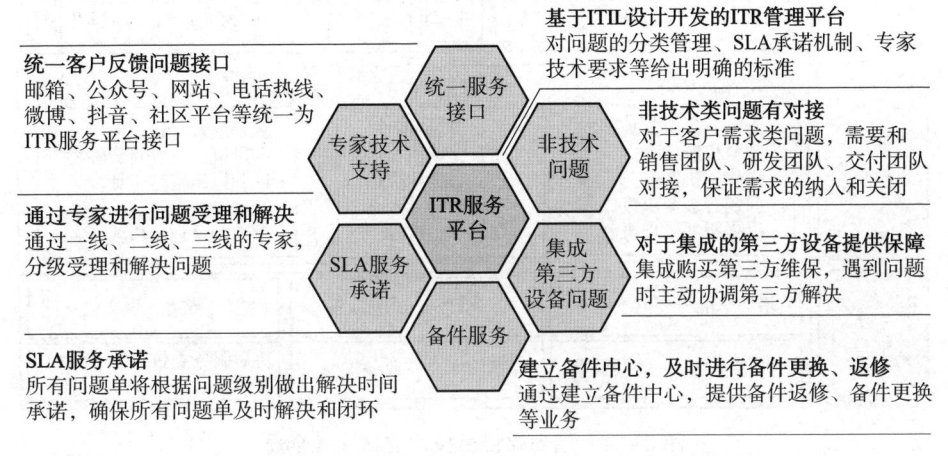

基于 ITIL 设计开发的 ITR 管理平台
对问题的分类管理、SLA 承诺机制、专家技术要求等给出明确的标准

非技术类问题有对接
对于客户需求类问题，需要和销售团队、研发团队、交付团队对接，保证需求的纳入和关闭

通过专家进行问题受理和解决
通过一线、二线、三线的专家，分级受理和解决问题

对于集成的第三方设备提供保障
集成购买第三方维保，遇到问题时主动协调第三方解决

SLA 服务承诺
所有问题单将根据问题级别做出解决时间承诺，确保所有问题单及时解决和闭环

建立备件中心，及时进行备件更换、返修
通过建立备件中心，提供备件返修、备件更换等业务

图 3-13 "从问题到解决"技术支持平台的建设思路

第一，统一服务接口，标准化服务流程。

标准化服务流程是企业专业服务能力、品牌价值的重要体现。

首先，需要整合技术支持服务平台，统一管理客户问题。电话、Web 论坛、公众号、电子邮件等服务渠道统一接入客户服务平台，统一管理客户服务的需求。从需求受理、问题处理到关闭，统一制定规则和规范。明确对客服人员、技术支持人员、研发人员的考核管理，让所有的用户问题都能得到及时、有效的处理，并且将与销售、产品相关的需求反馈给对应的销售团队和研发团队，跟踪闭环。

其次，需要对技术支持服务进行规范化、标准化、程序化管理，让客户问题能够通过标准化流程得到处理和解决，以确保客户满意。对问题单分层分级记录、受理和处理，承诺关闭时间，对问题的过程管理、升级管理、现场服务管理、跨部门管理、第三方设备问题管理、重大故障管理、普通技术问题管理等都有清晰的标准。受理客户问题也是对技术支持人员的管理与考核，最终目标是让客户问题、需求得到高效率解决，提高客户满意度。端到端售后技术支持服务全景如图 3-14 所示。

103

管理的哲学
道法术器势

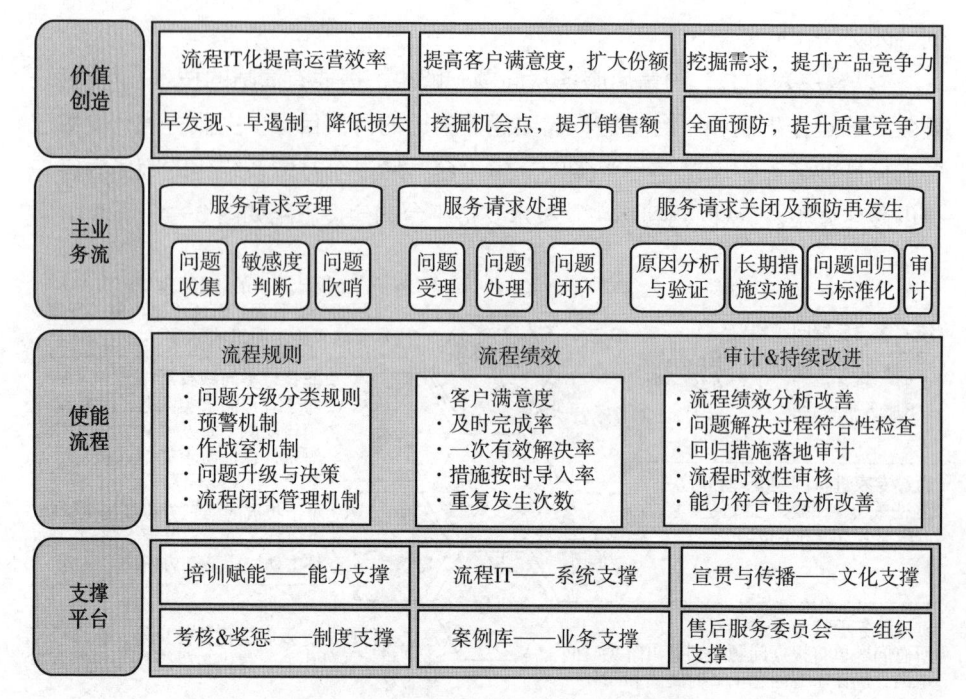

价值创造	流程IT化提高运营效率	提高客户满意度，扩大份额	挖掘需求，提升产品竞争力
	早发现、早遏制，降低损失	挖掘机会点，提升销售额	全面预防，提升质量竞争力

主业务流	服务请求受理	服务请求处理	服务请求关闭及预防再发生
	问题收集 / 敏感度判断 / 问题吹哨	问题受理 / 问题处理 / 问题闭环	原因分析与验证 / 长期措施实施 / 问题回归与标准化 / 审计

使能流程	流程规则	流程绩效	审计&持续改进
	·问题分级分类规则 ·预警机制 ·作战室机制 ·问题升级与决策 ·流程闭环管理机制	·客户满意度 ·及时完成率 ·一次有效解决率 ·措施按时导入率 ·重复发生次数	·流程绩效分析改善 ·问题解决过程符合性检查 ·回归措施落地审计 ·流程时效性审核 ·能力符合性分析改善

支撑平台	培训赋能——能力支撑	流程IT——系统支撑	宣贯与传播——文化支撑
	考核&奖惩——制度支撑	案例库——业务支撑	售后服务委员会——组织支撑

图 3-14 端到端售后技术支持服务全景

第二，清晰的问题受理规则和升级机制，全流程跟踪闭环客户问题。

技术服务的运作管理机制不仅为客户提供服务，也让技术支持人员的服务更加专业化。

技术支持服务业务的主流程，包括三个阶段（见图 3-15）。

⋄ 受理：记录问题，基于 SLA 对问题分级并承诺解决时间，派单给技术人员（如果受理人员是技术人员，则直接创建问题单）。

⋄ 处理：调取客户网络数据故障信息，初步定位并提供解决方案，如果确定自身无法解决，则可以升级到专家人员；如果是重大事故且影响范围较大，则可以直接升级到研发部门；对于跨产品、第三方产品、备件服务问题或需求，基于内部规则进行转单。

⋄ 关闭：基于问题单关闭规则，通常需要经过客户确认。问题单关闭后需要进行客户回访，有百分之百回访制，也有抽样回访制，既可以由企业安排人员回访，也可以由第三方机构进行回访。

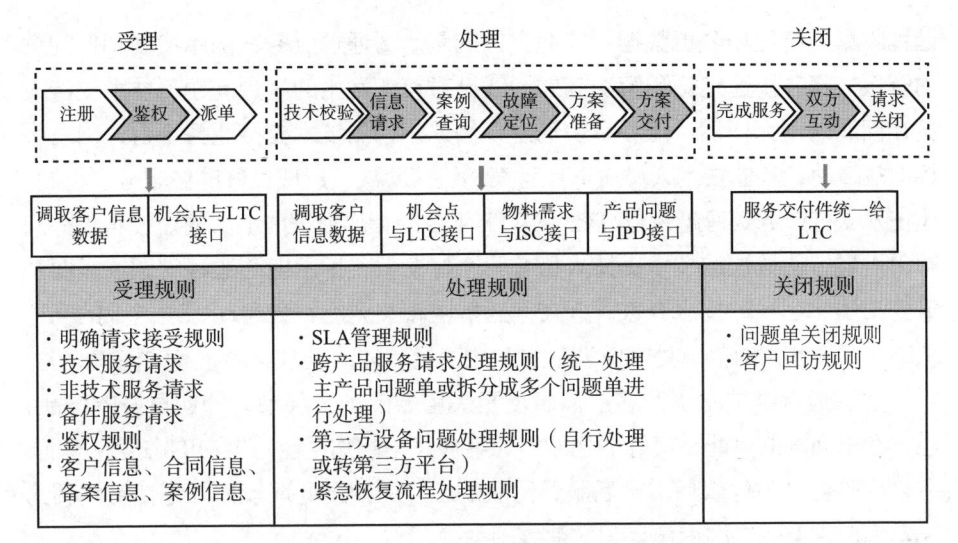

图 3-15 技术支持服务业务的主流程

受理阶段：注册 → 鉴权 → 派单
- 调取客户信息数据
- 机会点与LTC接口

处理阶段：技术校验 → 信息请求 → 案例查询 → 故障定位 → 方案准备 → 方案交付
- 调取客户信息数据
- 机会点与LTC接口
- 物料需求与ISC接口
- 产品问题与IPD接口

关闭阶段：完成服务 → 双方互动 → 请求关闭
- 服务交付件统一给LTC

受理规则
- 明确请求接受规则
- 技术服务请求
- 非技术服务请求
- 备件服务请求
- 鉴权规则
- 客户信息、合同信息、备案信息、案例信息

处理规则
- SLA管理规则
- 跨产品服务请求处理规则（统一处理主产品问题单或拆分成多个问题单进行处理）
- 第三方设备问题处理规则（自行处理或转第三方平台）
- 紧急恢复流程处理规则

关闭规则
- 问题单关闭规则
- 客户回访规则

在受理、处理和关闭阶段都有明确的运作规则，确保问题被记录、受理、处理、解决和关闭。这些规则需要根据行业的特点、企业产品的特点进行制定，确保符合行业标准要求，让客户能够理解并接受。对于非技术支持类问题，也需要跟踪对接，包括客户提出的产品新需求类、功能改善类、物流问题类等非技术问题，需要对接销售、研发、交付等团队，保证需求纳入对应的部门进行跟踪和闭环（对于需求类问题的关闭，纳入市场需求或研发需求清单即可，并不是实现需求），让问题端到端跟踪闭环。

对于To C终端产品的客户服务，还需要关注以下几方面：
◇ 全球、全国各地的服务网点建设。
◇ 服务网点专业化，队伍的培训、培养、管理、考核一体化。
◇ 服务支持中心热线、IT平台、问题跟踪和闭环的统一管理。

通常，对于终端消费者产品的服务，客户更加看重服务的便捷性、一次性解决问题的效率等，企业基于市场份额的大小，建立匹配数量的服务网点，提供专业化的服务就显得非常重要了。

第三，建立技术支持业务平台，让售后服务更加高效。

建立技术支持业务平台，是为了提升技术，使支持人员更加高效地解决问题。

建立技术支持业务平台，包括业务知识库、业务案例库、远程诊断设备、问题单跟踪提醒等功能，其价值作用是显而易见的：①可以帮助技术支持人员远程收集、整理和分析数据，快速定位问题。②通过业务案例库找到相似问题的解决方案，快速定位和解决问题。③针对首次发生的客户问题，技术支持人员在问题处理完毕后，能够尽快输出案例并归档到技术支持业务平台；当发生相似故障时，其他技术人员可以参考案例快速解决，形成良好的经验分享机制，让技术支持业务变得越来越高效。④IT平台的运作管理能够实时监控和提醒问题单进展，让繁忙的技术支持人员有一个好助手，不用担心遗漏问题或需要升级到二线、三线的技术专家。⑤在问题解决和关闭后，会自动触发内部的回访机制，了解客户对问题处理情况的看法和建议，推动技术支持业务的持续改进。

售后运营维护是提升客户满意度至关重要的一个环节，即使再好的产品，也存在出问题的可能，良好的售后能让客户真正感知企业对客户的态度。然而，在客户签合同、付款后，售后服务团队的态度和问题处理能力才是让客户转为忠实客户，形成二次销售、三次销售的关键。

如何建立以客户关注的价值点为中心的配套业务体系

质量永远是客户关注的价值点。

研发、销售、交付、维护等核心业务的质量管理是质量管理体系的关键构成，是企业质量管理的重中之重。质量管理体系示意如图3-16所示。

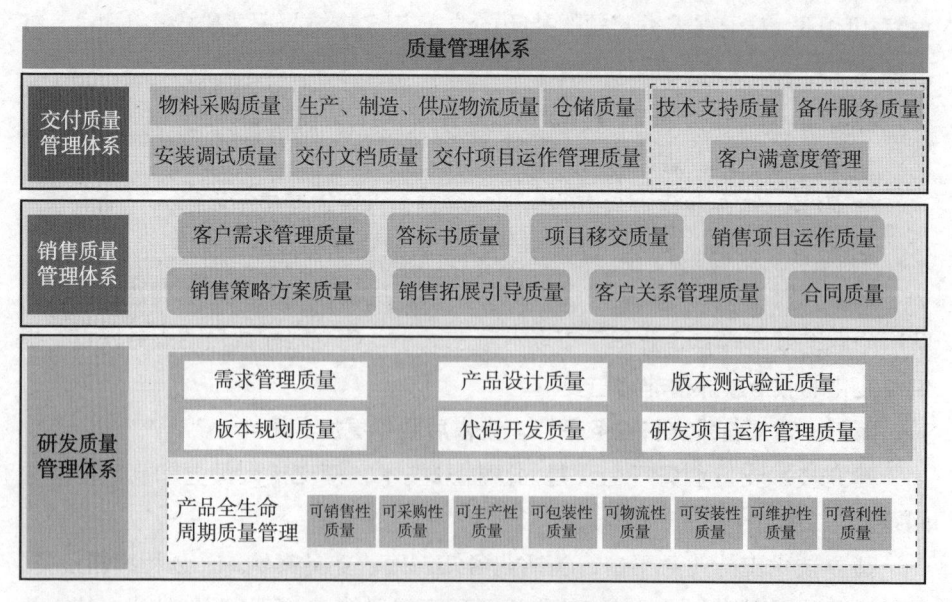

图3-16 质量管理体系示意图

质量管理体系的建设是一个系统工程，企业整体质量战略、质量规划、质量目标需要纳入各个业务部门的质量管理体系建设。通过流程化、标准化的质量管理活动，最终实现企业质量管理体系的目标。

除核心业务的质量之外，支撑部门的质量也非常重要，人力资源招聘员工的质量、财经统计数据对业务问题回溯的质量、后勤部门食堂的质量等同样对核心部门的业务开展提供了重要支撑，助力业务目标的实现。

针对客户关注的其他价值点，如企业品牌、供货物流、培训赋能、企业长期战略等，企业也可以建立配套的管理制度，确保为客户提供优质的产品及服务。

支撑部门如何建立"以内部客户为中心"的业务制度

一般来说，面向客户的业务属于企业核心业务，销售、研发、交付、售后服务等部门（研发虽不直接面对客户，但它们开发的产品是企业所有价值创造的源头，也是支撑市场销售和顺利交付的关键）可以签订合同，通过工程交付、验收回款等方式，直接给企业带来收入和利润。其他部门则基本围绕核心业务部门提供支撑服务，用以保障核心业务部门"多打粮食"，多创造价值。

下面以人力资源部和服务合作采购部为例进行说明。

（1）人力资源部。人力资源部的客户就是各业务部门，在围绕内部客户，做好人力资源规划和设计的同时，还要和业务部门建立伙伴关系，确保人力资源的制度和需求落地，支撑业务部门开展工作等。随着人力资源管理理念的不断进步和企业的快速发展，人力资源业务合作伙伴（Human Resource Business Partner，HRBP）三支柱模型逐渐成为现代企业人力资源管理的核心框架。该模型将人力资源管理分为三个相互关联、相互支持的支柱，包括HRBP的角色定位、人力资源专家中心（Center of Expertise，COE）专家咨询、人力资源共享服务中心（Human Resources Shared Service Center，HRSSC），共同推动企业人力资源管理的有效运作和持续改进。

人力资源三支柱模型如图3-17所示。

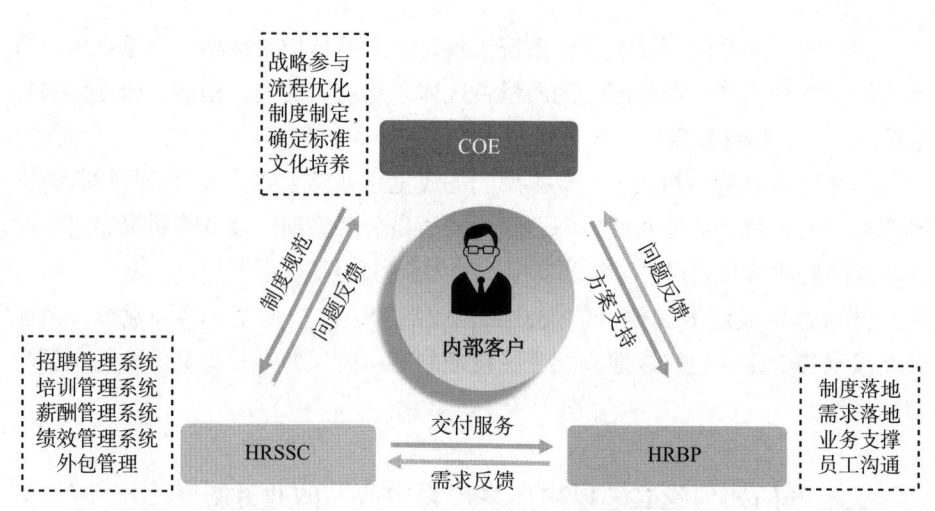

图 3-17 人力资源三支柱模型

人力资源三支柱模型的核心优势在于让企业战略、人力资源战略与业务深度融合，传承并凝聚企业文化价值观，贴身管理干部并持续提升员工战斗力，提供高效的人力资源服务与支持，以数据驱动业务决策实现定制化服务，降低内部成本，打造组织"人才攻防战"的坚实阵地。

关于人力资源部的员工管理，建议以业务部门的目标和人力资源业务要求作为人力资源部员工的关键考核指标，建立"以内部客户为中心"的业务运作机制，让人力资源部与业务部门共同为企业创造价值。

（2）服务合作采购部。服务合作采购部的客户是项目交付部，围绕内部客户，做好合作交付能力提升是对项目交付的最好支撑，合作采购管理流程如图 3-18 所示。

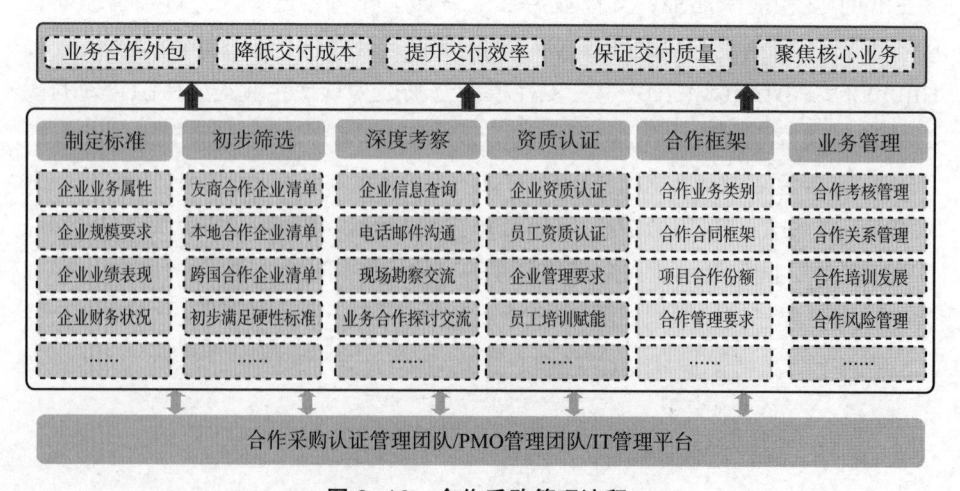

图 3-18 合作采购管理流程

服务合作采购部的工作内容涉及工程交付、维护交付、培训交付及其他服务交付等，需制定明确的标准和资质要求，通过详细的考察和认证机制，确保合作队伍的质量，以支撑项目交付的效率和质量，降低交付成本，促使企业聚焦核心业务并提升市场竞争力。

其他比较常见的支撑部门有以下四个：

①供应链管理部：内部客户是项目交付部。供应链管理部业务服务对象是项目交付部并聚焦如何帮助其实现优质、快速的契约化交付。持续提升供应能力、交付质量和效率是供应链管理部的不懈追求。

②流程IT管理部：内部客户是各业务部门。流程IT管理部主要联合各业务部门共同实现业务运作标准化、规范化和程序化，通过搭建IT基础设施及网络，基于业务流程开发IT应用，让业务流程在IT平台运营管理。这是提升各业务部门运营效率的最佳方式。流程IT管理部需要与各业务部门合作，持续发现运营中的问题，提高业务运营质量；同时，需要与IT开发部门良好合作，开发和优化IT平台及应用，确保IT系统的便捷性和稳定性，从而提高各业务部门的工作效率和满意度。

③财经管理部：内部客户既有员工，也有业务部门。财经管理部的核心价值在于高效运作企业资金，精准分析各业务部门的财务状况，严格防控业务风险，通过规划战略财务、优化成本结构，促进业务持续增长。财经管理部的工作职责和业务部门紧密相关，和员工也有一定关系。对于费用报销业务，财经管理部需要改善和缩短报销周期，提升员工报销的满意度。针对项目财务，在销售拓展期间，项目财务需要确保合同交付成本可控，保证预期的收入和利润；在交付期间，能够实时分析交付成本，协助项目经理管控项目。针对财经管理，应做好财务规划、财务经营管理，通过经营指标分析，发现经营中的各类问题，及时反馈到业务部门，推动和帮助其持续改善业务。

④后勤管理部：内部客户是员工。后勤管理部的事务比较多，如食堂、班车、物业、办公环境及网络等。针对食堂，聚焦提供美味可口的食物，让员工享受愉快的就餐体验；针对班车，聚焦及时准确的班车调度管理，让员工上下班方便；针对工作环境，聚焦提供清洁明亮的办公环境，合理规划会议室、开放区、休息区、茶歇区。这些都是对员工工作最好的支持。

支撑部门的核心价值在于提供全面、高效、专业的服务与支持，确保各业务部门的高效运营与持续发展，以支撑企业的稳定运营。

以下分享几个凸显制度和规则重要性的故事。

管理的哲学
· 道法术器势

故事分享1：以客户需求为中心——佳能打印机是如何打败施乐的

现在很少有人知道施乐这个品牌了，但是当年，施乐是美国企业界的骄傲。20世纪50年代，最好的复印技术是蓝图，但是复印出来的东西不仅味道很重，而且湿乎乎的，和洗相片的过程差不多。施乐发明了静电复印机，它不仅复印速度快、干净、清晰，而且可以使用普通纸，很快就占领了大部分市场。1968年，施乐公司收入超过10亿美元。

由于复印机的利润过于丰厚，施乐公司想维持复印机市场的垄断地位，先后申请了500多项专利，几乎囊括了复印机的全部零部件和关键技术环节。在突破这个庞大的技术壁垒以后，施乐认为自己可以高枕无忧、躺着挣钱了。但它犯了一个严重的错误——忽视客户的感受。

- 价格过于昂贵：施乐出售的复印机价格昂贵，动辄几十万、上百万美元一台。虽然速度和性能都非常好，但即使是大型企业，往往也只能买得起一台。
- 集中复印弊端多：这些复印机体积庞大，只能放置在公司的固定地点，被称为"集中复印"。由于操作复杂，需要安排专人进行管理和操作，不仅麻烦，而且机密文件的保密性也难以保证。
- 过于注重设备的完备性和可靠性：企业用户一般重视设备的功能完善和高可靠性，这是施乐的强项。然而对于那些简易、廉价的复印机，以及对功能完备性和可靠性要求并不高的家庭用户需求，施乐没什么兴趣。
- 看不起个人消费者需求：施乐的复印机由于价格昂贵，购买者基本上是企业，它们往往对价格不是特别敏感。那些无力购买复印机的"潜在"个人消费者自然不被施乐放在眼里，而家庭用户的潜在市场巨大。

在企业客户和潜在个人用户都充满不满情绪的情况下，佳能深入调研了客户需求，发现了施乐的诸多不足，并制定了应对策略。

- 找出施乐的市场空白：要想从施乐手中分得复印机市场，就要反其道而行之，推出体积小、操作简单、无需专人维护、价格便宜的复印机。
- 与多家同行合作，共同生产上市，联合对抗施乐：虽然有了可行的产品，但佳能没有马上推向市场，而是去找其他厂商——东芝、美能达、理光等十来家日本企业结成了联盟，这些企业都从佳能那里购买生产许可证，大举向小型化复印机市场发起集体进攻。于是，施乐的对手从佳能一家变成了十几家，产品一上市就形成了强大的竞争力，施乐就很难对付了。

在佳能领导的企业联盟全力攻击下，施乐遭遇了全方位的挑战和严重挫折，从 1976 年到 1981 年，施乐在复印机市场的份额从 82% 直线下降到 35%。1985 年，施乐宣布不再续约复印机的维保合同，改为单次服务付费的模式，曾经辉煌的施乐复印机就此落幕。

这就是不关注市场需求、不关注客户需求和体验的结果[①]。

故事分享 2：以客户投诉为契机——风靡全球的超薄薯片

1853 年夏天，乔治在美国纽约一流的度假胜地萨拉托加当厨师。那里的月亮湖旅馆餐厅提供法式炸马铃薯条，乔治通常按照标准的法国尺寸制作。这种食品在 18 世纪风靡法国，当时托马斯·杰弗逊是美国驻法大使，他非常喜欢吃薯条，于是就把制作方法带到美国，并在蒙蒂塞洛把炸薯条当作一道正式晚宴菜肴招待客人。

一次，百万富翁范德比尔特前来就餐，他发现厨师乔治做的炸薯条太厚，因此拒绝结账。于是乔治又做了一些薄一点的，但同样不能让他满意。被激怒的乔治决定教训这位客人，他把薯条做得非常薄、非常脆，以至于叉子都插不起来。没想到的是，客人非常喜欢这种浅黄色、像纸一样薄的马铃薯片，其他客人也要求乔治为他们做这种薯片。从此，菜单上出现了萨拉托加薯片，并成为特色食品。

这就是炸薯片的诞生，它源于在一个刁蛮客户的不断投诉下，产品不得不进行持续改进，最终打造出精致产品的案例。

刁蛮客户是让产品走向极致的最好推手。

故事分享 3：以客户痛点为契机——定制化产品，让海尔冰箱独树一帜

一天，海尔公司收到哈尔滨一位消费者发来的电子邮件，邮件中描述了他住房的大小，提出要订购一台左开门、有特殊尺寸要求的冰箱。仅仅过了一个星期，按照他要求定制的海尔冰箱就搬进了他的家。这位消费者激动地说："我不过是抱着试试看的心态提出了要求，没想到海尔公司真的单独为我做了一台特殊的冰箱，真是太让我感动了！"这是海尔公司在生产经营中推行的新做法——定制冰箱。

[①] 克里斯坦森，雷纳.创新者的解答：颠覆式创新的增长秘诀[M].李瑜偲，林伟，郑欢，译.北京：中信出版社，2020.

海尔公司率先推出"我的冰箱我设计"活动,这是海尔公司由制造业向服务业转型的具体举措。该活动的宗旨是满足个性化需求,应对新经济时代的挑战。这对海尔公司的经营提出了更高的要求。其中,设计系统、模具制造系统、生产系统、配送系统、支付系统和服务系统等都比普通冰箱的要求高。比如,消费者看中了"金王子"的外观、"大王子"的容积、"欧洲型"的内置、"美国型"的线条,设计人员需要对其进行科学合理的搭配,模具要重新制作,生产线要重新调试,配送系统要送对型号,服务系统要清楚这种机型的配置,这是一项浩大且烦琐的工作。但海尔公司仅仅用了三四个月的时间就实现了定制冰箱的业务转型。

目前,海尔公司从市场细分以及个性化的角度出发,已经设计了数千种不同类型的冰箱产品,用以满足世界各地消费者的需求。如超大容积设计,满足了部分消费者"一日购物,六日休闲"的生活习惯;自动制冰、吧台等功能设计,为喜欢"红酒加冰块"的欧洲消费者增添了一份浪漫情调;容积庞大,却达到了 A+ 级能耗标准的省电功能,使澳大利亚客户不断追加订单;多路风冷设计,让地处热带荒漠、气候炎热干燥的中东国家消费者感受到无限凉爽。另外,根据国外消费者喜欢放长假出游的生活习惯,海尔公司还设计了具有"假日功能"的冰箱,只要用户在外出度假前将冰箱设置在"假日"档,冰箱内就不会因为长期密封而产生异味,耗电量也大大降低。针对农村市场,海尔公司还推出了洗菜的果蔬洗衣机,方便村民自家洗菜……

今天,个性化需求已经常态化,但对于大规模生产的企业来说,挑战是巨大的。海尔公司能够克服困难,针对不同客户群体定制家用电器,满足客户需求,不得不说,在普通消费者市场,它做得非常出色。

第五节 如何建立"以员工为本"的业务制度

人才是最宝贵的资源。

人才之所以是最宝贵的资源,是因为他们不仅是知识的载体,更是价值创造、创新的源泉。正如古人所言:"得人者得天下,失人者失天下。"人才具备的专业知识、技能与智慧,是推动社会进步和科技发展的核心力量。在现代社会,人才竞争已成为企业间竞争的关键,拥有了人才,就拥有赢得未来优势的可能。因此,重视人才、培养人才、用好人才,是任何企业都不可忽视的战略任务。

谷歌浏览器的核心代码是杰夫·迪恩一个人编写的，他让搜索引擎的速度提高了数百倍。

苹果的 macOS 操作系统是乔尼·艾维及其团队开发的，是目前最受欢迎的操作系统之一。

企业需要人才，俗话说"千军易得，一将难求"。对于企业来说，不仅需要"以一当百、以一当千"的将才，也需要"以一当十"的员工。

"以员工为本"，需要企业深度剖析员工的内在追求

员工是给企业创造价值、给客户创造价值的原动力。

企业良好的选育用留机制，对员工培养、员工成长和人才梯队建设有着积极的影响，对企业的长期可持续发展起着至关重要的作用。人才往往向能够实现个人追求的价值点方向聚集，而人们追求的价值点通常有两个。

第一，物质追求。这是几乎所有员工都在追求的目标，包括工资、奖金、股票、企业各项福利等。因为，所有员工都需要养家糊口，都希望在社会上获得好的发展和认可。

第二，个人价值追求。对于人才来说，他们希望通过平台展现自己的价值，实现自己的抱负和理想。对于有能力的员工来说，这种价值追求更加强烈。他们通常希望在本行业领域做出突出的贡献，能够展露才华，为企业、社会、国家创造更多的价值。

自古以来，明君招贤纳士，名士寻访明君，就好比"千里马"与"伯乐"，互相赏识，在价值观上互相认同，互相合作，实现各自的理想和抱负。"千里马"只有在"伯乐"的赏识和重用下，才能最大限度地发挥作用，实现个人价值最大化。

《战国策·燕策一》就记录了燕昭王求士和"千金买马骨"的故事。

燕昭王登上王位后，礼贤下士，用丰厚的聘礼招募贤才，想要依靠他们报齐国破燕杀父之仇。为此他去见郭隗先生，说："齐国乘人之危，攻破我们燕国，我深知燕国势单力薄，无力报复。然而，得到贤士与我共商国是，以雪先王之耻，是我的愿望。请问先生要报国家的大仇应该怎么办？"

郭隗先生回答说："成就帝业的国君以贤者为师，成就王业的国君以贤者为友，成就霸业的国君以贤者为臣，行将灭亡的国君以贤者为仆役。如果能够卑躬屈节地侍奉贤者，屈居下位接受教诲，那么超出自己才能百倍的人就会到来；

如果早些学习晚些休息，先去求教别人再默思，那么胜过自己才能十倍的人就会到来；如果别人怎么做，自己也跟着做，那么与自己才能相当的人就会到来；如果凭靠几案，挂着手杖，盛气凌人地指挥别人，那么供人驱使跑腿当差的人就会到来；如果放纵骄横，行为粗暴，吼叫骂人，大声呵斥，那么到来的只有奴隶和犯人了。这就是古往今来施行王道和招揽人才的方法。大王若是真想广泛选用国内的贤者，就应该亲自登门拜访，天下的贤人听说大王的这一举动，就一定会赶着来到燕国。"

燕昭王说："我应当拜访谁呢？"郭隗先生说道："我听说古时有一位国君想用千金求购千里马，可是三年也没有买到。宫中有个近侍请求前往，国君就派他去了。三个月后他买到了千里马，可惜马已经死了，但是，他仍然用五百金买了那匹马的头骨，回来向国君复命。国君大怒道：'我要的是活马，怎么用五百金买了一匹死马？'这个近侍回答说：'买死马尚且用五百金，更何况活马呢？天下人一定都以为大王您愿意买马，千里马很快就会有人送来。'结果不到一年，多匹千里马就到手了。如果现在大王真心想要招纳贤士，就请从任用我郭隗开始。我尚且被重用，更何况那些比我更有才能的人呢？他们难道还会认为千里的路程太遥远吗？"于是，燕昭王为郭隗建造房屋，并拜他为师。乐毅从魏国赶来，邹衍从齐国而来，剧辛也从赵国来了，人才争先恐后地聚集在燕国，燕国很快强大了起来。

燕昭王招贤纳士的故事，2000多年来一直是美谈。

企业也需要招贤纳士，需要建立"以员工为本"的管理制度，帮助员工实现他们的目标和追求，为企业创造最大的价值。"以员工为本"的管理制度如图3-19所示。

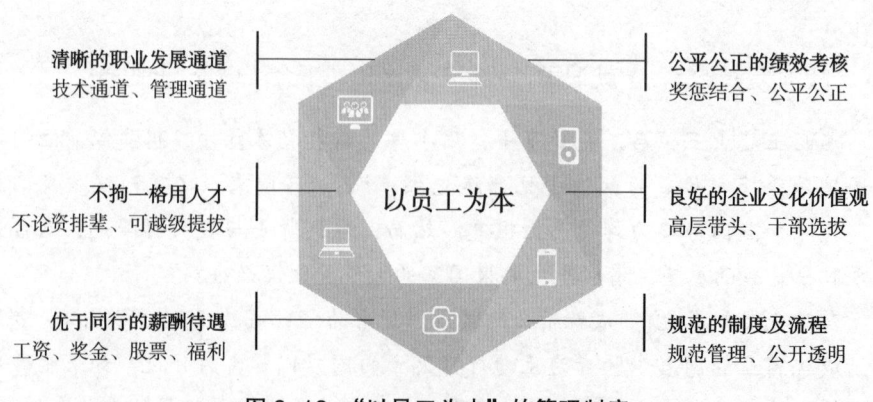

图 3-19 "以员工为本"的管理制度

"以员工为本",需要企业为员工提供清晰的发展通道

职业发展通道不仅能让员工看到未来,还能让他们看到通过个人努力所能达到的高度,这是有效提高员工积极性的重要保障。清晰的职业发展通道,方便员工找准自身的职业目标和定位,在职业发展方向上更有动力地投入工作。清晰的发展通道通常伴随一套系统化的培训和培养计划,帮助员工不断提升自己的业务能力,逐步成长为符合企业需求的职业化人才。同时,更容易让员工产生归属感和忠诚度,珍惜与企业的合作关系。

清晰的职业发展通道,可以吸引和留住人才。职业发展通道往往是人才最看重的企业价值点,不仅能使员工看到企业内部的晋升空间和机会,而且能体现"板凳要坐十年冷""烧不死的鸟是凤凰"的精神。员工因此更关注长远发展,降低离职意愿。这不仅极大地节省了企业招聘和培训成本,也为员工队伍的稳定性提供了保障。

清晰的职业发展通道,可以促进企业战略目标的实现。员工个人发展与企业的战略目标密切相关。当员工能够沿着清晰的发展通道不断成长时,他们的能力会不断提升并不断积累经验,在本职岗位上的价值创造也会持续提升,这有助于推动部门业务目标的实现,助力企业战略目标的达成。

清晰的职业发展通道通常有两种:技术专家通道和管理者通道。

技术专家范围很广,销售相关的技术专家有销售规划、市场及数据分析、客户关系管理、产品解决方案设计、销售项目运作管理、投标、商务谈判、渠道管理等;交付相关的技术专家有项目经理、交付方案设计、工程实施、交付质量管理、财务管理等;研发相关的技术专家有研发项目经理、版本需求管理、版本规划与设计、软硬件开发、产品测试、质量管理、文档资料管理等;采购相关的技术专家有采购专员、采购供应商管理等;人力资源相关的技术专家有招聘管理、考核管理、培训管理、员工关系管理、干部管理等。这些技术专家基于业务特点的不同,制定各产品类别下不同级别的技术职级标准,让员工基于自身特点和能力努力晋升。企业对于管理者发展通道的要求比较统一,个人品德、企业价值观的践行、聚焦工作、团队管理与员工成长、高绩效能力、全局观考虑业务、善于用人等优秀特点,都有可能使员工发展为管理者。优秀的管理者应该能够把握全局,能够在跨业务领域进行端到端思考,能够站在高处俯视业务的经营状况。

员工在持续努力进阶晋升的过程中,企业在岗位待遇、各种激励上需要及

时跟进，这既是认可员工的重要方式，也是职业发展通道真正价值的呈现。

"以员工为本"，需要企业建立优于同行的薪酬管理制度

成就员工要优先满足员工的物质追求。

通常，一家企业的基层员工重点关注物质追求，中基层干部重点关注物质和精神追求，高层干部重点关注精神追求。无论哪个行业，物质追求都是绝大部分员工共同的目标。因此，企业的薪酬管理需要与员工的能力、劳动态度、绩效成果相匹配。然而，由于我国在不同行业的薪酬差别较大，企业薪酬体系的设计，只需要优于同行且有竞争力即可，这样就能吸引行业内更多优质人才前来投奔，助力企业的长期可持续发展。

只有"以员工为本"，才能让企业全体员工奋发向上、共同努力，一步步让企业变得强大。华为公司就是典范，除基本的工资奖金制度外，华为公司还实施全员持股制的创新，让员工成为公司真正的主人，成为与公司利益紧密相连的命运共同体，这种制度极大地激发了员工的工作积极性，并使员工有强烈的归属感，为公司的长远发展提供了有力保障。每年公司的利润分红，让员工的收益大增，这在很大程度上吸引了更多优秀人才加入华为公司。这也是华为公司不上市的重要原因。任正非认为，公司的收益是全体员工共同努力得来的，应该分给努力工作的员工。正因为华为公司的岗位职级标准以及对应的薪酬体系非常清晰明确，所以全员会基于公司价值观导向到艰苦地区、市场空白区域去奋斗，华为人奋斗的身影无处不在。薪酬设计指导思路如图 3-20 所示。

薪酬设计原则	薪酬战略
• 公平性原则 • 竞争性原则 • 激励性原则 • 灵活性原则	• 薪酬战略目标 • 市场数据分析 • 薪酬结构标准 • 岗位职级标准
薪酬结构	薪酬与绩效挂钩
• 基本薪酬 • 绩效薪酬 • 福利补贴 • 股票期权	• 绩效目标 • 绩效评估 • 绩效反馈 • 薪酬调整

图 3-20 薪酬设计指导思路

一家运作成熟的企业，如果只跟员工谈未来发展、谈企业价值观，而没有给员工提供有竞争力、吸引力的薪酬，就很难让员工响应企业的号召（价值观），也很难吸引同行人才并留住人才，不利于企业的长远发展。

"以员工为本"，需要企业建立清晰的职级管理及晋升体系

在企业中，每个员工都有自身的特点：有的喜欢钻研技术，有的喜欢管理团队，有的喜欢做客户关系，有的喜欢业务支撑。基于员工自身的特点，职业发展通道通常可分为技术专家通道和管理者通道，员工可以在技术领域或管理领域找到自己的发展空间。

企业通常通过岗位职级定岗定薪，级别越高的员工待遇越好，其不足之处在于，评定员工岗位职级的标准较难制定。因为，规模中等的企业，可能会有几十个甚至上百个不同的业务岗位，在评定岗位职级时，拉通整体评定标准，可依据的要素往往有限，如绩效、工龄等通用员工数据，较难合理评定出结果，会有很大的主观性。因此，可以通过任职资格和岗位职级相关联的方式进行岗位职级评定，能极大地提高评定的公平性。

任职资格通常是基于业务岗位类别制定的，其标准涵盖专业能力、项目经验、绩效结果、业务知识等多项综合能力，这是系统性地评价员工在企业创造的价值。有了任职资格结果，再基于员工的长期绩效结果、个人能力、劳动态度等关键要素，更新员工的岗位职级，并匹配相应的薪酬待遇。通过这种方式，员工能基于任职资格标准和要求，积极提升自身的任职资格级别，持续不断地努力提升业务能力和绩效水平。其发展途径如下：

自身不断努力→提升任职资格等级→提升岗位职级→薪岗匹配。

任职资格是综合评价员工知识、经验、技能、绩效、素质与行为的总和，通常包括产品知识、业务知识、专项技能、项目经验、个人绩效、行业洞察等多方面，可以基于关键要素定制不同业务的岗位特点。任职资格标准示例如表3-7所示。

表 3-7 任职资格标准示例

标准维度	认证要素	说明
绩效贡献	责任结果（20%）	1. 必须是本人对本企业的贡献和能力而非团队的； 2. 需要举证贡献和能力； 3. 举证内容必须是近两年发生的； 4. 举证的项目原则上是已经成功完成、经过验证的
绩效贡献	专业回馈（25%）	
关键能力	专长（25%）	
关键能力	沟通与组织影响力（20%）	
关键能力	解决问题的复杂度（10%）	
业务知识	产品与业务知识、项目实践知识	通过任职管理平台考试
素质模型	价值观、合作精神、责任担当、服务意识	由直接主管评估确定

任职资格评定流程及要求如图 3-21 所示。

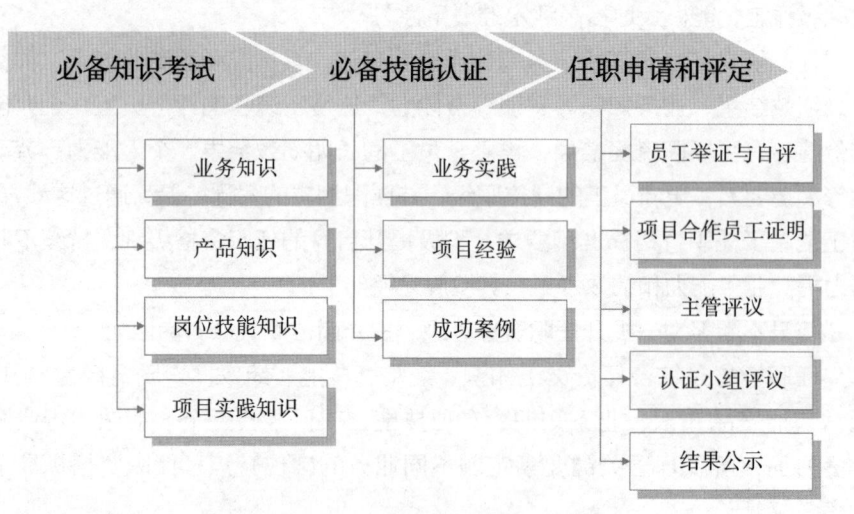

必备知识考试
- 业务知识
- 产品知识
- 岗位技能知识
- 项目实践知识

必备技能认证
- 业务实践
- 项目经验
- 成功案例

任职申请和评定
- 员工举证与自评
- 项目合作员工证明
- 主管评议
- 认证小组评议
- 结果公示

图 3-21 任职资格评定流程及要求

任职资格的标准和级别不建议分得太细，推荐 4~6 级较为适合，否则很多级别之间的差异不大，失去评定的意义。项目经理岗位的任职资格级别示例如表 3-8 所示。

表 3-8　项目经理岗位的任职资格级别示例

角色	级别	定义
基层业务员	一级	具有本专业的一些基本知识或单一领域的某些知识点，在适当指导下能够完成单项或局部的业务
基层业务员	二级	具有本专业基础、必要的知识和技能，这些知识和技能已经在工作中多次得以实践；在适当指导下，能够完成多项或复杂的业务，在例行情况下能够独立运作
骨干	三级	具有本专业某一领域全面的、良好的知识和技能，精通某一方面；能够独立、成功、熟练地完成本领域一个子系统的工作任务，并能有效指导他人工作
核心骨干	四级	精通本专业某一领域的知识和技能，熟悉其他领域的知识；能够指导本领域内的一个子系统有效地运行，对于子系统内复杂的、重大的问题，能够通过改革现有的程序、方法解决，熟悉其他子系统运作
专家	五级	精通本专业多个领域的知识和技能；能够准确把握本领域的发展趋势，指导整个体系的有效运作，能够指导本领域内重大、复杂问题的解决
资深专家	六级	能够洞悉本领域的发展方向，并提出具有战略性的指导思想

任职资格体系的建设，有助于企业对员工技能、专家队伍和人才梯队进行管理，对企业人才储备具有重要的支撑作用。同时，各领域任职资格标准要随着企业的发展不断更新和优化，为员工指明努力的方向。需要注意的是，在制定任职资格标准时，可以参考学历、工龄、资历等，但不能将其作为核心标准，否则很容易导致论资排辈现象，不利于有能力的员工获得晋升和提拔，滋生内部腐败，导致人才流失。

"以员工为本"，需要企业有清晰的价值观导向

企业的价值观是灵魂，必须传递到每个员工身上，让他们身体力行地践行，以此获得更好的发展。

"以客户为中心"是所有员工的工作准则。研发团队围绕客户需求制订产品开发规划；销售团队以客户需求制订客户化的解决方案；交付团队以客户合同进行高质量的契约化交付；支撑部门需要"以内部客户为中心"，组织和开展业务。

企业提倡艰苦奋斗，就是鼓励员工到市场空白区域（盐碱地）、艰苦地区去奋斗，到重大项目组、一线团队中去奋斗，这不仅是企业评定员工职级和绩效

的重要参考，也是员工待遇倾斜的方向、干部挖掘的源泉。这样可以让全体员工理解以下两点：

- ◇ 在机关等舒适的岗位和环境中工作，发展机会有限。
- ◇ 奔赴艰苦地区、市场一线，多参与重大项目、开拓市场和交付项目，发展和晋升的机会很大。

只有按照企业价值观导向努力工作，才能发展得更好。

很多企业还有鼓励创新、质量第一、诚信为本等价值观，要通过通俗易懂的方法引导员工朝着企业价值观导向努力、奋斗。企业的价值观导向和员工职业发展及成长必须保持一致，并做到公平公正地执行，才能真正激励员工在践行核心价值观的基础上努力奋斗。

"以员工为本"，需要企业不拘一格用人才

优秀人才是稀缺资源，必须有越级提拔的机制，让他们得到重用。

《吕氏春秋》中有个故事。

春秋时期第一名相管仲被齐桓公任命为相的时候，他却向齐桓公推荐了一些人："开荒种地，充分发挥地利，种植谷物，发展农业，我不如宁速，请让他当大田；迎接宾客，进退有序的朝班礼仪，我不如隰朋，请让他当大行；敢于触怒国君，忠心谏言，不畏权贵，不惧死亡，我不如东郭牙，请让他当大谏臣；作战时，能让战车整齐行进而不错乱，三军将士视死如归，我不如王子城父，请让他当大司马；断案恰当，秉公执法，不滥杀无辜，不冤枉好人，我不如弦章，请让他当大理。您如果想治国强兵，这五个人就足够了；您如果想成就霸王之业，那么有我在这里。"齐桓公说："好。"最终，在大家的共同努力下，齐桓公很快成就了霸业。像管仲这样优秀的人才，也会有很多方面的不足，但是善于识别人才、推荐人才，是他超出常人的一面。

三国时期的诸葛亮曾说："老子（《道德经》作者）善于养性，但不善于解救危难；商鞅善于法治，但不善于施行道德教化；苏秦、张仪善于游说，但不能靠他们缔结盟约；白起善于攻城略地，但不善于团结民众；伍子胥善于图谋敌国，但不善于保全自己的性命；尾生能守信，但不能应变；前秦方士王嘉善于知遇明主，但不能让他侍奉昏君；许子将善于评论别人的优劣好坏，但不能靠他笼络人才。"

企业要不拘一格用人才，用人之长，敢于越级提拔，充分发挥员工的优势，

让人才队伍变得强大，以全面提升组织绩效。

"以员工为本"，需要企业有清晰的干部发展机会机制

成为管理者是员工追求的目标之一，企业要有培养和发掘干部的土壤。

干部标准的制定，干部的选拔、任命和管理要更加严格，他们不仅影响一个团队、一个组织，更是企业的形象代言人，是企业全员学习的榜样。

企业除了创始人团队，其他各层级管理者都是从员工中提拔上来的，如何建立干部标准、选拔干部、培养和锻炼干部、任用干部和管理干部是企业管理的重中之重，同时给员工提供了晋升和发展空间，使其逐步成为企业的中流砥柱。干部发展流程如图3-22所示。

（1）明确干部选拔的标准：长期践行和传承企业文化、品德正直、项目实战经验丰富、绩效突出、业务等综合能力强等是干部选拔的重要因素，将军都是从战场上打出来的，干部不是坐在办公室就能成长起来的。

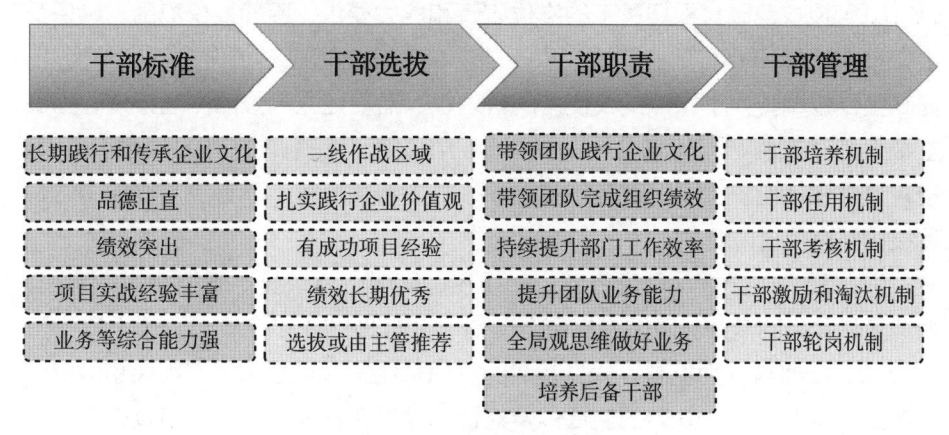

干部标准	干部选拔	干部职责	干部管理
长期践行和传承企业文化	一线作战区域	带领团队践行企业文化	干部培养机制
品德正直	扎实践行企业价值观	带领团队完成组织绩效	干部任用机制
绩效突出	有成功项目经验	持续提升部门工作效率	干部考核机制
项目实战经验丰富	绩效长期优秀	提升团队业务能力	干部激励和淘汰机制
业务等综合能力强	选拔或由主管推荐	全局观思维做好业务	干部轮岗机制
		培养后备干部	

图3-22　干部发展流程

（2）明确干部的职责：带领团队践行企业文化、完成组织绩效；通过流程和管理持续提升部门工作效率；提升团队业务能力；有全局观思维，对业务流程的上下游和内外部客户业务做好支撑，聚焦业务整体目标的实现；选拔优秀员工，建立后备干部梯队，让优秀干部流动起来，给更多员工提供成为干部的机会。在部门绩效上，干部可以基于部门业务建立部门业务平台和能力中心，如工具平台（各种模板、案例库、指导书等）、工作流程（在企业主流程的指导下，优化内部的工作子流程）、专家梯队建设（负责重大项目、主导工具平台建

设、培养专家后备梯队等）。

（3）明确干部的管理机制：明确干部的培养机制、任用机制、考核机制、激励和淘汰机制，让干部踏踏实实地做好本职工作，聚焦工作，防止不作为及腐败，切实为组织创造高绩效。

企业需要有明确选拔干部的标准，这样可以为所有员工提供公平竞争的机会，激发员工的积极性。同时，对选拔出的干部做任命前的公示，一方面，体现全员监督干部任命的公平性，如果存在问题可以及时进行反馈；另一方面，作为大家学习的榜样，让大家了解企业干部选拔的标准和导向。

"以员工为本"，需要企业建立授权机制

"以员工为本"的授权机制，核心在于信任和尊重每一位员工，相信他们有能力完成任务。为了提升员工工作效率，倡导通过授权激发员工的主动性和创新性，实现个人与组织的共同成长。

（1）授权范围：根据员工的岗位职责和能力要求，明确授权范围。确保员工在授权范围内拥有足够的决策权，能够快速响应和应对工作中的各种情况，提高工作效率。为了保障授权使用的合理性，需要建立高效的沟通渠道，为员工提供必要的资源和信息支持，确保他们在决策过程中有充分的依据和参考。授权通常包括投资授权、财务签批授权、员工考核授权、项目决策授权等，每种授权都有范围说明。

（2）权力（授权）与责任共担：授权的同时，要求员工承担相应的责任，形成责任共担的良好氛围。授权应合理使用，而非滥用。

（3）反馈与激励机制：建立及时的反馈机制，对员工的工作表现和取得的成果进行客观评价，并为他们提供针对性的建议和指导。同时，通过合理的激励机制，激发员工工作的积极性和创造力，促使员工在授权机制下，充分发挥自己的潜力。

在企业中，很多员工干着最苦、最累的活，但没有权力，出现问题后却要承担责任。这就是管理者不放权、把责任推卸给最基层员工的情况。权力与责任对等，充分授权不仅给予管理者权力，也给予员工责任。

"以员工为本"，需要企业建立员工考核及淘汰机制

淘汰不合格的员工，是激活团队最简单有效的方式之一。

考核，是要把部门的价值导向清晰化，对于不合格的员工，进行业务改善培训，多次不合格者进行淘汰。淘汰员工应基于其业务实际表现，而不是"一刀切"。

所谓淘汰机制，就是把机会留给努力奋斗的员工，而绩效差、态度差的员工要接受末位淘汰。

淘汰机制分为两种：干部淘汰、员工淘汰。

- ◇ 干部淘汰：对于考核不合格的管理者，优先推荐调离岗位到专家岗或员工岗；对于有严重问题的干部再考虑直接淘汰，毕竟他曾经是优秀的员工，企业应尽量给予其改过自新和自我提升的机会。
- ◇ 员工淘汰：基于绩效和工作态度进行综合评定，给予自我改进的观察期，依然无法满足岗位要求时，再进行淘汰。

淘汰机制是激活员工队伍最好的方式，只有让绩效长期低下、不努力的员工出局，才能激发员工队伍的活力。就像自然界的自然选择一样，物竞天择、适者生存，对于已经不适合在生物界生存的动植物，就要一步步淘汰出局，留下来的就是适合生存的物种，这是优胜劣汰的基本法则，既合理又残酷。

合理的员工淘汰制度可以保证企业正常的人员流动，属于企业的日常工作，具有公平公正、公开透明等特点，比较容易被员工接受。然而，有很多企业喜欢裁员"一刀切"，导致大批员工同时被裁。这往往对很多员工不公平，容易导致全员恐慌，也会给社会带来一定的负面影响。

除了前文介绍的"以员工为本"的业务制度，还需要建立多元化的激励机制，如薪酬激励、绩效激励、项目激励、晋升激励、各种荣誉激励等，这也是"以员工为本"的重要内容。

只要以企业的核心价值观为导向，持续为企业创造高绩效，就是优秀的员工。不能用简单的黑与白、是与非来评判员工，否则会使组织和个人变得狭隘，这也是中庸之道的灵魂所在。

第六节　建立企业良好的生态圈

企业与合作伙伴共同打造良好的生态圈，需要几十年如一日地坚持。打造良好生态圈的总体思路是：

- ◇ 与利益相关者良好合作：企业与客户、员工、股东、上下游供应商及合作伙伴、社会、政府等都需要有良好的合作，实现互惠共赢。

- 与合作伙伴优势互补：在生态圈内，企业利用各自专业优势，分工协作，合作共赢。千万不要有自己搞定全产业链、一家独大的思维，因为一家企业很难做到产业链的每个关键模块都是行业领先。
- 与合作伙伴利益分享，合作共赢：如果企业是生态圈的关键链条，在合作时要把部分利益分享给合作伙伴，让大家都能从中受益并持续经营，他们才会愿意与你长期合作，才能让整个生态圈保持良性循环。

企业如何与客户建立良好的生态圈

- 充分了解客户痛点和需求，制订相应的产品和服务解决方案，覆盖产品与服务的全生命周期，从合同签订到工程交付、运营维护、产品退市等都有系统性保障。
- 建立标准化运作流程、及时响应客户需求的运作机制，快速实现客户需求的作业平台，让"以客户为中心"落到实处。
- 建立良好的客户关系支持营销与合作；建立完善的售后服务体系，及时解决客户问题，切实保障客户权益。
- 给客户提供优异的产品和服务，确保客户满意。
- 与客户共同成长，共同探索客户未来发展战略，通过"头脑风暴"、行业痛点分析、技术发展趋势研讨、客户业务痛点分析研讨等模式，探索客户行业未来的发展趋势，制定发展战略，并以此作为企业产品开发的战略基础，这是和客户建立命运共同体的有效方式（投入较大，建议与战略客户共同探索）。

企业如何与员工建立良好的生态圈

- 了解员工的需求与期望，建立员工职业发展通道、完善的岗位职级与薪酬福利管理体系。
- 营造积极的学习氛围，通过培训、项目锻炼、知识平台、任职资格管理等多种方式鼓励员工学习和成长。
- 给员工提供健康、安全、舒适的工作环境，不雇用未满法定工作年龄的人。
- 树立适合企业发展并得到员工认可的企业文化价值观，能够让员工在践行文化价值观的基础上不断为企业创造价值。

- ✧ 营造公平公正、开放包容的氛围，公平对待绩效评估、职级评定、员工晋升，让员工有安全感、归属感和荣誉感。
- ✧ 建立员工激励机制，鼓励创新、鼓励发展、鼓励为企业创造最大价值。
- ✧ 企业与员工建立命运共同体，共生共赢。

企业如何与合作伙伴和谐共处，保证产业链上下游共生共赢

- ✧ 基于企业战略定位，明确合作伙伴的标准；基于企业与合作伙伴之间的专业能力，实现优势互补，支撑企业战略目标的实现。
- ✧ 制定合作框架，明确双方的合作内容、目标、责任和相关权益，确保双方利益都有保障，以此建立信任关系。
- ✧ 明确合作的产品及服务标准，包括企业资质认证、产品资质认证、服务资质认证等，这些标准可以是企业自身认证或通过第三方认证机构认证，是双方合作的基准。
- ✧ 合作采购价格应合理，企业不能一味地压低合作伙伴价格，需要让供应商保证一定的利润空间，用以维持长期合作的基础，避免出现低质高价的合作。
- ✧ 建立信息共享平台，促进双方的沟通和交流，解决合作中的问题和分歧，确保合作的顺利进行。
- ✧ 建立合作伙伴管理机制，包括合作评估、奖惩机制等，确保合作伙伴持续提供优质的产品与服务。

欧洲高端运营商有个"潜规则"，就是在采购设备时，如果供应商的价格明显低于市场价格，高端运营商就会让其直接出局。原因是，如此低价中标，很难保证产品和服务的质量，在后期启动供货交付后，供应商往往会通过各种手段进行加价，使项目进度严重滞后，合同变更频繁且谈判工作量巨大。最终，企业很有可能重新招标更换供应商，这对双方的时间、物力、财力都是巨大损失，还不如一步到位，选择产品和服务质量有保障且价格合理的供应商。这就是欧洲高端运营商愿意和供应商建立良好生态圈的原因。

企业如何与社会建立良好的生态圈（社会责任）

企业与社会相互依存、相互支撑。若企业仅关注自身发展而忽视社会影响，后果将十分严重。

- ◇ 企业的产品和服务应当给社会和全民带来益处，而且是健康安全的。
- ◇ 企业所有生产活动，必须符合国家环保要求，尤其废气、废水、废渣的环保处理都符合国家标准，不给社会带来危害。企业需要保证不破坏自然环境、城市生态，不违背社会道德。
- ◇ 企业要建立良性的竞争机制、公平诚信的价值观，推动市场的健康发展、人才的合理流动、社会的进步。
- ◇ 在地方遭遇重大自然灾害，如地震、海啸、洪水等不可抗力发生时，交通部门、自来水公司、电力公司、燃气公司、通信公司、快递公司、物流公司、菜篮子公司等通常会作为民生的基本保障，提供救灾服务。企业也需要根据自身产品的特点，提供相应的救援服务，与国家共渡难关。

企业是社会的一分子，也是推动社会发展的动力，与社会建立良好的生态圈是共生共存的基本要求。汶川大地震发生后，全国大中小企业都伸出援手，与汶川人民共渡难关：抢修道路，保障救灾车辆顺畅进入灾区；抢修基站，保障救灾期间的沟通交流；抢修电力，保障供电系统的运营；提供救援车辆，及时转移遇险群众；提供帐篷，临时搭建防震和休息场所；提供水、食品、衣物等物资。这就展现了企业的社会责任，它们作为社会的成员，在国家遇到危难时，根据自身产品的特点，力所能及地提供援助。

良好的生态圈对企业长期发展有着不可估量的作用。其中，最大的优势是实现资源共享与优势互补，让企业间通过共享资源、技术和知识，提高整个生态圈的创新能力和竞争力。同时，企业可以通过合作创新，共同开发新产品、新技术和新服务，满足市场需求，进一步推动产业发展，实现产业升级。当面临外部风险时，生态圈内的企业可以相互支持、共同应对。这些在建立品牌、提升知名度和影响力、优化产业布局、提升产业层次、促进产业融合等方面，为企业带来的价值是巨大的。

第七节 "法"的小结

"法治"管理是打造强大企业的基石。

国不可一日无法，企业不可一日无制度。企业管理制度是企业内部管理规则，是企业内部的"法律"。一套清晰的管理制度，可以让全员各司其职，按章办事，规范员工的工作行为，保障业务的正常运营，让企业的经营管理规范化、标准化。企业的规章制度有利于提高员工的工作效率，便于部门、员工、上下级之间的沟通与协作，减少内耗；同时，便于企业监管，对于制度中存在的问题，可以通过员工反馈、例行审计、财务分析等途径推动优化与完善。良好的制度需要公平公正地执行，这样更容易激励全体员工奋勇向前，吸引更多优秀人才加盟企业。

没有清晰的企业管理制度、业务管理制度、执行监管制度，企业将处于一个混沌的状态，优秀人才被埋没，全员浑水摸鱼，企业管理漏洞百出，这样很容易使企业走下坡路。作为一个营利性组织，企业需要全员共同努力实现目标和创收，需要"法治"管理激励贡献卓著的员工，惩戒不达标的员工，让全体员工拧成一股绳，朝着共同的目标奋进。关于"法治"管理的总结如下：

- 制度必须合法规范：必须规范管理企业的经营活动，符合国家和当地的法律法规，以及行业规范；标准化、规范化业务活动，最大限度地提升工作质量和工作效率，为企业创造价值。
- 制度建设要围绕核心价值观：企业文化价值观是企业长期发展的密钥，良好的制度必须围绕企业的价值观导向进行设定，如"以客户为中心""以员工为本"、苦练内功的工匠精神、质量体系、内控管理等。
- 制度建设要促进企业盈利：企业是营利性组织，只有盈利才能可持续发展，必须通过管理制度、业务制度保障企业的盈利能力。
- 制度执行必须公平公正：考核评定、职级评定、干部评选，以及对优秀团队、优秀员工、优秀部门的嘉奖，对违规项目、违规操作的团体或个人处罚都要公开透明，这样才能真正树立制度的威严，增强员工的安全感、归属感和荣誉感。

良好的企业制度是保障企业稳健发展的根本，助力企业良好运营并建立良好的企业生态体系，不仅对企业的长远发展有着重要的支撑作用，而且对社会的和谐稳定以及经济的健康发展具有重要的推动作用。

法治企业并非事事都要严格"执法"，这样容易让员工人人自危、无心工作，而是应采用儒法并治的模式。

在企业管理较为混乱的时候，需要严格执法，能够树立企业威信；在企业稳定发展时期，需要以正向引导为主，适度惩罚，才能更好地让员工聚焦工作。这种"儒法并治"的管理能取得更好的效果，也是我国"中庸之道"的精髓。秦朝的严苛执法虽然让秦国强大，但百姓只要稍稍触犯法律，就会被砍断手脚、割鼻削耳，甚至斩首。全国百姓长期处于恐慌中，很难让国家长期稳定发展。

当然，企业的管理制度，也需要防止过度管理。部门各种例会过多，遇到业务问题整天分析讨论，制订各种解决方案，却无人决策，这是会议效率低下的主要原因。也有相当多的管理者喜欢做报表和PPT，喜欢向各层级领导汇报，不停地折腾下属；或者业务流程过长，管控点过多，一个简单的事情需要很多人签字确认等，都会增加内耗。企业的管理制度是基于企业规模、业务特点设定的，以简单实用为主，否则会出现2人干活、10人监管的过度管理场景，导致业务运作效率越来越低。

法治管理能让员工聚焦业务，持续为企业和客户创造价值。

法治管理能持续激励员工，使其不断努力、奋进向上。

法治管理能杜绝管理者不作为、内部腐败、滥用权力。

法治管理能打造良好的产业生态圈，让企业持续发展。

法治管理需结合"儒法并治"，体现"中庸之道"的精髓。

第四章

术

第四章 | 术

第一节 何谓"术"

"术"在《说文解字》中的解释是"都邑中的道路"。"术"在《墨子·旗帜》中的解释是:"巷术周道者,必为之门。门二人守之,非有信符,勿行。"

"术"泛指技术、办法、策略、法令、学说、学习等,在企业中可以引申为让管理制度落地、运作实施的方法。

《韩非子·定法》:"术者,因任而授官,循名而责实,操杀生之柄,课群臣之能者也,此人主之所执也。"《韩非子·难三》:"术者,藏之于胸中,以偶众端,而潜御群臣者也。"

韩非子所说的"术"是具有隐蔽性的,是驾驭群臣的方法,在企业中引申为一种自动自发的运作管理机制,是用于管理员工和业务的方法。自动自发机制的核心就是把业务活动规范化、标准化,活动之间的衔接流程化、程序化,让员工在工作时"自然而然"地按照流程及业务要求进行工作,同时在流程中设置管控要求,保证各项关键活动完成的质量,最终实现业务的高效运作与管理。针对关键活动需要明确业务岗位、角色、职责、授权、考核等要素,让法治管理基于标准化的运作机制"自动运行",无需主管过多干涉。当然,这些工作需要 IT 系统的支撑,才能真正实现高效运营。"无为而治"的管理模式不仅能把业务从普通做到优秀,还能通过管理和稽查进行持续不断的改善,让"无为而治"的管理越来越高效。

"术"的概念可解读为:①"术"是用于制度推行、业务运作、员工管理的方法和手段,让全员在符合制度规定要求的前提下,自动融入业务活动,并能进行相应的考核和管理;②"术"是业务规则,帮助企业运营管理,把各项制度落实到业务中,通过标准化、规范化、流程化的运营管理,实现"无为而治"的管理目标;③"术"要有很强的可操作性,便于员工学习和执行。

一个有效管理的企业应该是平淡无奇的。真正管理好的企业,外部看起来是风平浪静的。因为每个人、每个部门都知道流程该如何往下走，内部和外部的循环是良性互动的机制。相反，那些每天看起来如火如荼、热闹非凡的企业，往往目标远大、缺执行力、随意性太强。流程化组织的目的是"让平凡的人做出不平凡的事"。

"术"的核心就是建立自动自发的业务运作机制，实现基于标准化、规范化、流程化、程序化的运作，让员工知道什么阶段该做什么工作，并且只有在业务活动之间的衔接通过管控程序后，才能进入下一个环节。这既防止了主管干预业务的正常运作，也防止了主管滥用权力。由于所有流程（包括跨部门运作）都有清晰的"管控记录"，为业务回溯、内控审计提供了充分的数据支撑。

第二节 企业管理之"术"的核心价值是什么

"术"的核心目标是用"法治"取代"人治"

企业管理中的"人治"行为，是较为常见的方式，即主管不是基于企业的规章制度、业务制度，而是基于个人的喜好进行管理，往往伴随着很多负面效应。较为常见的现象有：员工工作由主管统一安排、监控和考核；员工工作方式必须符合主管的要求，包括强制加班、强制汇报等；经常需要参加大量"非必要"的会议，如沟通会、研讨会、对标会、协调会、推动会、回溯会等，这些现象很容易导致诸多不良后果。

不过，在传统企业中"人治"企业是可以正常运作的，在部门小、业务简单，跨部门之间的事务不复杂，以及比较容易协同的情况下是可行的，然而，对于中、大型企业来说，"人治"会带来很多问题。传统企业管理模式的不足如图4-1所示。

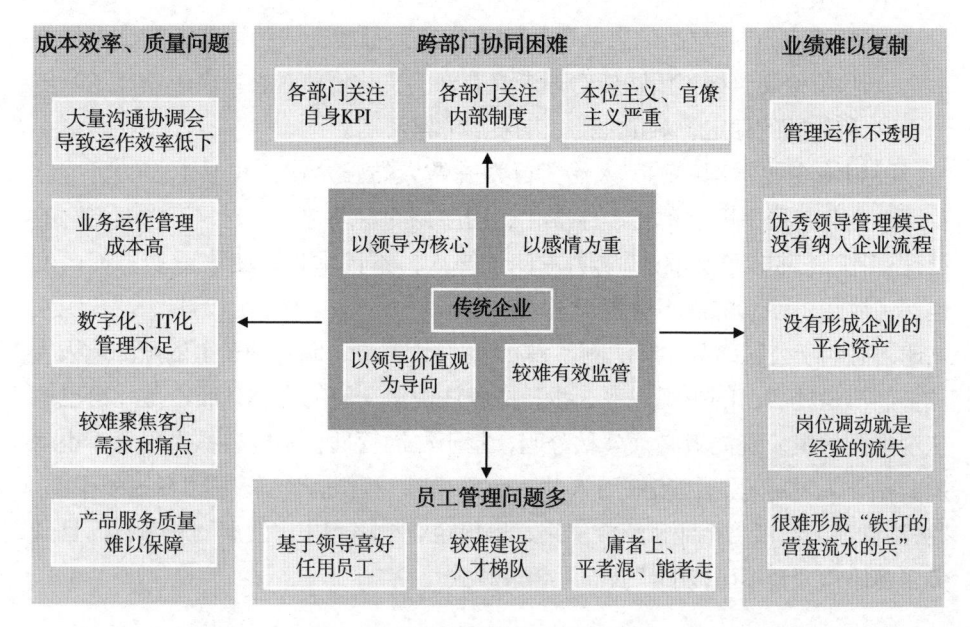

图 4-1 传统企业管理模式的不足

传统企业的管理模式很容易导致以管理者为中心，而不是以客户为中心的管理理念。相较于优秀的管理者，对于普通管理者或者还在实习锻炼的管理者来说，他们很难带领团队创造高绩效。传统企业管理模式的不足之处主要体现在以下方面：

- 以管理者为核心：管理者的个人业务能力、战略规划能力、关键决策能力往往起决定性作用。管理者，尤其是资深管理者，在对业务不熟悉，对新兴技术、新兴产业、客户新需求等并不了解的情况下做出决策时，会对企业的业务产生重大影响，增大企业的经营风险。

- 以感情为重：管理者在部门有极大的影响力，他们往往会基于个人关系及人情进行业务管理和决策，缺乏客观性和公正性，影响团队的健康发展，留不住员工，往往导致庸者上、平者混、能者走。

- 业绩难以复制：好的业绩是通过管理者个人能力获得的，没有纳入业务规范管理、程序化运作的流程，企业的成功依赖于管理者及其做出的决策，一旦管理者调离岗位或离职，其业绩难以复制。

- 难以有效监管：在"人治"的企业中，由于管理和决策过程高度依赖个人的判断，在管理及决策过程中也不透明，难以进行有效的监管。这种缺乏监督的状态可能导致权力滥用、决策失误等。内部腐败、裙带关系、不作为、无过即为功等现象就会滋生。

✧ 无固定企业文化:"人治"的企业在很大程度上依赖管理者的个人风格和价值观,如果团队新管理者又有新的文化价值观,就会影响员工队伍和业绩的稳定,对企业的长期发展非常不利。

要根治企业管理中的"人治"行为并做大做强企业,实现企业的可持续发展,企业就要采取规范化、标准化、程序化的管理方式,走"无为而治"的管理道路。《韩非子》说:"故明主使法择人,不自举也;使法量功,不自度也。""故明主使其群臣不游意于法之外,不为惠于法之内,动无非法。""明主之道,必明于公私之分,明法制,去私恩。"大意是:明智的君主依照法选拔人才,而不是凭自己的主观好恶选拔;依照法衡量功劳的大小,而不是凭自己的主观推测估量。统治者必须公私分明,基于法治管理,不能有私人恩怨。也就是要基于人才标准选拔和任用人才,而不是基于管理者的喜好随意提拔干部。"法治管理"不仅将企业家解放出来,聚焦企业战略和未来发展的思考,而且避免了各级管理者不可控的"人治"管理模式。

"术"的核心运作模式是建立流程型企业,让业务自动自发地运作

企业部门越来越多,企业的管理制度、各部门的业务制度、部门之间的协作就会变得越来越复杂。流程型企业可以实现业务像流水线一样标准化运作,有效提升团队协作能力、提高运作效率和产品及服务质量、降低内部成本,这就是"无为而治"的运作模式。

流程就是一个组织共同为顾客创造价值的相互关联的活动进程,从根本上说,就是我们组织价值创造的机制①。

——迈克尔·哈默

企业管理的目标就是使业务管理流程化(见图4-2),是企业管理的核心,因为流程是用金钱和教训换来的优秀实践,是帮助企业持续经营和发展的核心资产,具有三大核心价值。

①流程化管理可以确保企业的核心价值观和目标真正落实到可操作、可监控、可管理的层面。

②未来的竞争就是管理的竞争,流程化的管理是持续提升企业运作效率、

---

① 哈默,钱匹.企业再造[M].小草,译.南昌:江西人民出版社,2019.

降低内部运作成本、提升企业竞争优势的最佳方法。

③流程化管理是实现"无为而治"最有效的方式。

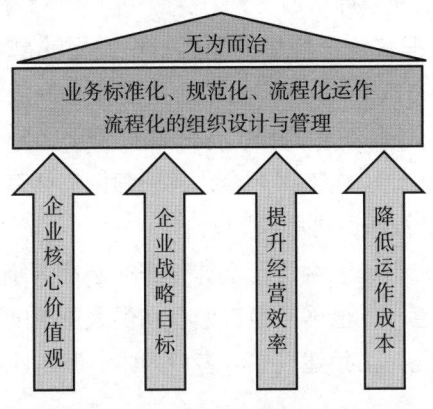

图 4-2　业务管理的流程化

一家优秀的企业，虽然看不到异常忙碌的景象，但从高层到基层都是基于工作职责和岗位要求规范地工作，这种"和谐"的景象往往是企业高效率运作的结果。

亚当·斯密在《国富论》第一篇中讲述了一个利用劳动分工让工作效率大幅提升的故事。

一个制针工人，即使尽最大的努力，一天能够独立制造出的针也不会超过20根。如果把制造一根针分成不同的工序，每道工序由不同的人担任，比如，第一个人负责抽丝，第二个人负责拉直，第三个人负责切断，第四个人负责削尖……那么一个制针厂雇用10个人，一天就能制造出48000根针，相当于每人每天能制造出4800根针，是原来的240倍。作者亚当·斯密对劳动分工效率高的原因做了解读，这也是当今社会各企业分工越来越细，企业内部随着规模扩大分工同样越来越细的主要原因。

- ◇ 在细分领域劳动者更容易掌握业务活动技巧。
- ◇ 免除了由一种工序活动转到另一种工序活动带来的时间损失。（复杂程度高的工作，会有很多工序活动，在各活动之间的衔接会耗费大量的时间）
- ◇ 分工让局部的工序活动更容易提升效率。（开发一个端到端的工序活动，全面提升各个环节的效率通常是非常难的，但是提升局部工序的效率要容易得多）

通过流水线分工作业，每个工人只需要把其中一个环节做好，保证这个环节质量和效率的最大化，不仅能让整个团队的绩效得到极大提升，而且整体的品质会有质的飞跃。只有产品生产全流程的每个环节都做到极致，才能打造出极致的产品，这就是工匠精神。

设计企业业务流程有一个简单的逻辑——流程就是业务，是业务运作逻辑和运作模式的呈现方式。"以客户为中心"的核心价值观，实际上就是建立"以客户为中心"的业务制度和流程，这同流程管理大师迈克尔·哈默、托马斯·达文波特的流程再造思路不谋而合，他们强调需要基于客户需求、市场环境、竞争环境变化设计流程，主要原因如下：

①市场经济是买方市场的经济，全球化产业必须围绕客户。现在，几乎所有的行业面临全球化生产，全球各地普遍存在供大于求的现象，是买方市场占据主导权的时代。因此，必须建立"以客户为中心"的流程，而不是以厂商为主导的流程。

②企业间的竞争已经演变为全产业链的竞争。以前，只要企业产品或服务质量具有竞争优势，就能获得市场，但现在，市场竞争越来越激烈，产品的功能特性、供应物流的速度、工程实施的质量、售后服务、价格，甚至能否帮助客户节省空间、省电，是否绿色环保，数据是否安全，外观是否优美等，都可能是竞争中的关键要素。

③市场变幻莫测，企业需要建立快速响应市场的机制。进入21世纪，环境的变化完全可以用日新月异来形容，技术更新飞速、网络超级发达、信息传播快、劳动者学历和能力提高、各行各业的创新层出不穷，所谓的工业4.0时代已经到来。市场变化、客户需求变化、产品技术变化、竞争对手变化、行业趋势变化都是飞速的，长期忠实的客户已很难存在，稍不留神，客户就可能流向竞争对手。

要想快速应对不确定的市场、不确定的客户、不确定的未来，必须有一套能够快速响应客户需求和市场需求的流程，必须建立以客户和市场为中心的业务运作机制，才能在竞争激烈的市场环境中立于不败之地。

"无为而治"的一个核心理念就是，管理者的权力和责任是对等的，员工的职责和授权也是对等的，给员工赋予职责和目标的同时，一定要把匹配的权力下放到位，才能让员工充分发挥能动性，为实现目标最大化地发挥能力。此外，这些权力和职责要放到业务制度和流程中，无论谁负责这个岗位，都会有一定的业务授权，确保其在职责范围内做好本职工作，最大化地为部门创造价值，实现"铁打的营盘"。否则，只有责任但没有授权的岗位，在实际业务运作中会遇到各种阻力，很难顺畅地开展业务。

我们在流程运营中关注的核心有以下四点：
- ◇ 对客户，"以客户为中心"。解决客户的痛点、满足客户的需求、助力客户成功是业务的最终目标。
- ◇ 对企业，"围绕企业创造价值"。确保业务运作和企业战略的一致性，持续为企业创造价值是企业持续发展的需要。
- ◇ 对业务，"持续提升运营效率"。建立顺畅的业务流程，持续提高运作效率、降低内部运作成本是提高市场竞争力的必要手段。
- ◇ 对员工，"标准化、规范化的工作模式"。使其快速上岗并规范化实施业务活动，实现高效的工作模式是激活团队最快的方式之一。

（1）流程化的经营管理，最核心的价值就是提高工作效率。让业务活动标准化、规范化、流程化，不仅可以明确每个关键活动的角色、职责和权限，还能具体规定任务活动的内容和质量要求，减少工作中的重复劳动和不必要的沟通成本，有效提高工作效率。

（2）流程化的经营管理，有助于企业更合理地配置资源。在明确定义流程活动、角色、职责、工作要求及质量标准等之后，对于各个环节的工作内容和工作量可以有较为准确的评估，可以更加合理地安排资源提高利用效率，降低内部运营的成本。

（3）流程化的经营管理，让管理控制更加透明。流程化运营使企业的评审、决策等管控过程更加透明化。对于质量管控、业务管控、决策管控点的管理，以及标准化的流程规范使专家团队、质量管理团队、决策管理团队能够更准确地把握业务运营状况和市场动态，从而进行更加合理的管理和决策；同时，能够让员工更好地理解企业的战略目标和发展方向，形成共同的价值观和行动准则。这些管控活动会被记录下来，对后续问题回溯、业务改进有着重要的数据支撑作用。

（4）流程化的经营管理，需要内控审计的监管。"无为而治"的管理也不是彻底放手，为了防止业务流程化运营过程中出现钻空子、混日子、糊弄业务的情况，业务稽查、内控审计是非常必要的。这不仅能促进大家规范化经营业务，提高工作效率和质量，也能对审计过程中优秀的部门或个人给予奖励；发现有业务问题的地方，尽快推动流程优化并改善业务，让业务持续处于比较理想的运营状态。

（5）流程化的经营管理，有利于增强员工的归属感。"无为而治"的管理方式是人性化的管理方式，也是基于业务流程活动"自动自发"运作的方式。在业务活动节点的岗位工作中，只要按时保证质量地输出，就能获得部门认可，增强员工的归属感和忠诚度，更易于激发个人能动性，创造更多高绩效的工作方式，为组织和企业贡献自己的力量。

（6）流程化的经营管理，有利于激发员工的创新。"无为而治"的管理方式鼓励员工自主决策（在授权范围内），给予员工更大的发挥空间和自由度，从而激发员工的解决方案创新、商务模式创新、工作方法创新等，使员工更愿意主动尝试用新方法解决问题，提升工作效率。

（7）流程化的经营管理，核心是促进企业长期稳定发展。"无为而治"的管理方式注重长远规划和战略发展，让全体员工采用标准规范的工作方式，避免短视、急功近利，甚至损害客户利益的做法，从而使企业更加稳定和可持续发展，更好地应对市场变化和竞争压力。

第三节　如何设计业务流程

流程是业务最佳实践的总结。

流程源于业务，为业务服务。企业的业务必须围绕价值实现，聚焦客户、聚焦市场，只有这样的业务流程才能真正为企业创造价值。

流程各"关键环节"必须符合该环节对应职能部门的业务要求。通常一个端到端的流程都是跨部门的，只有这样才能让各个职能部门之间做好衔接，但对于流程中的关键活动，往往由单个职能部门承接，该职能部门会对这个关键活动有对应本部门的业务要求，确保这些环节质量达标，最终保证全流程各阶段的质量达标。

流程不是宽泛、抽象的概念，流程必须能够落地可执行，让流程线上的员工有清晰的职责，只有这样，才能让流程在业务中得以运作下去。

流程可以使普通员工也能高效率地从事业务活动。如果没有流程，全员就会各自为政，每个人都在探索如何能够更好地完成业务目标，全员都在"浪费时间、精力、金钱"，重复"老前辈"可能犯过的错误。

端到端的流程通常有四个要求：

◇ 流程必须围绕客户：流程不是以管控目的为导向，而是以客户、市场为导向，是为企业创造价值。

◇ 流程要有明确的目标：流程是业务目标导向，不是单个任务导向。流程是完成一个整体目标，而不是完成期间的某个任务。

◇ 流程需要横向拉通：流程不是分散割裂的，职能部门之间良好合作才能顺利完成流程的目标。
- ✧ 流程实现整体最优：流程是全局最优，不是局部最优。流程的核心是整体目标，不是某个职能部门的局部目标。

流程管理体系的建设思路

企业流程化管理，需要建设流程管理体系，通常包括四个阶段：流程规划设计、流程开发建设、流程全面推行、流程运营管理（见图4-3）。

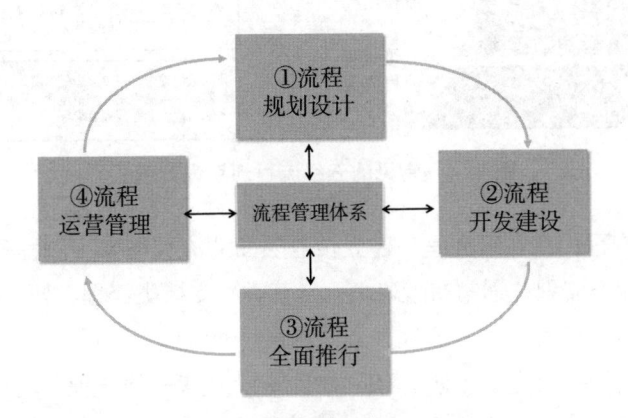

图 4-3　流程管理体系的建设

①流程规划设计：需要基于业务的目标以及如何实现这个目标进行流程设计，包括流程需求管理、流程版本管理、流程规划设计等。

②流程开发建设：通过流程需求分析、流程方案设计、流程文件开发、流程集成验证、流程试点验证，系统性地保证流程开发建设的质量。

③流程全面推行：在流程推行期间，需要进行组织适配、人员适配、岗位适配、培训赋能、推行试点、全面应用。

④流程运营管理：包括流程的分级授权管理、过程质量管理、流程成熟度评估、流程运营绩效管理、内控管理等。

流程管理不是孤立的，而是需要从企业层级进行规划设计、开发与建设、运营与维护的体系化管理。

对于企业来说，首先要确定核心业务流程，再基于核心业务流程，一步步确认流程组、子流程（流程场景）、流程活动、流程任务等，比如，"以客户为中心"的销售流程、研发流程、客户服务流程等。此外，每个主流程都由多个子流程（流程场景）组成。

常见的五级流程规划设计模式如图 4-4 所示。

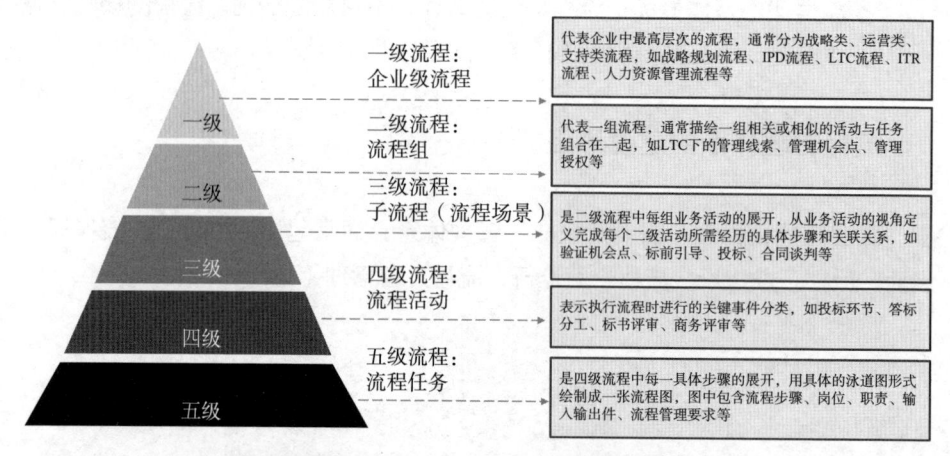

图 4-4　常见的五级流程规划设计模式

①一级流程：企业级流程，建立企业层面的流程框架和流程分类，是企业一级部门的业务流程，通常有战略类、运营类、支持类流程，如战略规划流程、IPD 流程、LTC 流程、ITR 流程、人力资源管理流程等。

②二级流程：流程组（通常跨职能部门），代表一组流程，通常描绘一组相关或相似的活动与任务组合在一起，如 LTC 流程下的管理线索、管理机会点、管理授权等。

③三级流程：子流程（通常是单个职能部门内部的流程），是二级流程中每组业务活动的展开，从业务活动的视角定义完成每个二级活动所需经历的具体步骤和关联关系，如验证机会点、标前引导、投标、合同谈判等。

④四级流程：流程活动（职能部门内部的工作分解），表示执行流程时的关键事件分类，如投标子环节、投标分工、投标书评审、商务评审等。

⑤五级流程：流程任务（职能部门内部岗位职责要求），是四级流程中每一具体步骤的展开，用具体的泳道图形式绘制成流程图，图中包含流程步骤、岗位、职责、输入输出件、流程管理要求等。

通常来说，企业设计主流程框架，各个职能部门基于各自的业务特点设计各自的子流程，跨部门工作之间的衔接需要有质量管控点，以保证端到端的业务流程高效运营。

通过这样的流程设计，业务全部放到流程上运作，各职能部门、各岗位员工基于流程要求做好本职工作即可。

企业员工就是流程中的一颗"螺丝钉"。每颗"螺丝钉"都有清晰的工作标准要求、规范以及考核评价标准。每项业务活动都有上游和下游的衔接、工作内容的输入和输出，以及质量管控要求，让整个业务流程得以顺畅地运作。基于员工在流程中的岗位职责、完成工作的绩效进行评估。

这样就能很好地支撑全业务流程的顺利运作，为企业在面对外部或内部客户时输出高质量的产品，进而签订高质量的合同，提供高质量的工程交付和售后服务，让企业整体运营处于良性状态。

流程开发考虑的关键点如表 4-1 所示。

表 4-1　流程开发考虑的关键点

流程开发考虑的关键点	解决思路和示例
流程的责任人	通常为这个业务最高级别的负责人 对于企业来说，通常有一级流程、二级流程、三级流程……不同层级的主管对应各级别流程，职能部门主管对应三级子流程（职能部门业务流程）
流程的适用范围	需要说明在哪种业务场景中需要使用该流程，如销售拓展、产品研发、项目交付、生产采购、人员招聘、出差管理等
流程的目标是什么	流程的目标是在围绕客户需求（含内部客户）的基础上，解决客户痛点和创造价值，给企业创造收入 以销售为例：销售流程需要针对客户痛点和需求，提供客户化的解决方案，同时提供的解决方案需要具有竞争力，能够交付和盈利，在拿下项目的同时，确保后端交付团队能够顺利完成交付，并使企业盈利
触发启动和关闭流程的事件是什么	需要明确流程的启动和关闭 销售流程：发现机会点或项目立项触发销售流程启动，合同签订并启动交付代表销售阶段流程关闭，此时启动交付流程 研发流程：开发项目立项代表研发流程启动，产品通过正式发布的版本（General Availability，GA）上市代表项目关闭，此时版本维护流程启动 项目交付流程：合同签订代表交付项目启动，验收通过代表交付流程关闭，此时维护流程启动
流程期间需要哪些输入输出件	输入输出件是流程过程活动的关键要求 交付流程：流程启动需要输入合同信息，交付完成需要输出验收报告，流程期间需要输入项目工期计划、施工方案、人员计划、质量管理方案等过程管理文档
流程考核的关键要素有哪些	① 流程必须围绕客户，为企业创造价值；对于支撑部门来说，其客户就是内部客户，需要为内部客户创造价值 ② 流程中有清晰的岗位角色、匹配的组织 ③ 流程中有评审点和控制点，用于管控流程的质量 ④ 是否有优秀的方法论指导流程活动为最佳实践 ⑤ 是否有工具、模板协助流程运营 ⑥ 是否有明确的流程关键活动之间的衔接要求 ⑦ 流程中是否有清晰的输入和输出的要求与标准 ⑧ 流程关键活动的顺序是否合理 ⑨ 流程关键活动的数量是否合理

流程开发的总体思路如表4-2所示。

表4-2　流程开发的总体思路

	内容说明
流程开发的总体思路	① 确定流程目标：确定流程的触发启动和关闭要求 ② 梳理关键活动：基于业界最佳实践，梳理业务关键活动 ③ 流程设计：针对关键活动进行标准化、规范化、程序化设计，包括关键活动之间的顺序，以及衔接要求；关键活动的内容说明，输入输出件及质量要求；关键活动对应的岗位人员和职责要求；关键活动之间的管控要求等 ④ 输出流程三件套：业务流程图、流程说明文档、流程培训赋能材料 ⑤ 流程的推行试点：在推行试点期间需要组织支撑，最好有IT平台支撑，初期选择"轻量级"业务进行试点验证，对于发现的问题进行优化改进，然后扩大试点范围 ⑥ 流程全面推广：在试点完成后，可以进行全面推广，流程进入正式运营和优化阶段

表4-2说明了流程开发的关键步骤，无论哪一类流程都可以参考这个思路进行开发。为保障流程的顺利推行，必须有独立的组织进行匹配，基于流程要求的岗位及职责按照正式运营的模式试点推行，否则很多员工依然会基于过去的思维和岗位职责执行新流程，弄得不伦不类，导致流程试点推行阻力很大，甚至可能失败。

流程的目标设计如表4-3所示。

表4-3　流程的目标设计

	分类	内容说明
流程的目标设计	流程的目标	实现某项业务的总体目标
	确定流程起点和终点	① 通常业务流程都有触发启动的需求 ② 流程关闭有明确的关闭要求
	常见流程的启动和终点	① 产品开发流程以市场需求、客户需求为导向进行开发项目立项，以版本正式上市作为流程终点（注：产品上市后，会进入版本生命周期管理流程） ② 销售流程通常以线索发现为起点，通常把项目交付与回款完成作为终点（注：项目回款后，通常进入售后维护流程） ③ 客户服务流程，通常以客户向企业服务平台求助触发流程启动，以客户确定问题解决作为流程关闭条件 ④ 其他如出差管理流程，通常以出差请求触发流程启动，以出差返回并到部门报到作为流程结束（注：出差期间可能涉及企业统一的交通工具购票流程、酒店预订流程以及返回后的报销流程等）

以投标子流程为例。
- ◇ 流程目标：按时提交高质量的投标书。保证标书在产品、服务、商务上的竞争能力、可交付性和盈利能力。
- ◇ 流程起点：收到客户的招标书。
- ◇ 流程终点：向客户提交投标书。

流程关键活动设计如表4-4所示。

表4-4　流程关键活动设计

	分类	内容说明
流程关键活动设计	业务活动	① 基于业务特点，梳理各个业务关键活动 ② 确定业务关键活动的目标和要求 ③ 确定业务活动人员的岗位、职责和考核标准 ④ 确定各个业务活动执行过程的先后顺序
	关键活动的触发和输出（触发下一个关键活动）	① 业务关键活动也会有触发和结束动作，并启动下一个环节的关键活动 ② 对于项目交付来说，合同签署就是交付启动的触发条件，初步确定交付项目经理和关键人员，下个环节就是启动交付项目组任命 ③ 在交付项目组任命完成后，就会触发项目启动会，针对合同要求做项目规划并确定人员工作要求，如项目工作说明书（Statement of Work，SOW）、项目详细方案设计、工作分解结构（Work Breakdown Structure，WBS）、关键分工矩阵、总体工期和各模块工期计划、交付质量要求、例行汇报计划等内容会依次启动和输出 ④ 研发项目、销售项目、出差管理、投标管理等业务相关的关键活动都可以按照上述类似场景进行梳理

以投标子流程为例，主要的关键活动如下：
- ◇ 接收客户招标书：通常由客户经理负责。
- ◇ 投标开工会：重大项目由专职投标项目经理负责，普通项目通常由产品销售经理负责。
- ◇ 投标书分工：产品需求→产品及研发团队；服务需求→工程及维护团队；商务需求→商务及财务团队；法务需求→法务团队。
- ◇ 投标书开发：基于分工表中对应的责任人进行开发。
- ◇ 投标书评审：由分工表中对应责任人的职能部门专家团队进行评审。
- ◇ 商务评审与决策：通常由主管及对应项目级别的主管进行评审和决策。
- ◇ 提交投标书：通常由投标项目经理或客户经理提交。

流程关键活动的标准化、规范化、程序化设计如表 4-5 所示。

表 4-5　流程关键活动的标准化、规范化、程序化设计

	分类	内容说明
流程关键活动的标准化、规范化、程序化设计	业务关键活动全面确定	① 确定业务从启动到关闭过程的全部关键活动 ② 梳理关键活动的全流程顺序 ③ 对每个活动之间的衔接（输入输出件或关键点控制等）进行全部确认
	业务关键活动顺序梳理	任何一项业务活动都会有一个触发机制和关闭要求，活动触发和关闭之间会有多项活动内容，我们需要从触发开始，一步步把活动顺序梳理出来，直到最后的关闭确认步骤 ① 对于销售来说，主要的关键活动有：客户关系维系→项目线索挖掘→机会点发现→触发销售项目立项→持续项目拓展→解决方案引导→客户发标→投标及提交投标书→澄清谈判→合同签署→交付项目启动。机会点发现是销售项目的起点，合同签署（或项目丢标）既是项目的终点，又是交付项目的起点 ② 对于项目交付来说，主要的关键活动有：合同签署→交付项目组任命→交付项目启动会→交付项目规划→交付方案设计→交付实施→项目测试验收→转入维护等。通常合同签署是项目交付的起点，项目验收是项目的终点；验收后的设备进入维护阶段，也属于维护阶段的起点 ③ 对于研发项目来说，主要的关键活动有：概念→计划→开发→测试→验证→发布，是研发的主流程，在产品发布上市后，会进入版本维护流程，直至产品全面下架 ④ 对于客户服务技术支持来说，主要的关键活动有：问题受理→问题处理→问题关闭，是售后服务的关键活动，在问题关闭后，通常会启动客户满意度调查流程 企业的各项业务活动差别很大，需要根据业务特点，明确业务的触发和关闭规则，以及在业务开展期间的关键活动和输入输出、质量控制，这样就把顺序梳理得比较清晰了
	输入输出件	通常每个关键活动都有输入和输出件，就像流水线上工作的工人，他们通过上个环节触发其活动，在完成本岗位工作以后（需要控制质量达标），通常会有一个动作触发下一个关键活动
	标准化、规范化的保障措施	◇ 方法论、工具、模板、Checklist、业务质量标准等可以有效保障本业务活动的规范性和输出质量 ◇ 输出给下游部门的交付件，必须以下游制定质量标准，才能促进上游部门持续完善本职工作

续表

分类		内容说明
流程关键活动的标准化、规范化、程序化设计	业务流程化管理目标	① 通过清晰的流程要求，自动自发地对业务进行运作管理，这是把业务交给流程的核心要领 ② 针对各个关键活动中的岗位人员，制定清晰的考核要求，这是流程化组织建设、人员管理的核心要领 在业务发生冲突时，需要以流程要求作为基准进行处理。如果流程自身存在不足，可以通过流程优化进行改善，本次冲突可以由流程Owner（流程负责人）给出建议 主管聚焦的是部门平台建设、员工队伍培养、部门绩效考核指标管理等核心工作

对于流程中的关键活动、角色、岗位及职责，按照标准化、规范化的要求进行作业，最终输出的交付件质量会很高，再经过专家的评审，这样的流程经得起项目的考验。

流程业务质量管控要求如表 4-6 所示。

表 4-6 流程业务质量管控要求

分类		内容说明
流程业务质量管控要求	质量管控的目标	① 流程设计的总体目标只有在各阶段流程关键活动都达标的基础上，才能最终完成 ② 流程设计以"外部或内部客户"的目标为导向，满足客户的需求
	业务质量管控方式	① 业务各流程段关键活动之间衔接时，通常需要质量管控 ② 质量管控的方式有很多种，对于生产车间来说，通常由质检标准的各种手段来把关；对于销售/研发/交付的业务来说，通常是由质量检查、评审、决策管控进行质量把关 ③ 明确流程关键活动的责任人、岗位、职责及各项要求，输入输出要求等 ④ 针对输出件，有清晰的质量要求和管控点，如 KCP；针对技术质量，可以通过评审控制管理；针对项目高风险点、跨部门协作复杂、对项目投资成本和盈利能力影响很大等，可以通过决策点控制 ⑤ 针对流程活动中扮演的岗位角色，可以设置 KPI 考核管理
	注意事项	针对流程管控，要防止出现管控点过多、效率降低的情况。流程管控需要基于企业规模、业务特点、岗位人员，适当设置管控点，在满足质量的前提下简单高效。避免出现因流程管控点过多、层层关卡盖章放行导致的效率低下

以销售项目解决方案及商务报价的质量管控为例，需要准确理解客户需求，基于客户需求进行竞争分析，制定销售策略和客户化的解决方案，确保标书质量既有竞争力，又能满足可交付性和盈利能力。然而，竞争性、可交付性、营利性这三个要素之间是互斥的，注重可交付性和盈利能力，会导致项目竞争力下降；注重竞争性，会导致项目后期无法交付甚至亏损。因此，管控的目标既要防止过度承诺，也要防止过度保守，这样才能在实现销售目标的同时维持两者之间的平衡。

流程输出三件套要求如表 4-7 所示。

表 4-7 流程输出三件套要求

分类		内容说明
流程输出三件套要求	业务运作标准化、流程化三件套	① 第一件：详细的业务流程运作图 ② 第二件：详细的流程说明文档，包括流程关键活动、关键活动对应的角色、岗位、职责、输入输出件要求等 ③ 第三件：业务流程培训赋能指导书，用于使加入项目的新老员工快速熟悉业务和相关要求
	业务流程运作图	① 业务运作过程必须通过流程活动展示 ② 流程活动需要有对应的角色和职责要求 ③ 通常流程图的第一纵列为"角色"，其余纵列依次为"基于流程顺序的关键活动"，通过箭头等进行连接，能够清晰地看出流程关键要点
	流程说明文档	① 由于流程图无法完全展示业务的全部信息，流程说明文档就是最重要的支撑 ② 流程说明文档 ◇ 流程的概述说明（表格形式） ◇ 流程的目的 ◇ 流程中常见的术语 ◇ 流程范围（通常指处于主流程中的哪个阶段） ◇ 流程的绩效考核指标 ◇ 流程中的角色和职责 ◇ 流程关键活动详细说明（活动编号、活动名称、角色、输入件、输出件等） ◇ 流程过程的重要支撑文件 ◇ 相关流程的上下游接口 ◇ 流程版本的维护记录表
	业务流程培训赋能指导书	① 业务流程培训赋能指导书是重要的输出件 ② 培训课件需要用业务语言解读流程，并辅以案例讲解和学员研讨环节，让学员充分理解业务

流程输出件参考：

如图 4-5 所示，左侧一列是角色，横向的任务就是该角色需要负责的工作内容。

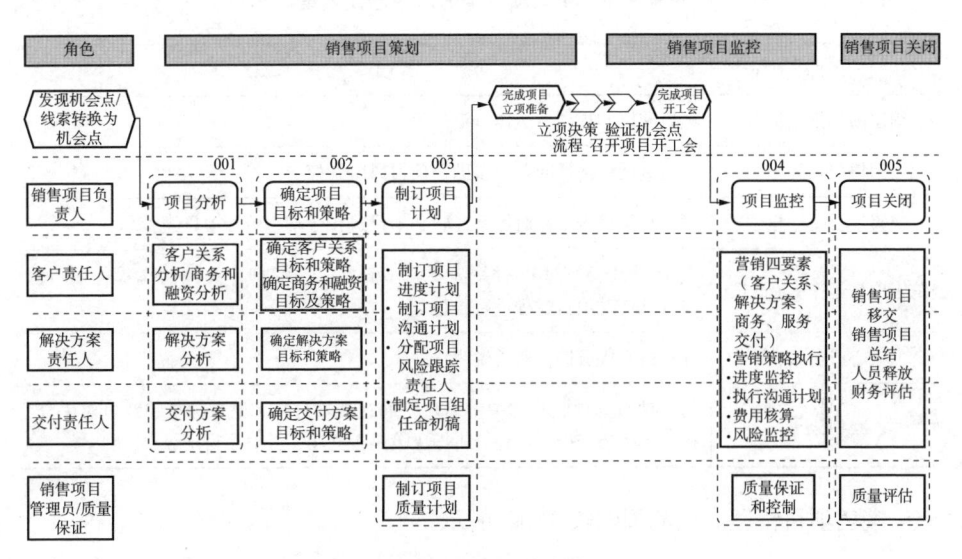

图 4-5 流程输出件

流程说明文档参考示例如表 4-8 所示。

表 4-8 流程说明文档

流程名称	销售项目管理流程			
版本	V100R001	生效日期	×年×月×日	
拟制人	甲	L1	企业一级流程：×××	
审核人	乙	L2	二级流程：×××	
批准人	丙	L3	三级流程：×××	
流程 Owner	丁	L4	—	
适用范围	企业×× 产品域	流程中的核心角色	销售项目 PD、客户责任人、解决方案责任人、项目交付责任人等	

销售项目管理流程

销售项目管理流程概述：本流程用于规范销售项目管理的业务活动，包括销售项目策划、销售项目运作与监控、销售项目关闭等主要环节。

销售项目管理流程目的：本流程是为了规范 LTC 框架下的销售项目管理业

务，指导项目 PD 更有效、更全面地管理项目，从而提高项目的成功率。

销售项目管理流程涉及术语如表 4-9 所示。

表 4-9　销售项目管理流程涉及术语

名称	定义
销售项目策划报告	项目整体的规划、运作、汇报等
销售项目周报	项目进展、项目问题及求助、项目风险管控
销售项目总结报告	项目总结报告，针对优秀经验和不足进行分享，传授项目经验
销售项目运作 Checklist	包括项目运作过程的关键要素（资源、里程碑、关键动作等），通过 Checklist 对项目过程进行自检
核心成员解读	针对核心成员进行概要说明
立项决策	基于项目立项收集的关键信息，通过战略分析、财务分析、竞争对手分析、优劣势分析、风险分析等决策是否立项，并对项目定级

销售项目管理流程范围如表 4-10 所示。

表 4-10　销售项目管理流程范围

流程起点	发现机会点 / 线索转化为机会点
流程终点	销售项目关闭
输入	客户信息、竞争对手信息、关键痛点和需求、自身优劣势分析、市场环境信息等
输出	销售项目策划报告、销售项目周报、销售项目运作 Checklist、销售项目总结报告等

销售项目管理流程涉及的角色和组织如表 4-11 所示。

表 4-11　销售项目管理流程涉及的角色和组织

角色名称	职责	对应职位 / 岗位
销售项目组组长	略	提示：通常需要说明该角色来自哪个部门
客户责任人		
解决方案责任人		
项目交付责任人		
销售项目管理员（QA）		

流程的推行和运营如表 4-12 所示。

表 4-12　流程的推行和运营

分类		内容说明
流程的推行和运营	IT 化平台支撑	① 传统问题：流程的运营如果靠员工的自觉性，效果往往是不理想的。只要有一个环节出现短板，整体的质量就会堪忧 ② IT 系统的优势：通过 IT 化平台统一监控和管理，确保数据与流程的透明度，不仅能便捷完成数据记录、考核、回溯和审计等工作，还能快速定位问题根源，推动内部整改优化 ③ 统一数据语言：数据端到端的拉通共享也会变得容易，让全流程的数据保持一致
	组织支撑	① 流程能够顺利运作，必须有匹配的组织、人员、岗位及职责要求 ② 参与试点的人员一定是组织、人员岗位匹配到位的员工，而不是临时人员，否则他们不会太关注流程的成功与否。只有组织匹配到位的人员才会对流程真心投入，并全力保证成功
	试点验证及推行	① 新流程上线，不要直接全面推广。首先，选择一个项目进行试点验证，对于发现的问题进行优化；其次，扩大试点范围，确保新流程的稳定应用和良好效果；最后，全面推行 ② 试点成功后，组织、角色、岗位职责、考核要求等需要尽快匹配到位，以保证新流程全面应用的顺利实施
	流程运营管理	① 没有一个流程是完全没有缺陷的，就像"人无完人"一样，只要流程在支撑业务目标实现的过程中，做到大方向正确、关键环节没有问题就好；当然，在保证流程目标实现的前提下，要尽量简化流程，以提升流程的运作效率 ② 流程中重点关注的 KPI 可能会牺牲其他业务指标。比如，客户经理关注项目中标，可能会过度承诺，导致交付困难、营利性下降；项目财务经理关注盈利能力，可能会要求高于某个价格报价，导致项目的竞争性大幅下降；项目交付经理关注项目的可交付性，可能会提供保守的工期和交付方案，也可能会导致竞争性下降。因此，KPI 的设定需要围绕总体目标，而不是局部目标

目前常见的企业核心流程如下：

① MTL 流程：从市场到线索的管理，基于市场空间，最大化挖掘市场线索和机会并提供给销售团队。

② LTC 流程：从线索到回款，包含销售和交付两个阶段。在销售阶段，基于客户项目需求，提供客户化有竞争力的解决方案，确保中标和签订合同；在交付阶段，基于客户合同，提供优质、快速、低成本、契约化的高质量交付，确保验收与回款。

③ IPD 流程：集成产品开发，以市场需求、客户需求为导向的产品开发，强化跨部门协同合作促进资源配置最优，实施并行开发流程管理以缩短上市周期，实现产品可销售性、物料可采购性、可生产性、可交付性、可维护性、可营利性的系统化产品解决方案。

④ ITR 流程：从问题到解决，基于客户不同类别、不同级别的问题或需求，技术专家不仅快速响应客户反映的问题，而且给予客户 SLA 时间的承诺，提供及时、准确、满意的解决方案。

企业流程分阶段建设的思路如图 4-6 所示。

```
① 复制优秀企业流程  →  ② 优化适配企业业务  →  ③ 固化到企业流程中  →  ④ 持续运营改进
```

图 4-6 企业流程分阶段建设的思路

- 阶段一：复制优秀企业流程。这一阶段就是"拿来主义"，复制学习优秀同行的流程，也可以参考咨询公司基于企业业务分析推荐的流程。
- 阶段二：优化适配企业业务。在复制优秀企业流程或参考咨询公司推荐流程的过程中，根据自身的业务特点进行优化。流程以简单、实用、高效运营为主，能够让业务自主运营，主管无需干涉业务的正常运作，把权力尽量下放给离客户、离项目最近的工作人员。
- 阶段三：固化到企业流程中。将优化后的流程进行固化，作为企业正式发布的版本使用。
- 阶段四：持续运营改进。随着市场环境、客户需求、技术革新的变化，流程需要持续优化，以适应新的环境和客户需求。

流程建设需要注意以下弊端：

- 分工过细。流程不是越精细越好，而是越实用越好。流程设计以企业实际业务为准，以简单实用为原则。对于处于发展初期的中小企业来说，流程过于复杂反而会影响业务的运作效率。若企业经营活动环节复杂、响应迟缓，就会直接导致它在快速多变的市场环境中越来越被动。解决思路：分工需要与业务特点、规模、响应速度等多方面结合，适度分工即可。

典型案例：美国一家大型保险公司，随着业务的迅速发展和管理工作的日益复杂化，客户索赔竟然要经过 250 道程序，导致客户怨声载道，客户数量不断减少[①]。

◇ 没有人端到端负责整体经营结果。各阶段缺乏为下游客户服务的意识，各部门按专业职能划分，每个部门只关心本部门的工作，以达到部门主管的要求为准，并不关心整个业务链条能否真正满足客户（或内部客户）的需求。解决思路：无论哪类业务或流程，都需要设置流程Owner，其对流程的最终结果负责；对于项目中的流程运作，需要一个项目负责人，他对最终结果负责，当然负责人也有管理业务运作过程的责任。

典型案例：2008年9月15日上午10时，拥有158年历史的美国第四大投资银行——雷曼兄弟公司向法院申请破产保护，消息瞬间通过电视、广播和网络传遍全球。匪夷所思的是，在如此明朗的情况下，德国国家发展银行在上午10时10分，居然按照外汇掉期协议的交易，通过计算机自动付款系统，向雷曼兄弟公司即将冻结的银行账户转入了3亿欧元。毫无疑问，3亿欧元将"肉包子打狗——有去无回"。在如此大金额转账的过程中，德国国家发展银行处理转账环节的每个人都在按照业务流程照章办事，最终结果却给公司造成了巨大损失。

◇ 员工技能单一。精细的分工增加了员工工作内容的单一性，不仅容易使员工产生疲劳，导致工作效率下降，也会逐步缺乏积极性和主动性，对部门和企业来说都是不利的。解决思路：可以通过定期（如3~5年）调整岗位持续激发员工的活力。

典型案例：在大公司工作的员工，劳动分工会比中小企业细得多，比如，针对中小企业的销售岗位，可能只有2~3人负责客户关系、产品宣讲、项目投标、合同谈判签署等销售全流程管理，甚至由1人负责。与此相对，在大公司可能会将其细分为多个岗位进行分工，如客户经理、产品解决方案经理（区分不同产品线）、服务解决方案经理、研发支持经理、供应管理经理、交付项目经理、交付方案设计经理、售后维护经理、培训经理、投标经理、合同商务经理、财务经理、法务经理等。这样的精细分工虽然会使员工有较强的竞争力，但是员工长期在同一个岗位工作，而且工

[①] 奥斯本，盖布勒.改革政府：企业家精神如何改革着公共部门[M].周敦仁，等译.上海：上海译文出版社，2021.

作范围比较窄，时间久了会产生工作疲劳甚至厌倦，一旦被裁员就会很难再找到工作，因为大部分企业很难把这个"非常专业的螺丝钉"放到合适的岗位上。

流程设计只是完成了重要的第一步，流程和配套组织是密不可分的。流程是组织实现目标、完成任务的基本路径，是组织内部各项活动的连接纽带，决定了工作任务的执行顺序、职责分工以及资源分配。组织则是流程运行的载体，它提供了实现流程所需的人员、技能和制度保障，是为了更好地实现这些目标而构建的结构和框架。它们相互依存、相互影响，共同构成了业务的运营体系。企业在设计组织结构、职责分工以及管理制度时，应充分考虑流程的特点和需求，只有顺应流程的组织设计，才能更好地实现组织目标，提高整体运行效率。

业务变革一定会涉及流程变革，流程变革一定会涉及组织变革。

第四节 流程建设需要两个支撑

第一个支撑：流程化组织建设

流程的本质是业务。只有基于流程建设组织，才能让组织始终围绕业务开展工作，这是流程化组织运营管理的基石。

流程化组织的核心优势有组织扁平化、职责明确化、监督系统化、运营高效化等。它具备两大特点。

①横向（流程驱动）：以流程（业务）驱动工作，以业务总体目标的实现为宗旨。

②纵向（职能驱动）：基于流程中各个阶段的关键价值链设计职能部门（组织），各职能部门（组织）建立自己的作战平台、能力平台、共享平台、人员梯队等核心能力，确保这些关键价值链环节能够高效、优质地完成工作。

流程化组织建设思路如下：

①企业层面的业务活动。以面向客户的端到端业务为例，研发→销售→采购→制造→供应→工程交付→售后维护，这是从产品开发、销售、交付到维护的全流程。上述各项活动就是业务的关键价值链，需要成立研发组织、销售组织、采购组织、生产制造组织、供应管理组织、项目交付组织、售后维护组织等。

②销售层面的业务活动。线索发现→标前拓展引导→投标→澄清谈判→合同移交（支付），这是关键价值链。具体如下：
- 线索发现：客户经理组织。
- 标前拓展引导：产品解决方案组织、服务解决方案组织。
- 投标：投标管理组织、投标能力基线建设组织。
- 澄清谈判：合同商务组织。
- 合同移交（交付）：项目交付组织。

说明：对于中小企业的组织设计，分工不用这么细，如解决方案经理、投标经理、合同商务经理等可以融合成一个部门。

其中，解决方案组织、投标组织、项目交付组织因为涉及多个产品、服务解决方案的输出和交付，在组织建设过程中，可能还会并行设置不同产品的解决方案和交付组织等。

流程化组织设计的核心优点如图4-6所示。

组织扁平化 始终围绕客户	职责明确化 明确定义关键价值链角色职责
流程化组织设计核心优点	
监督系统化 标准化运作的规范管理	运营高效化 建设强大的工具平台

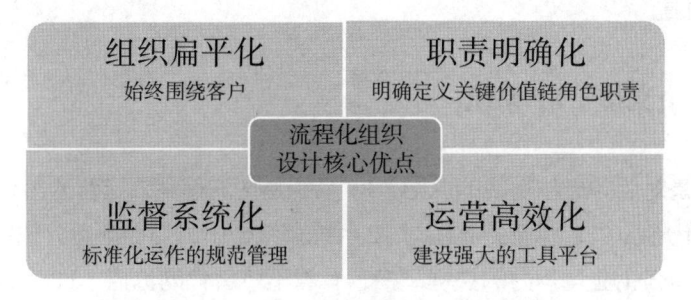

图4-6 流程化组织设计的核心优点

- 组织扁平化：①所有的业务流程都是聚焦客户，"以客户为中心"驱动工作，流程化的组织自然也直接聚焦客户界面的活动，减少了部门的多级化；②由于流程目标的一致性，跨部门协同在流程运作中会变得平滑顺利，大家都是为实现总体的业务目标，履行好各自职能部门的职责；③剔除"无用"组织，如果有部门在流程中找不到自身位置，则说明其工作没有任何业务价值，这个部门就可以解散了；④优化重复组织，如果流程关键价值链的同一个角色和职责对应企业多个部门，并且均可以承接该价值链工作，则说明这些组织设置有些冗余，可以将这些部门整合成一个部门，避免日后出现"抢项目"或"相互推诿"的情况。
- 职责明确化：流程关键价值链不仅对角色、职责、关键交付件输入输出要求等有清晰的定义，对职能岗位的组织建设要求也非常明确，这是对职能部门组织进行定位的根本。
- ◇ 监督系统化：流程是端到端的设计，是"有且唯一"的流程与组织设计。这样，不仅使对关键价值链的监督成为流程活动的例行工作，也是对流程化组织人员要求的例行监控，为流程的高质量运营、人员的高效管理提供了系统化的监督管理平台，让流程与组织实现共同的高效运营。
- ◇ 运营高效化："铁打的营盘，流水的兵。"各个职能部门把自身的作业平台、工具平台建设强大，持续提升业务效率和员工技能，员工依托强大的平台支撑，都能够负责一定级别的项目，对"个人英雄"的依赖大幅减少。把依靠英雄的战争，转变为依靠组织的战争；优秀的项目经验、关键的客户需求、主要的能力短板等可以很快在职能部门沉淀，支持部门业务优化与改进，持续提升作战能力，在未来项目中的作业效率会更高。

第二个支撑：IT 系统

流程是对业务最佳实践的总结，IT 系统是使流程高效运营的平台。

在现代企业中，将业务流程与 IT 系统相结合已成为提高运营效率、优化资源配置和增强企业竞争力的关键举措，有着不可替代的价值。IT 系统的优点如图 4-7 所示。

流程标准化执行的落地	业务数据分析智能化
业务运营自动化	资源配置最优化
业务活动透明化	业务变革高效化

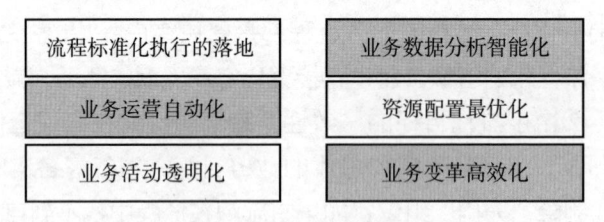

图 4-7　IT 系统的优点

（1）流程标准化执行的落地。IT 系统为业务流程提供了标准化的管理框架，业务流程的各个环节和步骤通过 IT 应用的承载，确保了业务操作的统一性和准确性。这种标准化管理不仅有助于降低人为错误，提高业务处理的效率和质量，也方便员工快速学习和应用业务流程。通过实践应用还可以发现业务问题，推动业务的持续优化与改进。

（2）业务运营自动化。IT系统通过自动化管理、智能化分析等技术手段，不仅能减少人工干预、降低人力成本，还能提高业务处理的速度和准确性，有助于企业应对日益增长的业务需求，快速响应市场和客户需求，提高业务运营效率，从而建立企业在市场中的竞争优势。

（3）业务活动透明化。IT系统为业务流程提供了透明的管理环境，使每个环节的操作、业务数据、关键文档和结果都可以被记录、追踪。这种透明度不仅增强了企业内部管理的规范性和公正性，也为企业提供了丰富的数据支持，以便更好地分析和改进流程。此外，当出现问题或纠纷时，企业可以迅速定位并追溯原因，及时采取整改措施。

（4）业务数据分析智能化。IT系统具备强大的数据分析和可视化功能，可以帮助企业深入了解业务流程的运行状况。通过对业务数据的收集、分析和展示，企业可以及时发现潜在的问题和瓶颈，为决策提供有力的数据支持。

（5）资源配置最优化。通过IT系统的数据分析，企业可以更加准确地了解业务流程中各个环节的资源需求和消耗情况，从而制订更加合理的资源配置计划。尤其是当出现同一个业务活动由多个部门承接，或者某个业务活动内部经常扯皮、互相推诿等情况时，通过资源的优化配置，可以让企业减少不必要的重复劳动和部门之间的内耗，降低企业运营成本。

（6）业务变革高效化。对于业务变革高效化而言，IT系统是最佳的赋能平台。业务变革推动流程变革，流程变革推动IT更新，对于更新迭代后的业务变革运营模式，IT系统就是最佳的实践场所。员工能很快了解变革后的业务运营模式，熟悉各项要求，重新投入工作，这是其他模式很难取代的。

随着信息技术的飞速发展和广泛应用，IT系统工具的作用越来越大。例如，银行的App可以让大部分业务通过手机或电脑等智能终端直接办理；电商平台的IT应用，实现了"足不出户即可购物"，各行各业的IT工具已成为业务活动的"主战场"。因此，推荐由IT系统承载企业的业务流程，可以带来流程标准化执行的落地、业务运营自动化、业务活动透明化、业务数据分析智能化、资源配置最优化、业务变革高效化等诸多优势，只有这样才能更好地适应现代商业环境的快速变化并提升企业的竞争力。当然，IT系统的维护也是企业的重点任务，否则，一旦IT系统瘫痪，全体员工就无法办公了。

第五节 "术"的小结

良好的企业文化价值观、企业管理制度，如果没有好的运作管理方式，各项制度的落地就会成为空中楼阁。各行各业的企业文化理念、管理制度建设都相对容易，但是真正将其落地，是很多企业难以做到的。我们需要通过"术"的运作手段，让企业制度落地。

（1）企业之"术"的目标：用"法治"代替"人治"。

（2）企业之"术"的核心：让业务标准化、规范化、程序化运作，统一标准。

（3）企业之"术"的作用：让业务管理规范、过程透明、可监控可回溯，以及数据统计分析、支撑管理决策等，这也是流程运营的巨大优势。

（4）系统化的流程建设需要两大支撑：

①流程化的组织支撑。基于流程建设的组织是最高效的组织，只有所有组织围绕流程开展工作，才能保证组织始终为企业创造价值。如果组织在业务流程中找不到关键价值链定位，就说明这个组织没有给企业创造价值，可以考虑解散。

②IT系统承载。IT系统不仅能帮助员工快速学习并应用业务知识，还能实现业务流程的高效运营管理。

流程建设通常分为四步：流程规划设计、流程开发建设、流程全面推行、流程运营管理。

其中，流程开发建设需要考虑的要素有：

◇ 流程的责任人是谁？
◇ 流程的适用范围是什么？
◇ 流程的目标是什么？
◇ 触发和关闭流程的要素是什么？
◇ 流程建设期间需要哪些输入输出件？
◇ 流程考核的关键要素有哪些？

把这些都想清楚了，开发的流程才能真正实现高效、高质量地应用。

在流程开发建设期间，需要避免几个问题：

◇ 流程分工过细，导致业务运作效率低下；

- ◇ 大家各管一段，没有人对流程的最终结果负责；
- ◇ 长期在流程某个节点上工作，导致员工技能单一化。

流程设计需要匹配流程化的组织建设

流程化的组织可以最大化地利用企业资源，让每个职能部门都在流程中承担关键职责，且企业所有部门都在为业务上的唯一价值链服务，并且有清晰的部门定位，这是企业全员聚焦业务的最佳方式之一。职能部门需要持续提升该价值链作业效率，包括业务平台建设、组织能力建设、人员梯队建设等，以实现业务链条的高效作业，当所有职能都有强大的平台时，就打造了企业整体的核心竞争力。

流程需要 IT 系统支撑

IT 系统在现代企业中有着不可替代的巨大价值。它对流程的落地执行、过程管理、数据记录、管控点设置、协助审计和回溯等多方面有着重要作用，这也是"道法术器势"中"器"的重要作用，将在下一章重点介绍。

"太上，不知有之"，以及"治大国若烹小鲜"等优秀的管理之道，不仅是靠"术"的自动自发运作实现的，也是企业"无为而治"的最佳管理模式。

第五章

器

第五章 | 器

第一节　何谓"器"

《说文解字》中,"器"是一个会意字,其金文字形中间常描绘为一条犬,犬的周围是四个"口",这一组合形象地展示了器物及其守卫的情景,后引申为器具、工具,泛指才能、胸怀、能力、人才等。

企业之"器"就是建立工具平台,用来统一管理业务、指导业务、解决业务问题、提高作业效率。靠人拉肩扛、加班文化、"拼命三郎"提升产量的时代已经过去,每家企业必须根据自身的企业文化、管理制度和业务运作方法,开发适合提升效率的工具及平台,只有持续提升组织绩效、个人绩效,降低企业运营成本,才能在市场竞争中保持优势。

第二节　"器"在企业中的价值

"器",即工具在企业中的价值主要有以下几点:

①提升工作效率。IT工具可以有效缩短工作时间,减少人力投入,提升单位产出比。常见的IT工具,如项目管理工具、数据分析工具、成本分析工具、风险识别工具、产品开发工具、报价工具、交付实施工具、人力资源管理工具、财务管理工具、客户关系管理工具、数据安全管理工具等,已经成为现代企业提升工作效率的基本手段。对于计算、数据对比、统计分析等工作量巨大的情况,工具的价值更加显著,它不仅让企业管理者快速做出决策,更让企业战略、部门战略、项目战略快速落地实施。

②简化跨部门协作。以数据拉通为例,市场部的销售数据配置,如果有几百个甚至几万个BOM条目,转给采购部、生产制造部时,就需要大量数据核对,再转到项目交付部,同样需要大量数据核对。如果没有数据拉通的工具,每个环节就要靠人工比对,不仅两个部门之间需要投入大量人力、物力,而且会经常出错,工具会让这些工作变得快捷、准确、高效。除数据拉通外,共享

的业务平台、云平台、办公平台也会极大地简化不同部门之间的业务沟通协作，减少各种问题分析讨论等耗时费力的工作。

③决策效率和质量提升。决策就是在数据不完整的情况下做出的方案，常见的有战略决策、管理决策、业务决策等。在不完整的信息中，数据分析工具可以帮助企业更好地理解业务数据，快速分析和提炼出有价值的信息以及统计分析结果等，揭示隐藏的商务模式和行业趋势，提供有关市场、客户及竞争对手的深度分析，这样，管理者才能做出更加明智的决策。

④增强数据、信息及业务安全性。统一管理业务数据，网络安全工具、防病毒工具、内部加密技术等可以帮助保护企业的数据和信息安全，避免被外部不法分子获取或被内部员工窃取牟利。同时，一些工具可以帮助企业遵守合规性要求，避免因不合规问题导致的罚款和声誉损失。

工具在企业中的价值还有很多，如业务的统一管理、知识赋能、资源配置优化、业务问题的及时处理等。以企业智能业务为例，智能工作设备、智能机器人可以胜任大量的工作岗位，不仅高效高质量，而且可以全天候工作，它不仅是人类文明发展的重要里程碑，也是企业处于不同发展阶段的重要标志。

没有"工具平台"的企业，只靠员工"玩命"工作创收，很难持久。"工具平台"已成为企业的核心竞争力之一。

第三节　企业如何打造自己的工具

工具平台帮助企业铸就"强大的营盘"，实现"平凡的人做出不平凡的事"。常见的工具平台如下。

①IT系统平台：承载业务活动的IT系统平台，助力业务管理、质量控制、数据处理、统计分析，支撑业务开展和决策制定。

②业务管理平台：包括知识平台、业务指导平台、经验案例平台、培训赋能平台、员工交流平台、行政管理平台等。通过各种平台，员工可以快速学习业务知识。工作中遇到困难，员工可以通过平台快速得到解决方案，或者通过交流平台获得专家的支持。

③方法论指导工具：包括销售方法论、战略分析方法论、项目管理方法论、售后支持方法论、研发质量管理方法论等。通常，各个行业都有很多成熟的方法论工具，可以直接借鉴和使用，以便提升部门的工作效率。

④业务工具：包括支撑销售的报价工具、成本分析工具，支撑交付的项目

管理工具、交付实施工具、远程交付工具等，支撑维护的远程诊断工具、故障分析工具等，用来提高员工工作效率。

⑤业务模板：包括客户拜访纪要模板、遗留问题跟踪表模板、项目进度报告模板等，不仅可以让业务活动规范化，也提升了员工业务输出的效率和质量。

只有强大的工具平台，才能真正实现"大平台，小前线"的灵活作战模式，有了后方大平台的保障，使由班长带领的小队"消灭"一个营、一个团的神话成为可能。

业务运作管理 IT 化、数据化

企业管理制度、业务管理流程的落地，需要 IT 系统平台支撑，它会严格按照业务的要求进行经营和管理，让业务通过 IT 融入员工的日常工作。企业的 IT 系统平台不是一步到位而是逐步发展起来的，通常经历如下由初级到高级的四个发展阶段：

第一阶段：把烦琐的业务活动，如计算量大、投入人力多的业务活动通过 IT 工具或平台承载，提升局部的工作效率。

第二阶段：把企业的业务流程固化到 IT 系统平台，实现业务运营、过程监控与管理 IT 化，提升单个端到端业务的工作效率。

第三阶段：整合企业业务体系，把采购、生产、销售、交付、财务等全面拉通，让业务数据在各部门间全面共享，形成企业系统化的管理体系。

第四阶段：在企业管理体系完善的基础上，通过智能统计、智能分析，支撑企业业务决策和日常管理，实现自组织、自学习、自进化，做到业务智能运营。

目前，国家"十四五"规划推行的数字化转型是指 IT 应用的最高阶段。企业需要根据自身的情况把业务逐步 IT 化，持续提升运营效率，最终实现全面数字化转型。如下是对常见业务的 IT 化建议：

- ◆ 销售业务：用 IT 系统承载线索清单管理、机会点项目管理、项目立项管理、拓展引导过程管理、客户发标—投标书开发—提交投标书—澄清谈判的投标过程管理、合同签署管理、交付项目启动管理等。
- ◆ 交付业务：用 IT 系统承载合同导入管理、交付项目团队任命管理、合同交底 & 交付项目启动管理、交付方案规划与设计管理、交付实施管理、项目测试及验收管理、业务上线管理、开票回款管理等。

- ◇ 研发业务：用 IT 系统承载需求管理、架构设计管理、方案规划与设计管理、代码开发管理、单元及集成测试验证管理、版本试点管理、上市管理、版本生命周期维护管理等。
- ◇ 售后业务：用 IT 系统承载客户问题管理、技术支持管理、解决方案管理、派单管理、回访及满意度管理等。
- ◇ 其他业务：用 IT 系统承载采购平台、生产制造平台、财务管理平台、人力资源管理平台、渠道商管理平台等。企业基于业务特点规划自身的 IT 系统平台，持续提升业务运作效率。

除企业核心业务流程外，日常工作的业务流程，如出差管理流程、费用报销流程、日常行政管理流程、后勤管理流程、考勤管理流程等，都推荐放到 IT 系统平台统一管理，这样不仅可以规范员工行为，有效提升员工对日常业务的理解，也利于业务数据统计和规范性审查，以保证业务运作质量和效率。对于流程运营中发现的不完善之处，可以及时推动流程开发团队持续改进。

业务体系平台化

业务体系平台，就是集业务管理平台、业务流程指导、业务基础知识指导、业务运作指导、培训赋能、经验案例库、成功案例库、工具模板库、员工任职资格管理、员工互动交流等于一体的体系化平台。员工在业务活动中遇到各类问题时，业务体系平台是强大的后盾，可以支持问题的快速解决。

企业业务体系平台通常包括：

- ◇ 业务管理平台：①明确部门业务的总体发展方向，基于市场行情、竞争态势和部门的各种资源，制定战略规划和业务管理方案；②针对团队成员，明确岗位职责和业务要求；③制定规范化的业务流程、绩效考核指标、团队成员的任职标准、风险管理方案、资源配置方案等，确保业务顺利开展。
- ◇ 业务流程指导平台：聚焦建设企业业务流程，包括业务流程图、流程关键活动和岗位要求、流程培训材料等，涵盖流程的目的、原则、适用范围、过程说明、输入输出件、考核要求、KCP 要求、流程起点的触发要求、端到端闭环要求等内容。流程就是业务，是员工快速熟悉业务及具体工作要求的最佳方式。
- ◇ 业务知识库平台：聚焦部门业务的基础产品知识、专业知识、不同场景下的方案设计指导、项目运作知识等，包括各业务部门的指导书、销售运作指导书、销售/研发/交付/供应/培训等方案设计指导、项目管理指导书、需求管理指导书、投标指导书、各业务部门专业评审 Checklist 指导书、合同谈判指导书、客户问题处理指导书等，可以让新员工快速上手，独立承担项目。内部转岗的员工可以以最快的方式熟悉本岗位工作，缩短新员工成长为业务专家的时间，从而给企业节省成本和更高效地创造价值。企业可以将内容上传至 Web 平台，方便新老员工随时查阅和学习，如图 5-1 所示。

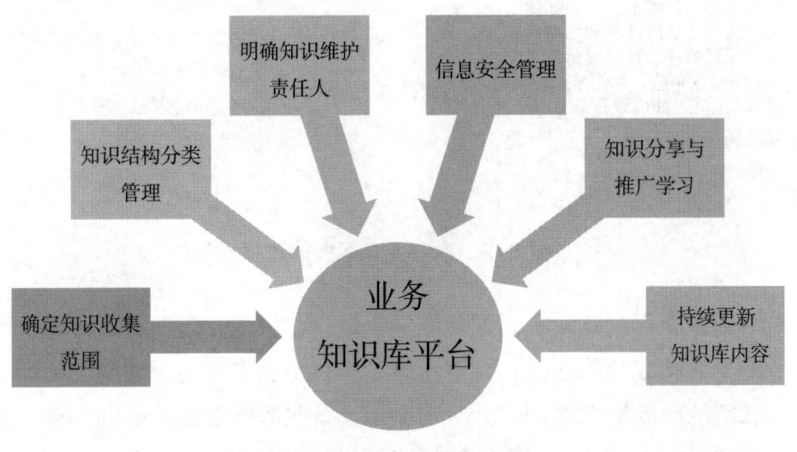

图 5-1 业务知识库平台

- ◇ **经验案例库平台**：经验是企业宝贵的无形资产，必须放到平台上方便全员学习。如何解决业务痛点的案例、不同类型项目战术打法的案例、针对某些客户的特殊需求及应对方案的案例、重大项目运作经验案例、业务优化思考与实践的案例、员工快速成长的案例等，只要能帮助企业或部门少走弯路、提升工作效率、帮助员工快速成长，都可以写成案例在企业内部分享，提升全员的工作效率。为保证案例的质量，需要有管理流程，涵盖员工提交案例、评委评审案例、案例正式发布和宣传等的全过程管理，用以保障案例的推广价值。案例库不仅可以基于部门、业务属性、关键词等进行检索，也可以进行案例评委的专家资源池建设以兼职评审案例。经验案例的沉淀是企业非常宝贵的资产，尤其针对业务中的痛点，都是用血和泪的教训磨砺出来的经验，不仅不能流失，还要让员工不断学习。

撰写业务案例的过程如图 5-2 所示。

销售、研发、交付等项目

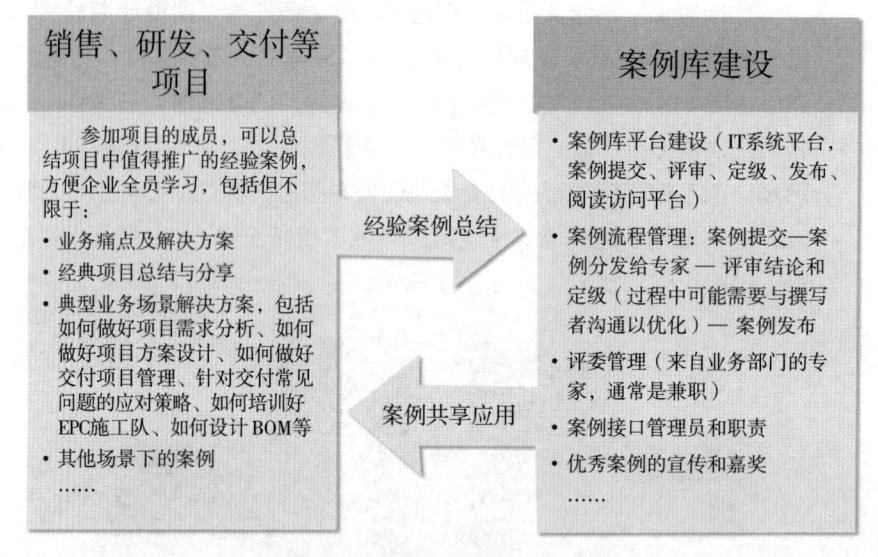

参加项目的成员，可以总结项目中值得推广的经验案例，方便企业全员学习，包括但不限于：
- 业务痛点及解决方案
- 经典项目总结与分享
- 典型业务场景解决方案，包括如何做好项目需求分析、如何做好项目方案设计、如何做好交付项目管理、针对交付常见问题的应对策略、如何培训好EPC施工队、如何设计BOM等
- 其他场景下的案例
……

经验案例总结 →

← 案例共享应用

案例库建设
- 案例库平台建设（IT系统平台，案例提交、评审、定级、发布、阅读访问平台）
- 案例流程管理：案例提交—案例分发给专家 — 评审结论和定级（过程中可能需要与撰写者沟通以优化）— 案例发布
- 评委管理（来自业务部门的专家，通常是兼职）
- 案例接口管理员和职责
- 优秀案例的宣传和嘉奖

图 5-2　撰写业务案例的过程

◇ 培训赋能平台建设：培训赋能平台是企业员工、管理者、合作伙伴、客户学习和成长的途径。针对新员工，有企业文化与管理制度培训、业务部门的岗前知识培训；针对老员工，有业务能力提升培训、专项能力培训；针对管理者，有提升管理能力的干部培训；针对合作方员工，有满足各项资质要求的业务能力培训；针对客户，有提升对企业产品相关技术认知的培训。新发布的产品，需要给新老员工、管理者、合作方、客户等进行培训。培训能够建立良性的学习型组织生态圈，是学员学习和成长的主要方式之一。培训赋能平台体系的建设不仅涵盖培训课程开发、讲师队伍建设、培训环境搭建、培训规划等多项内容，还可以开发网络培训课程、多媒体培训课程、网络考试题库，帮助员工坚持自我学习和能力提升（见图 5-3）。

◇ 企业各项资质证明平台：企业在拓展业务时，客户经常要求企业提供资质证明材料，如经营许可相关证明材料、EHS 管理体系认证、质量认证、安全生产认证、企业研发流程认证、项目经理资质认证、本地子公司营业许可、服务合作企业资质认证、产品行业领域的相关认证、供货能力证明、施工资质证明、维护保障资质证明等。这些认证不仅可以帮助证明企业的实力，对于重要客户还可以邀请其到企业参观，使其亲身体验企业各方面的能力。

```
┌─────────────────────────────────────────────────────────┐
│              培训赋能平台体系                              │
├──────────────┬──────────────┬──────────────┬────────────┤
│ 培训课程开发  │ 讲师队伍建设  │ 培训环境组建  │ 培训规划    │
│• 项目交付方案总体│• 培训讲师的能力要求│• 理论课培训教室│• 新员工岗前培训规划│
│  设计         │• 培训讲师的选拔    │• 上机课机房实践环境│• 老员工能力提升培训│
│• BOM 物料方案  │• 培训讲师的课程规划│• 全球各地、全国各地│  规划           │
│• 土建方案业务知识│  （针对讲师擅长的 │  区培训环境搭建   │• 客户业务培训    │
│• 交付业务知识培训│  领域）          │                  │• EPC施工队业务培训│
│• 项目管理知识培训│• 培训讲师的考核要求│                  │                │
│  ……          │                   │                  │                │
├──────────────┴──────────────┴──────────────┴────────────┤
│  网络培训课程、多媒体培训课程、网络考试题库、业务自学平台    │
├─────────────────────────────────────────────────────────┤
│                 培训平台、流程、IT工具                     │
└─────────────────────────────────────────────────────────┘
```

图 5-3　培训赋能平台体系

◆ 员工任职资格管理平台：任职资格是员工发展通道的一种形式，需要有任职资格管理平台，制定各种不同岗位类别的任职标准（如必备知识、业务能力、项目经验、绩效等）。员工任职，需要经历业务知识考试、技能认证和任职答辩等过程，最终获得相应的职级。企业应鼓励员工持续提升个人任职资格，以推动员工岗位职级晋升，提升个人薪酬待遇水平。员工任职资格管理平台是激励员工成长的平台（见图5-4）。

任职资格标准
- 明确交付岗位人员的任职资格（能力、绩效、项目实践等要求）
- 需要区分类别，如项目经理类、工程技术类、供应管理类等

任职评定
- 员工基于个人情况提交任职资格级别申请
- 组织评审或答辩
- 最终确定任职级别

任职公示
- 针对高级别专家的任职进行公示
- 专家级别与岗位匹配（待遇跟进）

投标专家职责
- 全球、全国机动支持
- 重大项目支持
- 人员梯队导师
- 重大交付问题处理
- 能力传递
- 经验案例撰写
- 工具模板优化

图 5-4　员工任职资格管理平台

◆ 员工业务交流平台：当员工遇到业务问题、项目问题、员工成长问题、

能力提升问题时，可以在平台上发布求助信息。平台上既有专家分享经验，也有针对常见问题提供的解决方案。员工最大的感受就是：不是一个人在战斗，有个庞大的团队作为后盾。另外，员工在业务中的收获、成长中的进步，也可以通过平台分享，让更多的同事学习和受益。

由于人力资源、财经、采购、生产制造、流程IT、行政、后勤、战略规划、企业文化建设等业务属性差别很大，在建立各自平台时，也会有较大的差异性，各部门需要根据自身业务特点，建设各自的业务平台。

体系化平台建设样例——交付平台

交付平台涵盖四大内容：流程（Process）、能力管理平台（Platform）、专家梯队（People）、合作队伍（Partner）。这些是交付平台的核心，清晰的交付主流程、子流程让员工规范化、标准化作业，强大的交付能力管理平台用于指导员工的业务活动，同时有专家梯队、合作伙伴的支持，交付业务开展就有了系统性的保障（见图5-5）。

交付目标	优质	快速	低成本	契约化
交付流程（Process）	能力平台（Platform）	专家梯队（People）	合作队伍（Partner）
·项目交付核心主流程 ·项目交付子流程，包括订单管理、采购管理、生产管理、供应管理、交付管理、验收管理等	·聚焦交付能力提升，建设交付指导文档、交付工具模板、交付指导案例库、培训平台，进行交付风险管理，提供交付常见问题应对策略等	·交付项目经理 ·方案设计专家队伍建设、任职资格体系建设、任职评定和公示	·合作方选拔标准、资质认证、签署合作框架 ·合作方份额管理、考核管理、风险管理、培训与发展等例行管理

图 5-5 交付平台全景

交付平台的流程建设

交付平台的流程建设，不仅包括从交付项目启动到项目关闭、维护的主流程，也包括各个阶段业务涉及的子流程。在交付遇到问题时，如果有对应的流程支撑，就可以规范、高效地解决问题，对于子流程的建设可以用简明扼要的文档说明，重在实用性（见图5-6）。

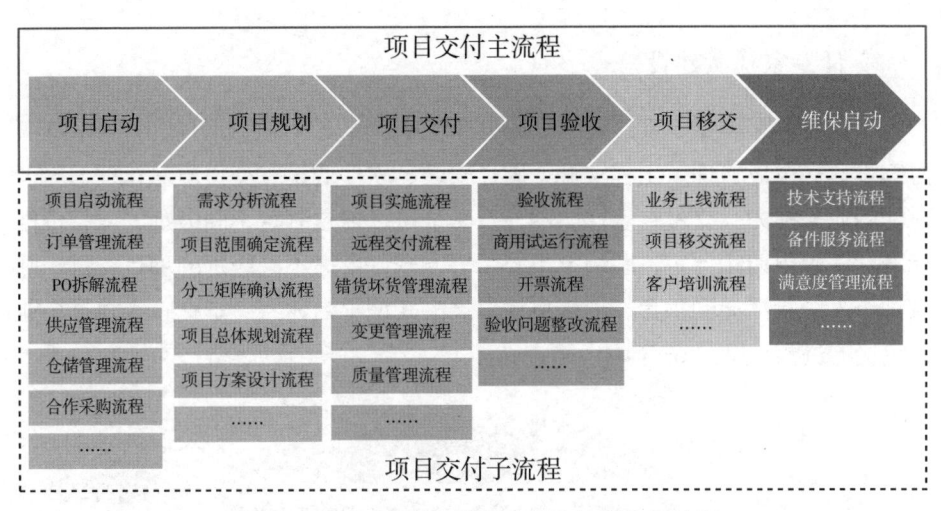

图 5-6　Process——项目交付主流程和子流程

交付能力管理平台建设

交付能力管理平台是业务知识的宝库，包括交付指导文档、工具模板、案例库、培训赋能平台等，涵盖业务所有内容的知识体系，不仅可以让新老员工借助平台提升业务能力，也可以把个人经验知识以多种方式分享到知识平台上，让部门及企业全员受益（见图5-7）。

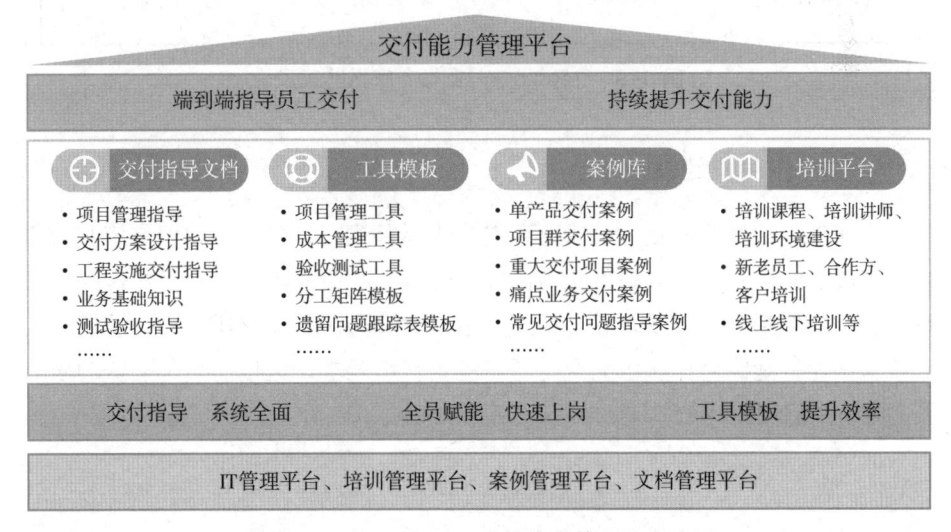

图 5-7　Platform——交付能力管理平台建设

交付专家梯队建设

各行各业都需要专家，交付业务也不例外，涉及项目管理、服务合作采购、方案设计、供应管理、工程实施、硬件安装、软件调试、交付质量管理、培训赋能等业务能力。交付专家梯队建设及认证可以通过制定不同级别的任职资格标准、任职申请和评定、职级结果公示等方式，支撑不同级别的项目交付，并且把个人经验沉淀到平台，形成良性发展的知识平台体系。毕竟，人才是企业最宝贵的资源（见图5-8）。

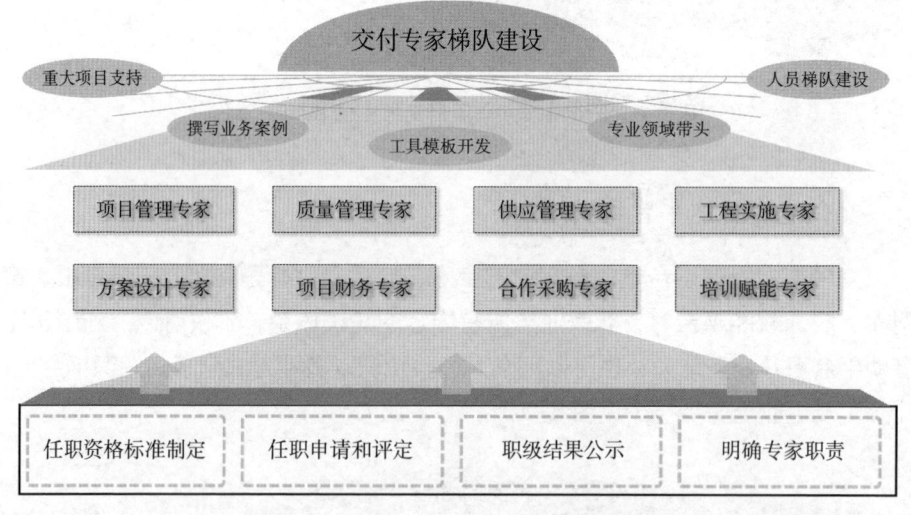

图5-8 People——交付专家梯队建设

交付合作队伍建设

合作外包已经是制造业、服务业的常规运营模式，能让企业聚焦核心竞争力，非核心业务外包可以降低企业内部运作成本。企业需要对服务合作商进行有效管理，包括合作企业的资质认证、员工资质认证、合作期间的质量管控、考核管理等，确保合作队伍的交付质量满足客户要求，这也是交付团队的核心能力之一（见图5-9）。

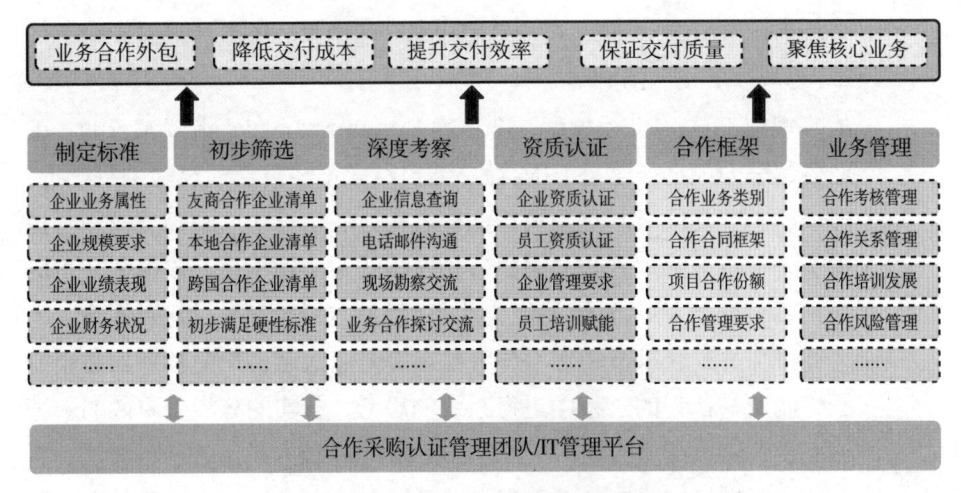

业务合作外包	降低交付成本	提升交付效率	保证交付质量	聚焦核心业务

制定标准	初步筛选	深度考察	资质认证	合作框架	业务管理
企业业务属性	友商合作企业清单	企业信息查询	企业资质认证	合作业务类别	合作考核管理
企业规模要求	本地合作企业清单	电话邮件沟通	员工资质认证	合作合同框架	合作关系管理
企业业绩表现	跨国合作企业清单	现场勘察交流	企业管理要求	项目合作份额	合作培训发展
企业财务状况	初步满足硬性标准	业务合作探讨交流	员工培训赋能	合作管理要求	合作风险管理
……	……	……	……	……	……

合作采购认证管理团队/IT管理平台

图 5-9　Partner——交付合作队伍建设

每个业务部门特点不同，对于企业支撑部门，如行政管理平台、出差管理平台、报销管理平台、签证管理平台（海外出差或常驻）、人力资源相关平台、后勤保障团队相关平台等，其目的是方便员工学习与使用，提升工作效率。无论哪个部门的平台，在体系化建设时的通用思路是，通过业务流程建设、知识平台建设、人员梯队及专家队伍建设等核心内容，提升员工和团队的工作能力与工作效率。

业务高效运作的方法论及工具

在当今竞争激烈的市场环境中，企业要想保持竞争优势并实现可持续发展，一套完善、高效运作的方法论及业务工具是必不可少的。这些方法论及工具不仅可以帮助企业解决运营中的各类问题，还能提升员工工作效率、保证工作质量，并在决策制定、组织行动、品牌输出、体现企业成熟度以及吸引人才等方面发挥重要作用。

企业各项业务都需要工具以协助部门日常工作的开展，主流业务常用的方法论及工具总结如下。

（1）企业战略管理类方法论

◇ 战略分析工具：3C分析法，即对客户（Customer）、竞争对手（Competitor）、企业自身（Corporation）进行分析。通过分析客户需求、行业趋势、竞争对手与自身的优劣势（包括产品技术、服务业务、商务价格及资源等），制定企业发展战略，通常是分阶段的战略，如 1~3 年、3~5 年、5~10 年等。

✧ 战略规划工具：BLM 模型，全称为 Business Leadership Model，即业务领导力模型。这是 IBM 在总结自身多年经营管理经验的基础上，形成的一整套战略制定及执行的模式和方法论。它为中高层管理者提供了一个将战略规划与战略执行相连接的方法和平台。该模型从市场分析、战略意图、创新关注、业务设计、关键任务、组织体系、人才、氛围与文化以及领导力与价值观等方面入手，帮助管理层在企业战略制定与执行的过程中进行系统的思考、务实的分析、有效的资源调配及跟踪执行。另外，"五看三定法"也是较为常用的一种方法，看行业、看市场、看竞争、看自身、看机会，定目标、定策略、定控制点。看行业包括行业环境变化、行业技术趋势、行业价值链（产业链定位）、行业竞争态势等；看市场包括市场地图、客户购买行为、客户需求等；看竞争包括经营信息、市场份额、销售额、人员信息、产品技术能力、服务能力、财务能力、供应链、品牌等；看自身包括关键业务、合作伙伴、价值主张、目标客户、客户关系、渠道、核心资源、成本、收入、核心优势等；看机会是指从市场空间和企业竞争地位找出机会点。基于上述详细分析，制定整体战略目标、战略控制点和整体策略。

（2）市场营销类方法论

✧ 4P 理论：产品（Product）、价格（Price）、地点（Place）、促销（Promotion）。产品主要包括产品的实体、服务、品牌、包装等；价格主要包括基本价格、折扣价格、付款时间、借贷条件等；地点通常称为"分销的组合"，主要包括分销渠道、储存设施、运输设施、存货控制等；促销是指企业利用各种信息载体与目标市场进行沟通的传播活动，包括广告、人员推销、营业推广与公共关系等。以上 4P 不仅是市场营销过程中可以控制的因素，也是企业进行市场营销活动的主要手段，企业可以根据自身产品的特点，对 4P 理论进行调整和优化，制定适合企业的营销策略。

✧ 4C 理论：消费者（Consumer）、成本（Cost）、便利性（Convenience）、沟通（Communication），强调以消费者为中心的营销策略。

✧ 4S 理论：满意（Satisfaction）、服务（Service）、速度（Speed）、诚

意（Sincerity），强调以客户满意为导向的营销策略。
- 4R理论：紧密联系客户（Relevance）、提升市场反应速度（Reaction）、重视与客户互动（Relationship）和关注营销回报（Reward），强调快速响应市场的营销策略。
- 生命周期管理工具：包括产品导入期、成长期、成熟期和衰退期不同阶段的营销策略。产品导入期的营销策略通常聚焦于特定市场和客户群，选择合适的时机，让市场尽快接受产品；产品成长期的营销策略聚焦寻找新的细分市场，发现更多客户群，通过优化改进产品，不断扩大份额，是多种场景下的组合营销模式；产品成熟期的营销策略聚焦市场和产品的进一步调整，持续扩大份额；衰退期的营销策略聚焦价值客户，逐步释放非核心市场，直至完全退出。
- SWOT分析法：包括Strengths（优势）、Weaknesses（劣势）、Opportunities（机会）、Threats（威胁），是目前常见的竞争分析工具之一，能够帮助销售团队快速制定营销策略。
- 波特五力模型：用于竞争战略的分析，可以有效地分析客户竞争环境。五力分别是：供应商的议价能力（包括供应商之间的竞争程度，供应商的品牌、质量、服务、核心客户群等）、购买者的议价能力（包括客户之间的竞争程度，客户的差异化产品、利润率、质量、服务等）、潜在竞争者的威胁（包括规模、产品技术、服务能力、品牌等）、替代品的威胁（包括替代品的质量、服务、价格、替换的难易程度）、行业内现有企业间的竞争能力（包括竞争结构、产品技术、服务、价格、成本、利润、产品差异化程度等）。通过波特五力模型，可以深度分析产业利润水平，并在此基础上建立长期可行的企业竞争战略。

企业要满足客户需求，实现经营目标，必须从目标市场需求和市场营销环境的特点出发，根据企业的资源和优势，综合运用各种营销手段，形成统一配套的市场营销战略，使之发挥整体效应，争取获得最佳效果。

（3）产品研发工具
- 软件开发工具：是程序员编写、测试和维护软件应用的基石，通常包括集成开发环境（IDE）、版本控制系统、代码编辑器和自动化测试工具等。常见的IDE有Visual Studio、Eclipse和IntelliJ IDEA，它们提供了丰富的代码库、调试器和可视化界面，有助于提升员工开发效率。

- ◇ 硬件设计工具：主要用于设计、仿真和验证电子系统，包括电路设计软件、嵌入式系统开发环境，以及 FPGA、ASIC 开发工具等。
- ◇ 系统仿真与分析工具：能够模拟实际系统的运行情况，帮助研发人员预测和评估系统性能。例如，MATLAB、Simulink 提供了强大的数学计算和算法设计功能，支持多领域的系统仿真。
- ◇ 实验室设备与仪器：是研发过程中不可或缺的实体工具，包括示波器、频谱分析仪、信号发生器、电源以及各种测试夹具和适配器等。这些设备能够直接测量和测试硬件的性能与稳定性，为研发人员提供直观的数据支持。
- ◇ 项目管理工具：有助于组织、计划和跟踪研发项目的进度与资源，通常具有任务分配、进度跟踪、风险管理、文档管理和团队协作等功能，常见的有 Microsoft Project、Jira 和 Trello，它们通过可视化的方式显示项目状态，促进团队成员之间的沟通与协作。
- ◇ 团队协作平台与沟通工具：是远程或分布式研发团队中不可或缺的辅助工具，支持实时聊天、文件共享、视频会议和在线文档编辑等功能，帮助团队成员跨越地理障碍进行高效的沟通和协作。Slack、Microsoft Teams 和 Zoom 等是常见的团队协作与沟通平台。
- ◇ 知识产权保护与检索系统：对于确保研发成果的安全性和合法性至关重要，通常包括专利检索工具、商标管理系统和版权保护软件等，能够帮助研发团队了解市场动态和技术趋势，避免侵犯他人的知识产权，同时保护自身的创新成果。
- ◇ 技术资料整理和存储库：管理研发过程中产生的各种文档和数据，能够方便地存储、检索和共享技术资料，确保团队成员及时获取所需的信息。GitLab、Confluence 和 Wiki 等工具提供了丰富的文档管理功能，支持多人的文档协作和版本管理。

（4）交付项目管理工具

- ◇ 项目管理软件：市场上有很多软件，针对项目范围、进度、人员、质量、合作方、成本、风险、采购、验收等项目活动进行系统化的管理，协助项目经理管控项目。
- ◇ 项目管理方法论及工具：常见的有项目管理理论、项目生命周期管理理论、项目范围管理工具、项目时间管理工具、项目成本管理工具、项目质量管理工具、项目人员管理工具、项目风险管理工具、项目资源管理工具、项目采购管理工具、项目验收管理工具等，能有效提升项目经营活动期间各模块的管理效率。

（5）质量管理工具

◆ 六西格玛（Six Sigma）管理工具：是在提高客户满意程度的同时降低经营成本和周期的过程革新方法，是通过提高组织核心过程的运行质量进而提升企业盈利能力的管理方式，也是在新经济环境下企业为获得竞争力和持续发展能力的经营策略。缩写为 DMAIC，包括界定（Define）、衡量（Measure）、分析（Analyze）、改善（Improve）与控制（Control）。通过界定核心流程和关键客户，找出关键评价标准，分析目前质量和客户需求的差距，找出改善方案和行动计划，并能够将改善方案持续进行下去。

◆ PDCA［Plan（计划）、Do（执行）、Check（检查）和 Adjust（处理）］工作循环法，SMART［Specific（明确性）、Measurable（可量化）、Attainable（可实现）、Relevant（相关性）和 Time-bound（时限性）］工作方法，WBS法等常用的工作方法论也是非常好的质量管理工具。

（6）创新思维研讨工具

◆ 六顶思考帽：是较为常见的创新工具，主要从六个平行维度（思考帽）思考业务，最终找到突破点。其中，白色思考帽关注客观事实和数据；红色思考帽聚焦直观感受；黄色思考帽从积极、正面的角度思考；黑色思考帽从否定、怀疑的角度进行合乎逻辑的批判；绿色思考帽充分发挥想象力和创造力的思考；蓝色思考帽规划和控制整个思考过程，最终给出系统化的分析结论。从六个方向平行思考和研讨时，每次聚焦一顶思考帽、一个方向，充分地研讨，最终集合六个维度的研讨成果，再结合企业业务现状，制定出符合实际情况的解决方案。

◆ 头脑风暴法：通过集思广益的方式，鼓励团队成员尽情发表自己的想法，不加限制地进行创意。在进行"头脑风暴"时，可以依据以下步骤：

  ✓ 确定主题：明确需要解决的问题或者需要创新的领域。
  ✓ 设定规则：鼓励成员尽情发表自己的想法，不加批判地记录下来。
  ✓ 产生创意：成员可以通过自由联想、类比思维等方式产生各种各样的创意。

- ✓ 整理和筛选：对产生的创意进行整理和筛选，选择最具潜力的创意进行进一步的开发和实施。
- ◇ 反向思维法：一种颠覆传统思维模式的方法，通过从相反的角度思考问题，寻找与众不同的解决方案。在运用反向思维法时，可以依据以下步骤：
- ✓ 确定问题：明确需要解决的问题或者需要创新的领域。
- ✓ 反向思考：从相反的角度思考问题，想象出与传统思维相悖的解决方案。
- ✓ 分析可行性：对反向思考得到的解决方案进行评估，分析其可行性和可实施性。
- ✓ 优化方案：结合反向思考得到的解决方案和现实情况，优化方案使之更符合实际需求。

对于创新思维的发现，在行业中比较著名的还有阿奇舒勒的《创新算法：TRIZ、系统创新和技术创造力》[1]，总结了几十种创新方式，对打开思维有着非常大的帮助；克里斯坦森等著的创新系列丛书[2][3]，针对各种类型的企业在创新中遇到的问题进行深入探讨和分析，可为企业提供借鉴。

人力资源部门、业务运营管理部门、财务部门、客户服务部门、生产制造供应管理部门、采购管理部门、后勤管理部门等都需要管理各自的业务工具，以提升部门业务的运作效率和质量，支撑部门业务高质量发展。

业务模板的开发，让员工的日常工作有了重要参考

业务模板不仅可以让员工的工作更加规范和高效，也利于知识传承。业务模板通常规定了每个步骤的具体操作、注意事项等，有助于员工按照既定的流程执行任务，这不仅提高了操作的规范性，还有助于减少操作不当导致的错误

---

[1] 阿奇舒勒.创新算法：TRIZ、系统创新和技术创造力[M].谭培波，茹海燕，译.武汉：华中科技大学出版社，2018.

[2] 克里斯坦森.创新者的窘境：领先企业如何被新兴企业颠覆[M].胡建桥，泽.北京：中信出版社，2020.

[3] 戴尔，葛瑞格森，克里斯坦森.创新者的基因：打造个人和组织的创新能力[M].曾佳宁，译.北京：中信出版社，2020.

和风险。同时，业务模板作为企业知识的载体，将经验和最佳实践固化在模板中，便于新员工快速上手和实践。通过模板的传承，企业能够将宝贵的经验和知识传递给员工，使他们快速成长并融入团队。随着员工业务能力的提升和业务不断变化，员工还可以提出建议优化模板，使模板的开发和应用处于良性循环状态（见图 5-10）。

任务分析	制定架构	一线调研	试点应用	培训推广
• 聚焦工作重复性强、工作量大的活动，需要开发模板提升效率 • 制定模板开发清单	• 可以参考历史优秀文档，以此作为模板 • 将架构中需要客户化的地方用红色字体、黄色背景标记出来	• 为保证模板的适用性，建议和一线业务人员沟通	• 通过业务人员的应用进行效果评估和优化	• 在一线全面推广 • 根据业务进展，持续优化模板

业务模板设计思路

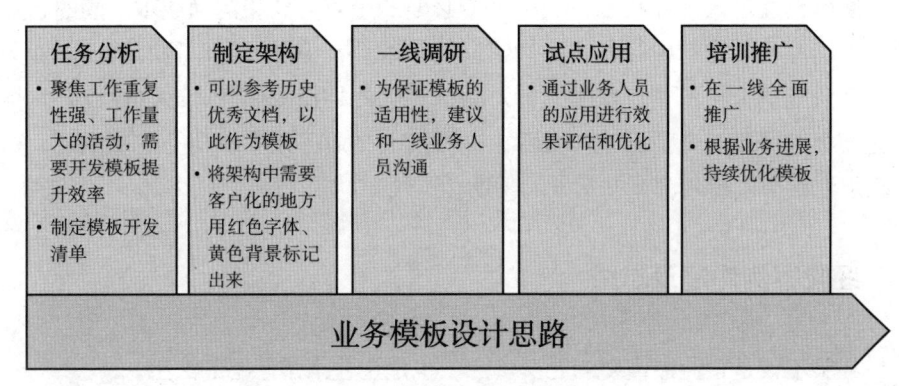

图 5-10　业务模板设计思路

常见的业务模板如下：

①销售类模板：

◇ 客户交流：拜访纪要模板、客户需求/问题跟踪表模板。

◇ 合同管理：销售合同模板、采购合同模板、服务供应商合同模板。

◇ 业务运作：客户关系管理模板、客户痛点/解决方案拓展引导模板、项目立项模板、销售项目进度管理模板、投标开工会模板、投标分工表模板、评审材料及决策材料模板。

②研发类模板：需求统计模板、开发项目规划模板、各模块接口设计模板、进度管理模板、测试问题跟踪模板。

③交付类模板：

◇ 业务运作：合同交付启动会材料模板、交付团队任命书模板、项目管理模板、验收测试模板、项目验收后产品移交给客户的模板。

◇ 售后服务：现场服务报告模板、重大故障分析报告模板、客户维护交流纪要模板。

◇ 通用业务：销售/研发/交付等方案指导书设计模板、业务案例模板、重大项目宣传模板、业务问题反馈模板。

④人力资源类模板：招聘岗位要求模板、简历模板、面试评估表模板、岗

位职责说明书模板。

⑤业务汇报类模板：部门周/月/季/半年/年度汇报模板、项目汇报模板、述职报告模板。

业务模板通过将优秀实践和经验固化成标准化的操作流程，极大地提升了企业的工作效率。员工在执行任务时，无需从头摸索，只需要按照模板中的指引，便可迅速进入工作状态，减少了不必要的重复劳动和沟通成本。同时，模板中的标准化步骤有效降低了操作错误的可能性，提高了工作的准确性。业务部门团队或员工在日常工作中，针对频繁遇到的相似的业务活动，建议开发标准化模板指导和提升业务工作效率，这就形成了业务效率提升的良性循环，对提高组织和个人绩效都有非常大的帮助。

经验案例库建设思路

经验不仅是企业最重要的无形资产，也是企业常常忽略的法宝。

两个小故事

一位生产车间的老师傅，工作了几十年，生产的产品合格率几乎是100%。终于有一天要退休了，一个年轻人接手了他的工作。年轻人上班第一天，他生产的产品不合格率高达100%。大家通过仔细分析最终找到了原因，原来是产品生产的流水线有个小漏洞，每次到达该环节时，老师傅都会通过手工修正让流水作业正常进行并让产品质量达标，但是这个小漏洞以及修正漏洞的方法只有他自己知道。因此，年轻人在接手他的工作后，不知道这个问题所在，导致产品在生产时全都出了问题。

有一个人对古钱的鉴别很在行，很多朋友向他求教，这使他经常要花很长时间帮朋友鉴别。后来，他干脆写了一本指导书。这本指导书完成后颇受欢迎，一方面帮他省去了很多的时间，另一方面书的出版发行使他有了一笔不小的收入。

两个简单的小故事，反映出两种截然不同的效果：不愿意写案例总结的员工难以传承经验，导致其他员工重蹈覆辙，影响同类业务的效率；而愿意写案例总结的员工则不同，不仅能提升自身效率，还能带动团队整体效率的提高。

案例带来的核心价值

案例带来的核心价值不言而喻，它对员工成长、企业发展有着无形的推动作用，增加了企业大量的隐形资产，具体体现在以下方面：

- 价值一：案例是业务实践的总结，让大家少走弯路。企业各岗位员工的工作经验积累和沉淀就是企业最宝贵的财富，是非常有价值的无形资产，使员工高效作业、少走弯路并提高工作效率，最终达到降低成本、增加收入的目的。
- 价值二：案例是业务问题的解决思路，可以借鉴和参考。各部门业务或员工在工作中遇到问题时，参考其他相似项目或业务的案例总结是解决问题最快捷的方法，对完成部门组织绩效、员工个人绩效有着非常大的促进作用。
- 价值三：案例可以帮助员工走专家路线。经常撰写案例总结，不仅可以让有经验的员工把自己的业务经验总结出来，也在帮助他人共同成长，支撑企业发展，并激励员工向专家方向或管理者方向发展。

华为CEO任正非曾经说过："经验的浪费，是华为最大的浪费！"由此可见任正非对经验总结的重视。企业员工如果不愿意总结经验，不愿意写案例，当他调整岗位或离职时，他曾经积累的宝贵经验就会随之流失。

案例平台的设计和管理

在案例平台设计上，企业可以根据自身的业务特点进行设计，无论哪种设计模式，目的都是聚焦案例的推广和复制，提升工作效率，降低成本并增加收入。以下是比较常见的设计和管理思路。

- 案例的分类：通常是基于岗位或者职责进行分类，比如，研发类、生产类、销售类、交付类、财经类、人力资源类、物流管理类、行政平台类、供应链配套类、采购类等。针对每个类别，我们还可以细化，以交付类为例，可以细分为设备交付、设备安装调试、维护交付、备件交付、培训交付等。
- 案例的IT系统设计：IT系统设计需要的关键内容包括案例的提交、评审、发布、检索和阅读等，每个内容的版本可以对不同角色的人员赋予权限。比如，案例的提交和案例的阅读是面向全员的（注：针对部分机密性高的案例，可以针对特定岗位赋权阅读），案例的评审只有专家评委资源池的人员才可以访问等。
- 案例级别：对于评审通过的案例，可以进行打分并给出一定级别的评定。比如，可以分为优秀、良好、合格、不合格等级别，也可以用A、B、C、D进行评定。不仅让案例作者对最终评定结果有认同感和成就感，也鼓励全员向优秀案例的标准努力。
- ◇ **案例评委**：案例评委通常由业务岗位上达到一定职级的专家兼职担任，可以对他们提出一定的要求，如必须发表5篇B级别以上或2篇A级别以上案例等，用以保证案例评审的水平。
- ◇ **案例推广**：针对发布的案例，可以基于案例的类别，在该类别岗位员工范围内进行推广宣传，一方面认可作者对案例总结的努力，另一方面希望这样的经验总结给大家带来帮助，对于部分优秀的案例可以进行包装后扩大宣传。
- ◇ **案例评分**：针对发布推广的案例，如果员工阅读后有一定的收获，则可以在案例下方留言与作者互动，并进行打分评价，高分案例可以作为年度优秀案例评选时的参考。

案例模板和写作指导

虽然案例的好处很多，但是企业中真正愿意写案例的员工少之又少，精品高质量的案例就更少了。工作太忙、文笔不好、缺乏激励措施等是案例质量不高的常见原因。如何写出一篇高质量的案例，是大部分员工面临的问题。在这里笔者推荐使用"案例写作指导三件套"——案例模板、案例写作指导和优秀案例集。有了这三件套，就能让一个从未写过案例的新手很快掌握案例写作技巧和方法，开始尝试写案例。

案例模板

所谓案例模板就是把从案例标题到各内容模板的结构设计出来，针对各模块部分提供简要的说明，常见的案例模板结构如图5-11所示。

案例标题	简明扼要，有字数要求，突出主题
案例摘要	简要介绍案例核心内容，整理关键词，便于检索
引言	聚焦问题，介绍问题或某类现象带来了哪些影响
原因分析	分析关键原因，以及背后可能的深层次原因
解决方案	解决方案设计以及对应解决哪些问题
实践应用及效果	解决方案在项目中的验证结果及效果，是否值得推广
总结与推广	需要说明哪类项目比较值得推广，而不是所有的项目都适用

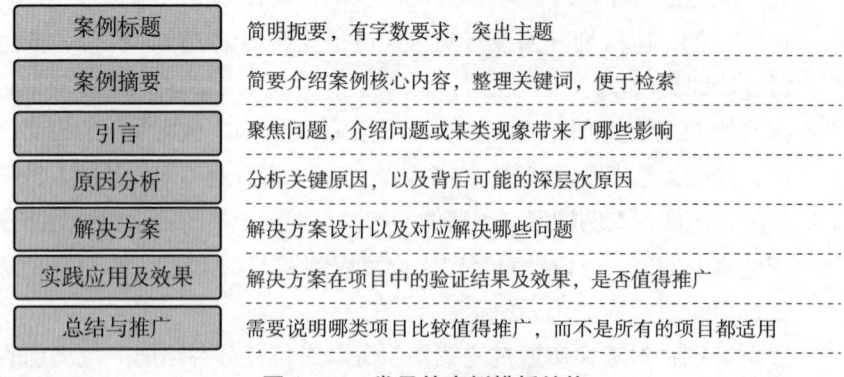

图5-11 常见的案例模板结构

- ◆ 案例标题：简要说明标题的格式要求、字数要求，以及如何突出主题。
- ◆ 案例摘要：简要说明摘要部分的内容要求、字数要求，以及如何突出关键词以便检索。
- ◆ 引言：引言的目的是反映问题及现象，以及说明带来了哪些影响。
- ◆ 原因分析：简要分析问题的原因以及背后可能的深层原因。
- ◆ 解决方案：简要说明解决方案的设计及其适用的问题。
- ◆ 实践应用及效果：简要说明解决方案在部分项目的验证结果及效果分析，以及是否值得推广。
- ◆ 总结与推广：简要总结哪些项目比较值得推广，以及推广的建议。

案例的核心是解决某一业务场景的问题，并使其值得在企业推广。

案例写作指导

有了好的案例模板，员工可以大致了解案例的内容和结构，但是针对详细的案例写作，我们还要提供一些案例写作指导材料，最好是 PPT 格式，可以把案例的结构要求按照示例的方式列举。比如，如何拟定案例标题；什么样的案例标题质量比较高，并且有一定的吸引力；常见的优秀标题有如下示例；如何写引言，什么样的引言能引起读者的兴趣，优秀的引言有如下示例……如果把所有案例模块进行详细的解释说明并提供样例参考，员工就会有初步的写作思路。

优秀案例集

优秀案例集提供了一个完整版的案例参考。"熟读唐诗三百首，不会作诗也会吟"，建议针对不同岗位、不同业务多整理一些优秀案例，使员工案例投稿达到优秀级别的概率大增。有了案例模板、案例写作指导和优秀案例集三件套的精准指导，员工将会彻底打开撰写案例的思路，积极性也会得到很大的提高。

案例的考核和激励

虽然案例总结的好处很多，但在考核时我们通常不将其作为部门或员工考核的关键 KPI。有以下几个方面的考虑：

- ◆ 案例质量可能会下滑：如果将撰写案例作为 KPI 考核，大多数员工就不得不写案例，数量激增且被动撰写的案例会使案例质量整体下滑，在推广应用时起不到好的效果，长此以往，大家会越来越不愿意撰写和应用案例。
- ◆ 部门业务可能会偏离主航道：案例总结是业务经验积累沉淀的一种方

法，如果将其设为部门或员工关键 KPI，大家可能会投入过多的精力在案例撰写上，而不擅长写作案例的团队或个人可能会花费大量时间专门撰写，这样不仅效果较差，还可能导致部门业务偏离主航道。

虽然没有将案例总结纳入关键 KPI 考核，但不是说案例不需要考核激励，我们还有很多其他的方法。

- ◇ 作为考核加分项：可以通过月度、季度、年度统计整理出 Top N 的优秀案例及作者，作为员工考核加分的依据。
- ◇ 部门及企业层面的宣传：针对评价比较高的案例及作者，可以在部门内部或企业层面进行宣传，不仅可以提升员工在企业内部的专业影响力，还可以激励员工。
- ◇ 优秀案例的评定：将质量较高、用户评分较高、在某些项目中成功应用并获得高度反馈的案例等，评定为优秀案例。同时，对作者给予一定的物质奖励或精神奖励，希望他们再接再厉，继续为企业分享宝贵经验。

案例对员工的成长、企业的发展有非常重要的价值，鼓励全员撰写经验总结，管控好案例质量，让这样的无形资产发挥重要作用。尤其对于创业者来说，即使面临再多困难，有大量的经验案例库，创业成功的概率也会大大增加。

业务部门的小工具，有效提升各个岗位的实际工作效率

无论哪个企业、哪种业务，都会存在某些耗时费力的工作。比如，数据收集量大、统计分析多、计算量大、数据对比工作多、绘制各类图表等都是较为常见的业务痛点。只要业务部门开发小工具，就能将这些事务烦琐、重复性强、计算量大的工作交给工具处理，将员工从低效劳动中解放出来。小工具的范围非常广泛，它们替代了大量的手工活动，让员工充分聚焦核心业务开展工作。常见的业务部门小工具有：

- ◇ 绘图小工具：包括网络组网图、销售解决方案设计图、交付方案设计图、产品方案设计图、业务流程运作指导图、设备配置图、硬件安装图等。在项目实施或者制订客户化方案时，经常需要进行大量绘制，而自行开发或购买专业绘图的工具软件，可以方便员工快速输出需要的图形。
- ◇ 销售报价小工具（销售业务）：对于场景复杂、配置方案经常调整、涉及产品种类多、产品之间的配置又强相关的业务，需要开发报价工具，

一方面保障配置数据的一致性；另一方面可以在报价工具上增加单价折扣、总价折扣、一次性赠送等优惠开关，基于企业商务授权快速输出最终价格。

◆ 自动配置小工具（交付业务）：对于终端用户，需要开发自动配置的功能。在用户安装好终端设备并联通网络后，只需要点击"自动配置"，系统就会把设备配置好（个别地方需要手动输入一些信息，比如，终端的名称、连接网络名称及密码等），这极大地节省了上门安装调试的时间成本。

◆ 远程交付小工具（交付业务）：对于设备调试标准化程度高，但客户地点较为分散的情况，如果能够远程配置，会极大节省上门安装调试的时间；可以安排硬件安装工程师上门服务（通常外包给合作公司），在安装完成并联通网络后，由企业专家进行远程配置和调试。这样的合作模式既降低了交付成本，又保证了交付质量，企业专家的价值也得到了充分发挥。

◆ 自动测试小工具（研发业务）：研发的版本开发完成后，对每个功能都要进行测试验证，包括基本功能测试、大规模承载测试、异常操作测试等，如果由人工一步步地操作，则费时费力。可以开发自动测试验证的小工具，反馈测试过程及总结报告，让测试过程变得简单高效。

◆ 故障信息收集小工具（研发业务）：设备运行期间通常会有日志记录，当有故障发生时，异常的日志记录对维护人员分析和定位问题有着重要的参考价值。通过故障日志信息的收集工具，现场工程师把有故障信息的日志发给技术支持专家，可以远程快速定位问题。例如，SUN公司的服务器Solaris操作系统，在服务器出现故障以后，一线工程师只需要输入指令，系统就会收集故障信息、告警信息等，通过邮件发送给SUN技术支持工程师，他们会很快判断出原因，不仅大大提升了问题的一次性解决率，也提升了客户满意度。

◆ 统计分析小工具（所有部门）：几乎所有企业都需要数据统计分析，虽然可以使用常用的办公软件，但其在调整格式、数据显示方式、数据间隔、凸显字体颜色等方面不是很智能。如果开发一个简单的数据统计分析工具，在数据导入后提供更加人性化的操作界面，并且选择数据统计后的显示方式（柱状、线状、饼状、是否双纵轴、颜色、数据间隔等）以便调整和优化，那么对于需要经常进行数据统计分析的业务部门来说，价值是相当大的。

小工具的核心是解决内容复杂烦琐、计算量大、重复性高的工作，各个业务部门根据自身的业务特点开发一些小工具，可以使局部的工作效率得到大幅提升。

日常办公工具

日常办公工具对提升办公效率、增强团队之间的协作、降低内部运作成本、确保信息安全、满足多元化办公需求等方面有着非常便捷的作用，是企业日常运营最基础也是最重要的工具，主要有以下类别：

- 日常办公基础网络设备：综合网络设备、防火墙、宽带路由器、网络安全系统、企业云盘、文档服务器等。
- 日常办公硬件设备：电脑、投影仪、智慧屏、白板、打印机、复印机等。
- 不同容量的会议室：大型会议室、中型会议室、小型会议室等方便团队业务研讨交流的场所，会议室的硬件配套通常有投影仪、智慧屏、白板等。
- 宽带网络：足够的宽带网络也是办公必需的一部分。
- 日常办公软件：除Windows、WPS、Office、邮件管理系统等常用软件外，有些岗位还需要流程开发工具、绘图工具、图形处理工具、3D制作工具或需要处理某些特殊业务的软件等。
- 资料备份：云盘备份平台、文档服务器等方便重要文档资料的备份。

日常办公工具是企业的基本需求，企业一定要购买配置合适甚至略高的办公用品，让员工工作得心应手。比如，使用配置过低的电脑，员工需要经常进行图形处理、三维效果处理，其工作效率可想而知。

第四节 "器"的小结

"器"是企业有力的"作战装备"。

"器"是企业"铁打的营盘"。

"器"是企业最宝贵的无形资产。

"器"是企业的核心竞争力。

"器"是企业的工具平台，展现方式有业务管理平台、IT平台、业务知识及指导平台、培训平台、经验案例库平台、方法论工具、业务工具、业务模块、办公工具、数字化转型等。

俗话说"磨刀不误砍柴工",就是强调工具的重要性。企业如果不重视工具的开发和应用,就很难获得好的发展,需要重点聚焦如下几个方面。

◇ IT 工具:业务运作规范化、标准化、流程化、程序化之后,需要一个重要的 IT 平台支撑,通过 IT 技术进行监控和管理,是提升运营效率的最好方式之一。

◇ 业务平台工具:业务系统必须通过平台支撑,知识库、业务指导书、培训业务、任职资格、经验案例、员工业务交流等必须有统一的平台,方便员工学习成长,不仅可以在业务中总结好的经验分享给大家,遇到问题也可以向部门求助,是提升工作效率的有效方式。

◇ 业务运作方法论工具:对于行业优秀的营销理论、交付理论、研发理论、创新思维理论、项目管理理论及工具等,都可以直接借鉴应用,或者基于企业业务特点进行优化,改进成自身的方法论工具,是提升效率的好方法。

◇ 业务模板:在业务模板帮助业务运作管理的过程中,统一要求是非常有效的一种方式,可以快速规范业务运作,提升业务效率,对业务长期发展有着非常好的支撑作用。

◇ 软件及硬件工具:虽然每个部门的业务特点不同,但是总有重复性工作多、计算量大、统计分析多、数据配置变更频繁、报价复杂、销售到交付的数据拉通困难、部门业务需要经常绘图等场景,通过软件工具能进行高效准确的处理,不仅节省人力,而且输出的质量统一、规范,是提升效率的好帮手。另外,支持日常办公的硬件工具,对提升工作效率也是非常重要的。

器(工具)是确保道(企业文化价值观)、法(制度)、术(运作管理)有效实施的重要手段。

注意这里有一个需要避免的误区:工具不要为做而做,而是以实用为主。操作复杂、技术要求很高的工具,对业务改善往往不明显,甚至拖后腿。

有个小故事。

某个工厂引进了一条肥皂生产线,但这条生产线存在缺陷,使一部分空肥皂盒流向了市场,导致客户大量投诉。于是老板花钱请来一个博士团队解决这个问题。他们采用 X 光等探测手段,配合计算机自动化技术,在发现空盒子时,自动控制机械臂将其夹走。整个过程不仅流程复杂,而且费用昂贵。

185

管理的哲学
道法术器势

中国南方也有一家乡镇企业购买了一条肥皂生产线,老板也发现类似的问题,他让负责生产的工人解决这个问题。工人很快就想出了办法,他在生产线旁边放了台电风扇,调到适合的风量吹向即将出厂的肥皂盒,如果是空盒子就会被吹下传送带,不会流向市场。

这个故事不是为了说明乡镇企业有多高明、多省钱,对于一些小微企业来说,这样的解决方案是最简单高效的,如果企业规模做大了,每天的产量有几百吨、上千吨,利用电风扇的方案可能会让生产线乱套,这时候博士团队的方案就展现出更高的价值,由于产量大,新技术的费用分摊就显得微不足道了。

因此,企业要选择适合自己的工具和解决方案。

第六章

势

第一节　何谓"势"

"势"的繁体字是"勢",在《说文解字》中,"勢"被解释为"盛力权也",即强大的力量和权力。"势"引申为可以影响、控制人的客观力量,这种力量不仅限于物理上的压制,还包括精神上的影响和控制,形成一种"气势"。

所谓"气势",就是对完成目标的强烈意愿、面对挑战和困难时坚忍不拔的毅力、坚定的信念和对自身能力的信心、高效的执行力,气势也是文化的一部分。执行力强、公平公正、信守承诺,助力打造企业之势。

第二节　"势"在企业中的价值

为什么伟大的理想不能转变为现实?
为什么无懈可击的战略方案达不到预期效果?
为什么经过科学论证的目标不能变成具体的结果?
为什么小心翼翼、费尽心思却被对手抢占先机?
为什么有同样的计划和策略,业绩却相差十万八千里?
因为,缺少执行力——从战略到落地的执行力。

曾有一家权威企业做过调查:在整整一年的时间里,许多企业只用15%的时间为客户提供服务,其余85%的时间里所做的工作对于客户来说毫无意义。

换言之,企业为了维护组织自身平衡稳定,将大量时间和精力花在了内部协调、开会、解决人事问题、处理各种管理纷争上。此时,企业组织变成了"为了存在",而非"为了客户而存在"。当企业的战略方向已经明确时,执行力就成为最关键的因素。许多企业的失败不是战略的问题,而是战略执行的问题。再好的战略,如果不去执行,也是空谈。

管理的哲学
道法术器势

一个组织快速学习并将学习转化为行动的能力，是最终的竞争优势[①]。

——杰克·韦尔奇

执行是战略与结果之间的桥梁。没有执行，战略只是空中楼阁[②]。

——拉姆·查兰

答案永远在现场，执行力就是把"知道"变成"做到"[③]。

——稻盛和夫

执行比计划难一千倍[④]。

——埃隆·马斯克

有一个小故事。

蜀之鄙有二僧，其一贫，其一富。贫者语于富者曰："吾欲之南海，何如？"富者曰："子何恃而往？"贫者曰："吾一瓶一钵足矣。"富者曰："吾数年来欲买舟而下，犹未能也。子何恃而往！"越明年，贫者自南海还，以告富者，富者有惭色。

富僧经济条件非常好，但是执行力差；贫僧经济条件非常差，但是执行力强。结果是贫僧实现了个人梦想。

执行力强在企业中有极其重要的价值（见图6-1）。

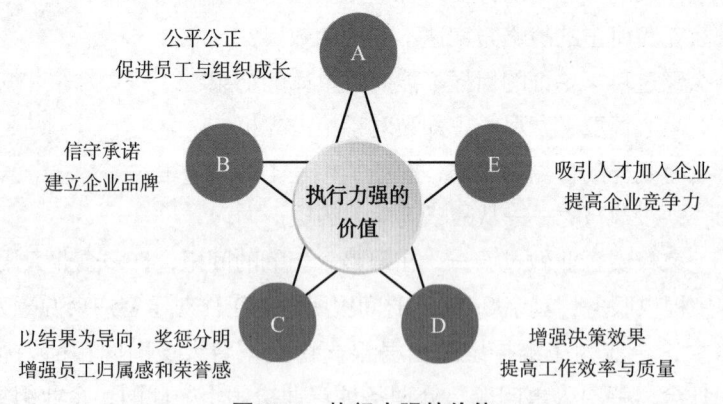

图6-1 执行力强的价值

[①] 韦尔奇.赢[M].余江，玉书，译.北京：中信出版社，2017.
[②] 博西迪，查兰，伯克.执行：如何完成任务的学问[M].刘祥亚，等译.北京：机械工业出版社，2021.
[③] 稻盛和夫.活法[M].曹岫云，译.北京：东方出版社，2019.
[④] 引用自2018年埃隆·马斯克在特斯拉公司内部的讲话。

- 公平公正的机制能够促进员工与组织的共同成长。《论语·季氏》中说"不患寡而患不均",这是所有员工最担心的事情:不担心财富不多,而是担心财富分配得不公正。良好的企业文化和员工管理制度,在运作管理中一定会涉及职级评定、项目安排、薪酬调整、干部选拔等。如果部门主管不基于企业制度进行公平公正的工作安排和相关评价激励员工,而是基于个人喜好,拉帮结派建立自己的小圈子,就很难在部门树立公平公正的意识,导致队伍涣散、战斗力差。如果各个部门都有"王子犯法与庶民同罪"的执行力,对员工的评价和激励都公平公正,就会让员工相信主管、相信企业,充满信心努力工作。
- 对客户信守承诺,是企业建立品牌的最好方式之一。《道德经》中说"慎终如始",企业在创业初期对客户的需求响应、痛点解决、问题处理都是非常积极的,但随着企业市场规模逐渐扩大、产品的多样化,能否始终如一地向客户兑现承诺,是所有企业面临的问题。曾经优秀的品牌,会面临产品多样化,进而导致各类问题越来越多、服务越来越差、企业形象一步步受损,这似乎是很多企业的通病。几十年如一日的产品质量承诺、服务质量承诺,才是企业给用户树立良好品牌最好的方式。
- 全员执行结果奖惩分明,能够增强员工的归属感与荣誉感。企业对待员工,该晋级的晋级、该加薪的加薪、该发奖的发奖。同时,对于违反企业制度的员工要进行处罚。
- 增强决策能力,系统地提高工作效率和质量。在企业中,如果一个人在领导岗位待久了,就会越来越"圆滑",喜欢打太极,该他做的他既不承诺,也不推诿,开无数次会议却不决策,这会极大消耗企业内部的人力资源。这样执行力差、不作为的领导,不仅是企业的蛀虫,也可能助长内部腐败的风气。
- 吸引人才加入企业,增强企业竞争力。一家企业如果不是依据真抓实干的奋斗精神和贡献提拔人才,而是喜欢溜须拍马、搞私人圈子的人,真正有实力的人才就不会来,因为他们是实干家,没有时间维护领导关系、溜须拍马。诸葛亮《出师表》中的"亲贤臣,远小人,此先汉所以兴隆也;亲小人,远贤臣,此后汉所以倾颓也",解释了汉朝是如何兴旺的,又是如何灭亡的。龚自珍《己亥杂诗》中的"不拘一格降人才",点明人才的选拔与培养要基于个人能力和企业标准执行,该提拔就要提拔、该重用就要重用、该淘汰就要淘汰,这样才能吸引越来越多的人才加入企业。

管理的哲学
• 道法术器势

即使一家企业的"道法术器"体系建设得非常完善，若缺乏执行力，也会走向衰落。如下就是一个典型案例。

重工业城市沈阳有一家国有大型机床厂，由于经营不善宣布破产，后被一家日本企业收购。大家原以为日本人肯定会大刀阔斧地进行变革，但是让人们想不到的是，日本人只派来四个管理者——一个生产总监、一个财务总监、一个采购总监和一个营销总监，对于这个厂原来的管理制度却是只字未改。

一年后，这家工厂不但不再亏损，而且利润和效益大幅增长。记者采访了解其中原因，日本方面的回答不仅令人大吃一惊，也使很多管理专家出乎意料："这家工厂原来的制度非常完善，相比日本的制度并不落后。不同的是，原来的制度仅仅是挂在墙上而已，而我们所做的不过是把它严格执行罢了。"

真正让制度落地的执行力，不仅是企业的"势"，也是使企业强大的发动机。

执行的前提是企业拥有良好的文化和价值观，以及良好的制度和运作机制，这些要符合企业自身发展规律，能够支持企业可持续、高质量的发展。在"道法术器"已经较为合理且系统化的基础上，企业需要强调执行力并确保方向正确。

海尔集团在创业早期，员工工作懈怠，规章制度执行得非常不力。1984年12月，张瑞敏从纪律上开刀，列了十几条简单明确、容易落地执行的规定。

- ✧ 不迟到、不早退、不旷工。
- ✧ 不准代他人考勤打卡。
- ✧ 工作时间不准打扑克、下棋、织毛衣。
- ✧ 工作时间不准串岗。
- ✧ 工作时间不准喝酒。
- ✧ 工作时间不准睡觉。
- ✧ 工作时间不准赌博。
- ✧ 不准损坏工厂的设备。
- ✧ 不准偷工厂里的财物。
- ✧ 不准在车间里大小便。
- ✧ 不准破坏工厂里的器物。
- ✧ 不准用棉纱、柴油烤火。
- ✧ 不准带小孩和外人进入工厂。

这些规定在现在看来，有些不可思议。对于初创企业或者企业管理混乱期，制定的规章制度越具体越好，方便大家执行，而一些抽象的概念，如客户至上、诚信品德、团队协作、学习型团队、控制风险、数据安全、社会责任等，由于没有具体的执行措施，很容易让员工钻空子，较难被执行。随着企业规模的扩大，对制度的执行和管理越来越规范，相应的管理制度也会不断更新迭代。通过上述规定可以看出，张瑞敏是一位非常务实且执行力很强的领导。

第三节　如何打造企业之"势"

企业的战略、制度、部门的目标和计划、员工的任务和考核等都需要确保执行和落地，没有执行，都是空谈。

打造企业之"势"的方式如图 6-2 所示。

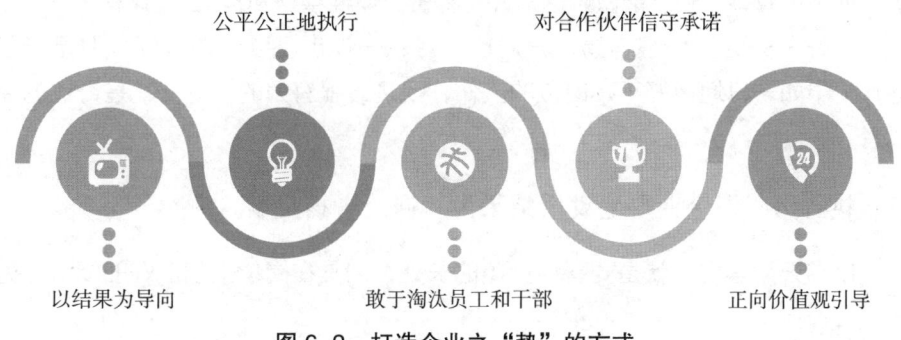

图 6-2　打造企业之"势"的方式

执行力是企业文化的核心

企业的执行力是从文化到制度、从制度到管理、从管理到运作，全流程落地的核心，是企业生存的基本，也是企业文化精神的一部分。执行力强的企业有以结果为导向、公平公正、公开透明、信守承诺等典型特征。

各级管理者必须参与部门的具体工作，成为推动全局发展的动力源。管理者必须参与具体的运营过程，如客户的交流、基层员工的沟通、深入了解中基层干部执行中的问题，找到各阶段的具体执行情况与预期之间的差距，进一步对其进行正确而深入的引导、解决困难，直至成功。从战略到落地的全流程中，企业管理者要把控全局，了解一线，让执行真正全面落地，给全体员工做好表率。

没有强有力的执行力，"道法术器"层面的所有努力都将白费。

《韩非子·孤愤》中说："能法之士，必强毅而劲直，不劲直，不能矫奸。"大意是：能推行法术的人，一定是坚强刚毅而正直的，否则就不能惩治奸邪。

"势"就是打造企业钢铁意志般的执行力，有一个"最敬业员工"评选的故事。

美国曾经组织过一次评选"全美最敬业的员工"活动，大家积极参与投票。在大部分人心目中，中选的应该是美国总统或高级政府官员（最忙碌）、知名的企业家（解决就业）或慈善家（人缘好）、各行业英雄楷模（心目中的偶像）、各大明星（粉丝多）……

最终，获得最敬业员工的却是一名已经退休的邮递员，中选的理由是：他在工作的40年中从未迟到、早退、请假，也从未投错过信件及包裹，并且从未收到过投诉。

如果单看某一天，能做到这样并不稀奇，但他整整40年都是这样。

做好一天的工作很容易，一周、一月、一年也可以做得很好，但是能坚持几十年如一日地做好平凡岗位的工作，就是最强有力的执行，就是奇迹的缔造者。

执行力强调企业要建设以结果为导向的考核机制

以结果为导向，就是要善用员工的长处，使其在岗位上创造好的绩效（见表6-1）。

表6-1 以结果为导向的考核重点及非关键考核项

岗位	以结果为导向的考核重点	非关键考核项
客户经理	• 销售订货及回款 • 客户满意度 • 产品及服务合同质量	• 项目信息的准确性 • 竞争对手信息的准确性 • 团队组织与协作能力
研发工程师	• 产品按计划上市 • 软件代码及产品的质量	• 技术能力、学习能力 • 团队合作能力

续表

岗位	以结果为导向的考核重点	非关键考核项
交付项目经理	• 基于合同要求完成项目 • 客户满意度	• 人员管理能力 • 团队管理能力 • 沟通协调能力 • 预算管控能力 • 问题处理能力 • 质量管理能力
技术支持工程师	• 问题响应及解决闭环的及时性 • 客户满意度	• 专业技术能力 • 客户沟通能力 • 团队合作能力 • 工作态度及职业精神

抓住了各个岗位的关键考核指标，接下来需要思考如何让各个岗位的员工充分发挥各自的才能来实现目标：虽然客户经理可能每天让人感觉"无所事事"，甚至完全不懂业务，但是在关键时刻他却总能获取项目关键信息，拿下项目签订合同，他就是一位优秀的客户经理；在项目交付期间，虽然项目经理的脾气可能非常不好，对交付团队所有成员严格要求甚至训斥，但是他能够严格执行项目计划，保障项目进度和质量，预见和发现各种问题并及时解决，及时交付和验收项目，他就是一位优秀的项目经理；虽然研发工程师很不善于沟通，但是他能够开发出短小精悍的核心代码，让产品版本的质量很高，他就是一位优秀的研发工程师；客户服务热线工程师，即使面对客户的抱怨、指责甚至谩骂，仍能耐心地帮助客户解决问题，他就是优秀的客户服务热线工程师。

人无完人，各个岗位也有各自的要求，只要高质量完成关键考核项，就是优秀的员工。以结果为导向，可以让员工在不违反企业制度的前提下，采用自身的工作方式，让绩效的结果达到最优，这样的员工就是好员工。

如果一个团队全都是顺从主管思想、严格按照主管思路做事的员工，那他们就是最缺乏活力，不能发挥个人特长，也不能互相碰撞、互相学习的团队。当员工很多好的工作方式被压制时，很难打造出一支具有强大战斗力的团队。

以结果为导向的执行力提升方案如图6-3所示。

管理的哲学
道法术器势

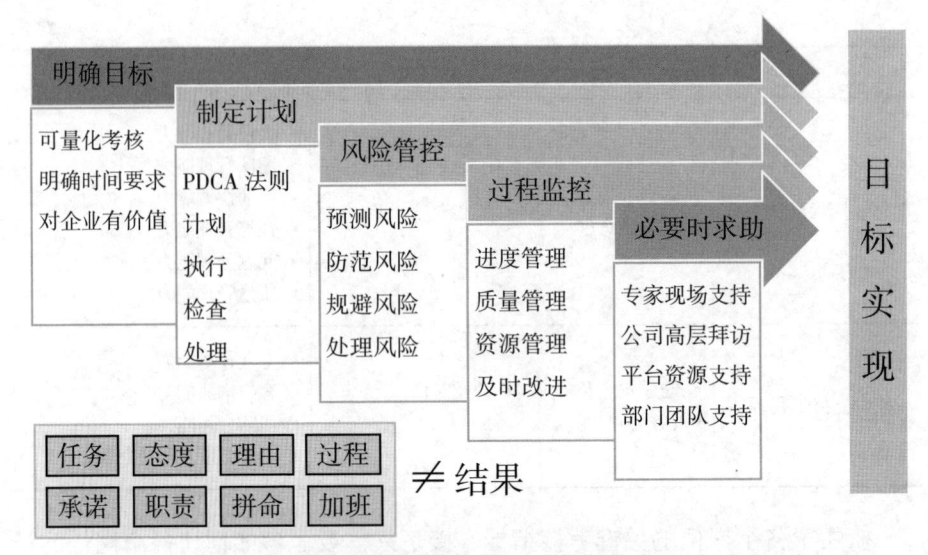

```
明确目标 ─┐
可量化考核  │ 制定计划 ─┐
明确时间要求│ PDCA法则   │ 风险管控 ─┐
对企业有价值│ 计划       │ 预测风险  │ 过程监控 ─┐
            │ 执行       │ 防范风险  │ 进度管理  │ 必要时求助 ─┐   目
            │ 检查       │ 规避风险  │ 质量管理  │ 专家现场支持│   标
            │ 处理       │ 处理风险  │ 资源管理  │ 公司高层拜访│   实
            │            │           │ 及时改进  │ 平台资源支持│   现
            │            │           │           │ 部门团队支持│
```

任务	态度	理由	过程
承诺	职责	拼命	加班

≠ 结果

图 6-3 以结果为导向的执行力提升方案

◇ 明确目标：不仅要让主管和员工都有清晰的业务目标，而且要充分理解目标的价值、实现目标的时间、目标的量化考核要求。

◇ 制订计划：针对业务目标制订详细的实施计划，可以参考 PDCA 的模式进行计划，并对任务的优先级按照紧急程度进行排序，确保实现既定的目标。

◇ 风险管控：在执行计划的过程中，可能会面临各种风险和挑战，需要提前预测并制定防范和规避措施，降低实施过程中的各类风险，在风险发生时能够快速有效地处理，确保目标任务按时完成。

◇ 过程监控：对于计划的执行情况进行进度跟踪、收集数据、分析结果；对于未完成计划的情况进行分析总结和改进，确保最终目标的实现。

◇ 必要时求助：对于执行任务期间遇到的困难，可以求助部门团队、协调专家、企业平台资源，甚至通过高层领导拜访客户等方式协助解决疑难问题，从而促进合作目标的实现。

在执行计划过程中，如果存在的问题与初期计划冲突严重，就可以采取相应的措施优化改进计划，甚至调整目标，最终确保任务的完成。员工在完成既定任务目标后，往往会有接受更高要求目标任务的激情和活力。

执行力强调企业要建设公平公正的奖惩机制

《韩非子·八经》特别强调赏罚分明的重要作用:"赏贤罚暴,举善之至者也;赏暴罚贤,举恶之至者也。"大意是:奖赏贤人,惩罚暴行,是鼓励人做好事的最好办法;奖励暴行,惩罚贤人,是鼓励人做坏事的最好办法。

公平公正、公开透明、赏罚分明的管理,能够被一家企业长期严格执行是非常难的。裙带关系、官官相护、任人唯亲,使大部分企业走向衰落。

企业建设公平公正的奖惩机制需要关注以下几个方面(见图6-4)。

公平公正
- 企业文化价值观公平
- 业务规章制度公平
- 员工考核及职级评定
- 对关键事件进行回溯审查
……

公开透明
- 企业及部门业务信息及时披露,包括但不限于企业经营成果、团队及个人绩效,企业战略决策、部门业务规划与落地措施等
- 优秀团队、优秀项目、优秀个人、各种奖励或处罚通报公开透明
- 企业业务、部门业务运作管理公开透明
……

企业文化 → 业务制度 → 流程运作 → 执行力

图6-4 企业公平公正的奖惩机制建设全景

- ✧ **企业文化价值观公平**:注重论资排辈、裙带关系、溜须拍马的企业文化价值观,注定造就不公平机制,留不住优秀的人才。必须建设围绕客户需求开展工作和激励员工长期努力奋斗的业务制度,只有建立"以客户为中心、以员工为本"的企业文化,才能支撑企业持续发展。
- ✧ **业务规章制度公平**:销售制度必须以签单、订货、收入、利润、客户满意度等为考核指标;交付制度必须以优质、快速、低成本、契约化等为考核指标;研发制度必须以版本发布及时性和质量等为考核目标;员工晋级必须以"绩效贡献 + 个人能力 + 劳动态度"等为核心。公平的业务制度,让部门、团队、个人都基于考核要求得到合理的评价。只有大家都有同等的发展机会,才会让员工合成一股力量去奋斗。
- ✧ **员工考核及职级评定公平**:公平公正的员工考核评定、职级评定以及配套的待遇提升,会让员工信任企业,有安全感和归属感。只有让优秀的员工得到中肯、正面的评价和晋升,落后的员工得到差评甚至被淘汰,

才能使全员向优秀员工、优秀团队学习并以他们为榜样。同时，评定的过程要透明，这里说的"透明"不是把点点滴滴的过程都告诉全员，而是要在评定结果上给予说明，让大家充分理解这个评定过程是基于企业或部门标准评定的。历朝历代官员的任命都有公示制度，这也是一种公开透明的表现形式。

◇ 对关键事件进行回溯审查：针对部分员工晋级过快、奖项过多、处罚过严等"偏执"事件，人力资源等部门需要进行回溯，审查其合理性，进一步保证公平公正，也能有效预防主管滥用职权。

企业建立公开透明的机制同样需要做到以下几点。

◇ 企业及部门的业务信息要及时披露。应该把企业的战略规划、部门规划和业务经营信息等及时向员工披露，让员工知道企业及部门的目标在哪里，目前的差距在哪里，该朝哪个方向发力。

◇ 企业的奖惩要及时通报。优秀团队、优秀项目、优秀个人以及其他各种奖励或处罚等要及时通报，使优秀事迹成为员工学习的榜样，使大家对负面案例引以为戒，避免犯同样的错误。

◇ 企业业务、部门业务运作管理要公开透明。企业及部门在经营管理过程中的数据披露也是重视员工的表现，使员工能够及时了解企业和部门的业务信息，与企业共同成长。

建立公平公正、公开透明的机制，由管理者带头、高层示范，由此形成不可撼动的企业文化。

在企业里，赏罚分明也是提高执行力的有力手段。公平公正、公开透明的执行力，让企业文化、管理制度、业务流程、运作方法、执行手段等不折不扣地落地实施，这是企业能否持续发展的关键。

执行力强调企业要敢于淘汰不合格的干部

企业在发展过程中，总会有优秀员工因贡献突出被提拔为干部甚至是高层管理者。然而，社会在发展、环境在变化、技术在更新，客户的需求也随之发生变化，有些员工会跟不上时代、企业的步伐，思想观念落后，不愿意接受新生事物，不能快速制订应对方案，导致市场营销策略、产品开发设计、交付模式落后，其带领的团队同样会慢慢思维固化，业务的运作很容易被对手超越。

作为一名主管，需要将对业务的极致追求作为永恒的目标。"发现即上市"就是企业快速响应客户需求的极致追求。

一旦发现市场需求、客户需求,就要尽快开发出满足市场的产品,研发上市周期、交付周期都是对企业开发能力、交付能力的考验。如果别人使产品3个月就能上市,而我们却需要9个月,那么等产品上市的那一天,市场已经没有了。

随着互联网的高度发达,用户流量向优质产品、优质厂商汇集的速度更快,在小红书、抖音、电商、微信等各大平台的广告推送下,一个优质新产品的积极效应可能只需要几天就被全国人民知道了。

快速响应市场需求,提升产品品质、项目交付、产品更新迭代的能力,考验着企业的流程运营能力、项目运作管理能力、作业效率等。这不仅是现代企业得以长期生存的核心能力,也是对企业各级管理者的严峻考验。不合格干部的典型特征如图6-5所示。

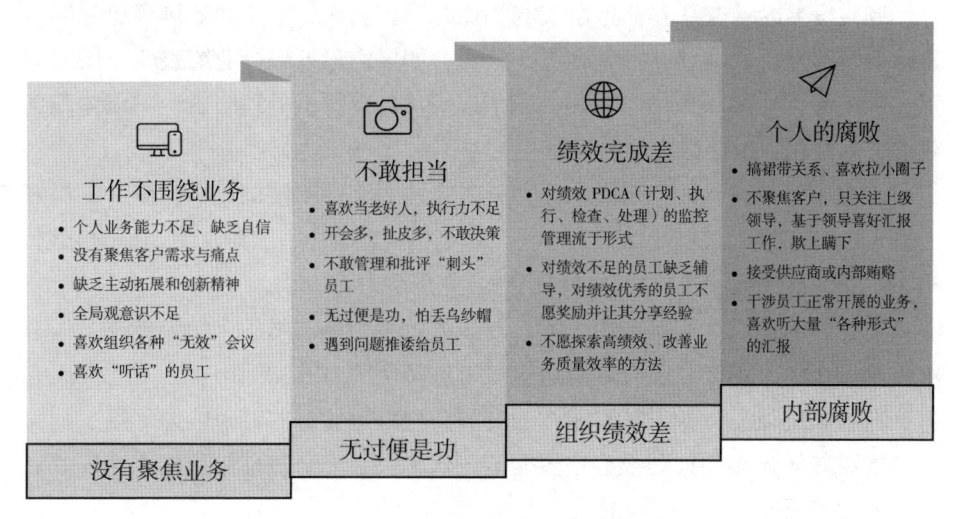

工作不围绕业务
- 个人业务能力不足、缺乏自信
- 没有聚焦客户需求与痛点
- 缺乏主动拓展和创新精神
- 全局观念意识不足
- 喜欢组织各种"无效"会议
- 喜欢"听话"的员工

不敢担当
- 喜欢当老好人,执行力不足
- 开会多,扯皮多,不敢决策
- 不敢管理和批评"刺头"员工
- 无过便是功,怕丢乌纱帽
- 遇到问题推诿给员工

绩效完成差
- 对绩效PDCA(计划、执行、检查、处理)的监控管理流于形式
- 对绩效不足的员工缺乏辅导,对绩效优秀的员工不愿奖励并让其分享经验
- 不愿探索高绩效、改善业务质量效率的方法

个人的腐败
- 搞裙带关系、喜欢拉小圈子
- 不聚焦客户,只关注上级领导,基于领导喜好汇报工作,欺上瞒下
- 接受供应商或内部贿赂
- 干涉员工正常开展的业务,喜欢听大量"各种形式"的汇报

没有聚焦业务 | 无过便是功 | 组织绩效差 | 内部腐败

图 6-5　不合格干部的典型特征

干部考核必须有能者上、平者让、庸者下的考核机制,以及上级、平级(业务相关)、下级的评价机制。同时,建议增加360度调查机制,通过下属团队的问卷反馈,全方位了解干部的任职是否符合企业要求,干部本人是否有业务违规、违反干部要求等情况,问卷要以干部要求的标准和业务特点相结合进行设计。有严重问题的干部,必须降职降级、调整岗位,甚至降为普通员工,严重者可以直接辞退。

干部的士气决定了团队的士气,干部的战斗力决定了团队的战斗力,必须让干部时刻充满斗志、聚焦工作和奋勇向前,这是企业长期保持活力的重要因素。

管理的哲学·
　　道法术器势

执行力强调企业要敢于淘汰末位员工

企业最大的问题之一，就是在淘汰员工上执行不力，尤其是资深员工。他们可能占据关键岗位，让整个团队的绩效提不上来，各种不良后果接踵而至：员工感到不公平，士气低落，工作积极性不高；组织氛围差，团队工作效率低下，在与客户的业务活动中，可能还会损害企业形象；留不住有才能的员工，对企业长期发展极为不利。

坚持末位淘汰机制，是持续激活团队最简单有效的方法，每年保持一定比例的末位淘汰，将混日子员工及时清理出队伍，以激活团队活力。在制定淘汰标准时，首先，要明确企业的核心价值观和战略目标，围绕这些核心内容和目标，制定符合企业文化和业务发展的淘汰标准。其次，对于绩效排名靠后的员工，要及时发现、沟通并指导改进。最后，如果沟通、进行业绩整改一段时间后（1~3个月）效果依然不明显，则予以淘汰。这样的处理方式，不仅体现了企业的人性化，也让员工容易接受。

杰克·韦尔奇认为，所谓执行力就是企业对奖惩制度的严格实施。要搞好一个企业并不难，关键是给20%的优秀员工不断地升职加薪，使10%的落后员工不断地被降级淘汰，企业全员自然会充满活力。

当然，末位淘汰也是最后一招。对于绩效不合格的员工，如果其在工作态度上是积极的，那么企业应尽量通过赋能或转岗的方式激活员工；对于在某些方面有特长的员工，如果其善于沟通交流，只是对业务的钻研能力不足，则可以考虑将其转到客户经理及客户界面的工作岗位，充分发挥其长处，这样就降低了人力资源部招聘及管理的成本。

执行力强调企业要对全产业链的合作伙伴信守承诺

执行力强调对员工、客户、供应商、合作伙伴信守承诺。

针对企业全产业链中的合作伙伴，始终保持合同承诺、产品质量承诺、供货及工期承诺、服务标准承诺、保密协议承诺、收付款承诺、公平交易承诺等，能帮助企业和整个产业链建立良好的产业生态圈。

供应商的良好合作模式，可以通过建立统一的标准和规范，明确供应商企业属性、财务状况、业务规模、产品及服务质量和资质、供应能力、员工队伍、企业稳定性、商务价格以及社会责任等多方面的要求；通过实地考察和建立供应商短名单，以及集中采购或单个项目采购招标方式选择供应商。同时，需要确保评标过程的公平公正性，让供应商愿意不断提升自身的产品和服务，和企业长期合作。

企业的规模再大、产品再好，若对客户不讲信用、不兑现合同承诺，就会不断流失客户；对员工不讲信用，对于超额完成绩效目标、能力达到并超越现任岗位要求的员工，不给予奖励或岗位职级提升的激励，就会不断流失骨干，让企业走向衰败。

张居正的《请稽查章奏随事考成以修实政疏》中说："天下之事，不难于立法，而难于法之必行；不难于听言，而难于言之必效。"可以引申为：制定企业管理制度和业务管理制度不难，难在执行；听从道理容易，但是能够做到非常难。

《韩非子·有度》中说："奉法者强，则国强；奉法者弱，则国弱。"大意是：如果执法必严，国家就会强大；如果执法不严，国家就会衰弱。企业也是如此，对于确定的制度，需要有清晰的奖惩措施，及时激励绩效优秀的员工，惩罚绩效末位或违反企业制度的员工。反之，越来越弱的执行力，是企业走向衰败的开始。

海尔砸冰箱的故事，估计很多人都听说过。

1985年，张瑞敏接到一封用户来信，信中说厂里生产的电冰箱质量有问题。张瑞敏立即带人检查仓库，发现仓库里有400多台电冰箱，其中76台不合格。当时，有人建议把电冰箱便宜卖给工人，因为电冰箱在那时属于高档家电。张瑞敏却在全体员工大会上宣布，要把这76台不合格的电冰箱全部砸掉，而且由生产电冰箱的人亲自砸。

这个故事不仅展现了张瑞敏对产品质量的严格要求，也体现了海尔集团的企业文化。海尔集团一直秉承"以用户为中心"的理念，始终把用户需求放在第一位，不断改进产品和服务，提升用户体验。这种企业文化也成为海尔集团不断发展的重要驱动力。

企业的发展既有顺利的时候，也有遇到困难的时候。在企业困难时期，依然能够对客户信守承诺，带来的影响力和效果将是巨大的。

蓝森林家具店的诚信故事感动了整个美国社会。

美国人汤姆搬新家时，准备换一张新的床垫，他去了一家叫"蓝森林"的家具店买床垫。汤姆按规定先向家具店交付了200美元的订金，完事便高高兴兴地回家了。谁也没有想到的是，汤姆在回家的路上遇到一辆煤气车突然发生爆炸，汤姆的车被炸翻了。他被送到医院时，已经不省人事了。几天后，他仍然没有脱离危险。

这时，已经到了家具店给汤姆送床垫的日子，家具店自然不知道汤姆的这一情况。当家具店把床垫送到汤姆家里时，打开门的人却说他从来没有订过床垫，送货人核对订单上的地址发现信息没有错，就是这个小区、这个门牌号。房子的主人却坚持说送错了，这里根本就没有一个叫汤姆的人。

家具店只好将床垫拉回了店里，心想这个叫汤姆的人一定会回来找的，毕竟他已经交了200美元的订金。没想到，这时的汤姆已经被医院宣布为植物人，他的家人也不知道汤姆此前订了一张床垫。

"蓝森林"家具店是一家严格遵守合同、为顾客着想的老店。他们没有因为这张床垫无人来取而感到占了便宜，反而陷入了困境。他们在店门口张贴了告示，又在当地的报纸上发布了消息，寻找汤姆。希望知情者能提供有关汤姆的线索，将床垫带走。然而，汤姆家人此时根本没有时间看报纸。

但是，家具店和生产床垫的公司都在坚持，一定要等汤姆来领床垫，因为这是一个信誉和诚实的问题。多年来，无论是这个店家，还是厂家，都一直严格信守着自己的经营承诺。

汤姆订购的床垫放在家具店里一年了，依然没有人来认领。又过了两年，厂家已经不再生产这类床垫了，汤姆还是没有来。其间，商店和厂家为这张床垫交换过几次意见，双方商定还是留下这张床垫。虽然事实上也许根本不可能有人来认领这个床垫，但道义上他们仍然选择了信守诺言的做法，因为他们是美国知名的商店和厂家，要坚守信誉。

就这样，这张没有人认领的床垫被店家挪来挪去，虽然很占地方，但没有人对这种看似愚蠢的做法提出任何非议，诺言和诚信有时确实会呈现出愚和拙的一面。

其间，家具店换过两个老板。接任时，前任都要领着接任者走到这张奇特的床垫前，说明几年前发生的情况，接任者也像他们的前任一样，信守诺言。每隔一段时间，他们就会拿出一支粗笔，把床垫上那几个已经模糊了的大字再描上一遍："订购人，汤姆。"他们并不是死板地要等待汤姆，而是要把这件事作为信守合同的一种责任让自己牢记，这就是"蓝森林"家具店的经营理念，笨拙得让人感动。

没想到七年后，奇迹发生了，作为植物人的汤姆苏醒了。汤姆的苏醒作为医学界的一个奇迹被媒体争相报道，电视、报纸上都登出了有关汤姆起死回生的消息。这时的汤姆已经不记得从前的事了，毕竟已经过去了七年。但离他最近的一件事他还是回想了起来，那就是七年前，他是在订购床垫回来的路上出事的。

家具店惊奇地得知这一消息后,急忙去医院找汤姆。原来,七年前是汤姆把订货单上的地址写错了,把一区写成了七区,一区和七区相距5公里。怪不得床垫永远也送不到汤姆的家。

七年后,家具店终于把汤姆订购的床垫送到了汤姆家,店家将床垫作为汤姆康复回家后的一份礼物。这件事在全美引起了强烈的震动,床垫厂商与家具店的信誉让人深深感动,他们默默坚持了七年。汤姆回家的那天,许多市民跑到街上,他们一定要摸一摸这张神奇的床垫。人们说,汤姆的苏醒肯定与这张床垫有关。他们认为汤姆的苏醒不仅是一个奇迹,更是家具店七年来对汤姆的深切召唤,是上苍不肯放走汤姆,一定要让他睡一睡这张床垫。正是这种真诚的力量,才使事情有了今天如此圆满的结果。

许多报纸为赞扬家具店的这种美德进行长篇报道,一致认为:就是这张床垫默默坚守了七年,感动了神灵,才使汤姆重返人间,得以重生!

就连当时的美国总统里根,看了报纸,对此事也大加赞扬。

"蓝森林"诚实守信的故事带来的品牌价值,远远超过其他方式的广告效果。

执行力强调企业要积极奖励遵从企业价值观导向的员工

企业员工的管理机制需要以结果为导向,以企业价值观为导向,并在此基础上制定KPI,才能给出相对公正的考核结果。

奖励业绩突出的员工或团队

业绩突出的员工或团队是企业发展的中坚力量,他们凭借出色的工作表现和卓越的业绩,为企业创造了丰厚的价值。对于这些员工,需要给予充分的奖励和激励,以进一步激发他们的工作热情和创造力。奖励能够体现对业绩突出员工的认可和尊重,让他们不断挑战自我、超越目标,持续为企业的发展做出更杰出的贡献;奖励能够激发业绩突出员工的积极性和创造力,让他们有高度的责任感和使命感;奖励能够对企业内部的激励制度产生正面影响,营造积极向上的工作氛围,激发其他员工的进取心和竞争意识。奖励是企业吸引和留住人才的重要手段,通过给予业绩突出的员工丰厚的奖励,能够增强员工的归属感和忠诚度,降低人才流失的风险,为企业的长远发展奠定坚实的基础。

奖励遵从企业价值观导向且绩效突出的员工或团队

✧ 奔赴一线的价值观导向：鼓励员工奔赴一线市场、盐碱地市场、海外市场、海外艰苦地区等。只有一线市场的不断发展和壮大，才会有企业长期可持续发展的可能。

✧ "以客户为中心"的价值观导向：如客户经理、产品及服务解决方案销售经理、合同商务经理、交付项目经理、交付工程师等是需要符合企业价值观导向的岗位，因为只有签订和交付合同才能给企业创收。还有一些岗位虽然长期驻扎在企业内部，但实际上是服务一线客户的，如研发团队，他们只有服务好产品销售团队和工程交付实施团队，才能让企业的产品更好地满足客户需求。

✧ "以内部客户为中心"的价值观导向：对于支撑部门来说，人力资源部、生产制造供应管理部、采购部、质量管理部、后勤管理部以及业务部门在机关的组织等，主要服务于各部门或一线团队，同样需要把内部客户的期望作为努力的方向。对于内部业务支撑做得好的部门也应给予奖励，"兵马未动，粮草先行"就是战争对后勤提出的要求，任何战争的胜利，后勤保障工作都功不可没。

✧ 敢打硬仗的价值观导向：重大项目、山头项目、格局项目、突破项目、盐碱地项目等体现了企业的价值观导向，要鼓励员工多承担重大项目，只有全员积极参与重大项目才能更快成长，给企业创造价值才可能最大化。猛将必发于卒伍，不想当将军的士兵不是好士兵，骨干和管理者都是从硬仗、大仗中打出来的，这才是企业激励的方向。研发团队虽然不直接面对客户，但针对关键市场需求、重大客户需求的产品开发与设计，同样也是重大项目，致力于开发出优于同行的极致产品，使产品一上市就备受消费者青睐，这就是优秀的研发团队。

✧ 其他正能量的价值观导向：如重大事故抢修、客户紧急需求、主要供应商中断供应、法律法规新增需求等引发的项目任务是临时或突发性紧急项目，类似救灾抢险，对企业的影响很大，需要一批勇士和专家冲锋陷阵，并给予充分的激励。比如，经验传承奖励——优秀的员工把成功的经验、失败的经验都写下来，放入业务案例或业务指导书，让后续新老员工都可以吸取教训，少走弯路，让更多人在工作中出色发挥，这相当于提升了相似业务岗位的整体绩效。还有客户满意奖、成本控制奖、文化建设奖、流程改进奖等都可以作为企业价值观导向方面的奖励，激励员工。

以上奖项可根据企业业务和发展需求灵活调整。为确保公平和效果，通常在制定详细的评奖标准和流程后进行公开透明的评选。评奖过程中，应充分尊重和认可每位员工的贡献，激励他们持续为企业创造价值。

对各层级干部的执行力要求不同

华为 CEO 任正非用"高层砍掉双手、中层砍掉屁股、基层砍掉脑袋"，形象地比喻了对不同层级干部的执行力要求。

对高层干部的执行力要求是：仰望星空、洞察市场、规划战略、运筹帷幄。

高层干部就是确保企业做正确的事情，要保证进攻的方向是对的，要确保进攻的节奏是稳妥的，要协调好作战的资源。不能习惯性地扎进具体的事务性工作，要卷起袖子和裤脚，下地埋头干活。

对中层干部的执行力要求是：多去一线、客户现场走动管理，打破部门本位主义，要有全局观，紧盯客户和市场。

首先，中层干部要走出办公室，多去客户现场、一线项目组，紧盯市场，紧盯客户，亲自感受"炮火"的声音，不是一年偶尔几次亲临一线，而是要坚持不懈有计划地去一线。其次，要坚决反对中层干部只关注部门利益而不考虑全局利益，部门之间的协作困难，和领导的本位主义有很大关系。最后，中层干部是"脑袋对着客户，屁股对着老板"，而不是整天揣摩上级的"圣意"，"屁股对着客户"，不理不睬，这是严重违背企业价值观导向的。

对基层员工的执行力要求是，按照流程要求，把事情做正确，没有任何借口地执行和完成任务。

对于基层员工来说，他们的战略眼光、管理能力通常还没有成长起来，主要职责就是严格执行上级命令，基于岗位要求把绩效做到最佳，同时需要考虑如何持续提升业务效率和质量，这就是他们的工作职责。

基于岗位要求、工作要求、考核要求，把业绩做到最好，持续提升工作效率和工作质量，而不是整天讨论企业大事、高层的政策是否合理等不属于自身业务范围的事。

失败的企业往往是：总经理在做总监的事，总监在做经理的事，经理在做员工的事，员工在谈论国家大事。

第四节　企业执行力不足导致的常见问题

企业执行力不足导致的常见问题如图 6-6 所示。

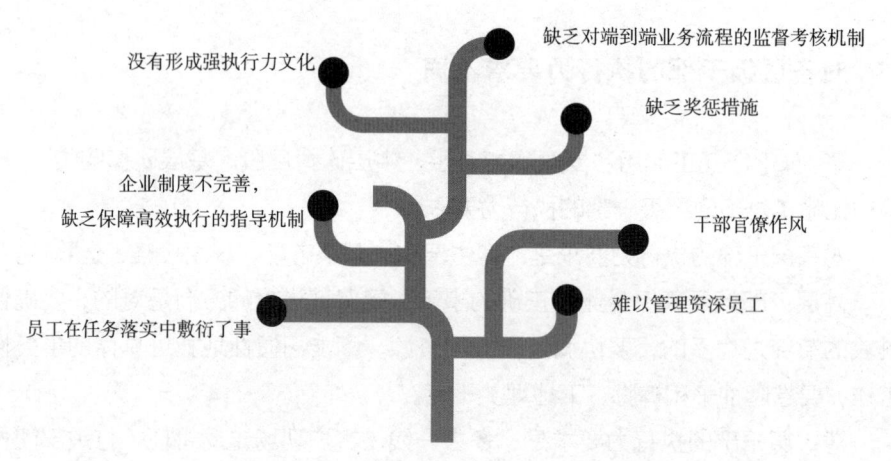

图 6-6　企业执行力不足导致的常见问题

企业执行力不足导致的常见问题之一：没有形成强执行力文化

企业既没有营造严格执行的工作氛围，也没有形成自上而下雷厉风行、令行禁止的执行力文化。

解决思路：执行力文化，即将"执行力"作为所有行为的最高准则和终极目标的文化，在于能通过无形的渗透力和感染力，影响企业全体员工的行为，引导执行者向一致的目标努力。因此，企业管理者最大的任务之一就是营造企业的执行力文化。

古人云："其身不正，虽令不从。"所谓"上梁不正下梁歪"，如果管理者在工作中宽以待己、严于律人，自己没有做好表率，又怎能带出有执行力的团队？

企业执行力不足导致的常见问题之二：企业制度不完善，缺乏保障高效执行的指导机制

企业的管理制度、业务运作制度不健全，各级主管整天非常忙碌，业务管

理思路完全基于个人经验，结果不仅主管累得不行，员工还经常不满意。

解决思路：统一业务运作的标准、规范，建立标准化、流程化、程序化的业务运作机制，借助 IT 工具、流程化工具进行管控，定期统计分析业务运作数据，及时改进业务质量，做到用流程管理业务，自动自发地运营业务，全员都知道业务流程要求的标准是什么，规范是什么，然后通过管控点管控业务质量、业务关键决策等，业务运作的执行力自然就强了。

1993 年，诺贝尔经济学奖得主道格拉斯·诺斯认为，制度的主要作用是消除或降低社会交往中的不确定性。延伸就是，我们在企业中要消除工作中的不确定性，要规范化、标准化、职业化地运作管理。建立完善的企业管理制度对提升执行力有着根本性的支撑作用。

企业执行力不足导致的常见问题之三：员工在任务落实中敷衍了事

在企业制度、业务运作机制都清晰的情况下，依然有主管或员工在运作过程中弄虚作假，工作中存在糊弄领导、走过场的情况，没有真正按照标准规范执行。

解决思路：通常这种现象有两种情况：一是业务运作中，缺少管控机制，如对于质量的管控、业务关键点的决策管控等；二是业务执行中，员工责任心不强，整天浑水摸鱼，糊弄业务、业务团队、领导，以致影响团队的整体业务质量及团队绩效。

对于第一种情况，我们建议在业务流程运作中增加控制点，如业务审查/评审、业务决策等，对于业务管控的关键点，可能还要设置管理员进行审核确认，这样就能防止员工在工作中敷衍了事。

对于第二种情况，需要从企业高层做起。企业制度执行是否严格的第一责任人是企业的老板，老板必须以身作则地执行企业管理制度。

一个合格的主管只有严格要求自己，才能以同样的标准要求下属，让员工心服口服。高层管理者的示范作用，其实际效果显著优于制度规定的培训和指导。尤其在面临关键事件时，对不作为的主管、严重违反企业制度的员工，必须给予处分和警示，决不能心慈手软，这样才能服众。

企业执行力不足导致的常见问题之四：缺乏对端到端业务流程的监督考核机制

在端到端业务流程中，某些环节的部门团队输出质量不达标、业务部门不作为，导致企业内部的下游部门深受其害。

解决思路：建立上下游部门之间的监督机制。对于部门业务输出质量经常不达标或质量较差，导致下游工作较难开展的情况，建立上下游之间的沟通渠道，可以通过增加对上游的考核权，或者投诉反馈渠道，推动业务上游部门改进。

IBM的一位总裁说过两句话：一是员工只做你检查的事，不做你希望他做的事；二是你不检查的事，就等于你不重视的事。

一家成功的企业，离不开科学的预测、正确的决策、严格的管理和有效的监督。制度的落实不仅需要自觉维护，更需要组织监督。大家都上过学，教师如果不检查布置的作业，学生就会出现应付与侥幸的心理，作业的质量可想而知。

企业执行力不足导致的常见问题之五：缺乏奖惩措施

即使进行了监督和检查，如果对执行力优秀的员工没有奖励，对执行力低下的员工没有处罚，监督检查也起不到良好的示范作用。

解决思路：企业的奖惩激励永不过时，再好的管理理论、管理方案、管理模式，如果做不到奖惩分明，也很难取得实质性效果。

企业执行力不足导致的常见问题之六：干部官僚作风

企业的裙带关系、官官相护等内部腐败，导致遇到业务问题时谁都不说，谁都不揭露，大家对问题睁一只眼、闭一只眼，这是企业最大的敌人。

解决思路：建立企业内部举报和问题反馈机制，员工可以通过公共邮箱、问题反馈的平台，或者直接向高层反馈等方式进行举报或反馈。我们要保护并奖励反馈问题的员工，对于审查后发现主管或员工确实有不作为或严重违反企业制度的情况，要予以处分，并在企业内部通报批评。

杰克·韦尔奇说:"执行力就是要消灭妨碍执行的官僚作风!"无论是制度还是流程,都要简洁、精练,不仅要便于理解,更要便于执行。简单才最有力量,简单才最有执行力。

有执行力的管理者通常都言简意赅,说话既不拐弯抹角也不虚伪矫饰,而是直抒己见。他们知道该如何化繁为简,好让别人容易了解、评估并且展开实际行动,因此他们的话语常常成为众人遵循的准则。

不踢皮球、不打太极、敢于决策、敢于担责,才是管理者应有的态度。

企业执行力不足导致的常见问题之七:难以管理资深员工

在处分一些资深的员工或干部时,企业往往难以按照正常流程操作。他们曾经是企业的功臣,为企业做出过较多贡献,如何处分他们通常让主管比较为难,甚至有时候会大事化小、小事化了地处罚,难以服众。

解决思路:这是企业面临的难题之一。企业创业初期,往往是最困难的时候,正是老员工们不辞辛劳、拓展市场,没日没夜地开发产品,贴心贴肺地服务好客户,才使企业有了今天。对于这些人的处罚,一定要有预先沟通机制,可以安排企业高层进行沟通,"动之以情、晓之以理"地讲解处罚原因和企业价值观导向;同时,对于此类处分通报可以控制在小范围内。

企业的"势"就是打造企业的执行力。一家优秀企业的文化、价值观、战略、制度、目标,能让企业全员拧成一股绳,通过不懈的努力一步步实现目标,成为企业"势"不可当的巨大威力。

第五节 "势"的小结

"势"是企业在"道法术器"各方面建设完善的前提下,需要打造的强大执行力。

《晏子春秋·内篇杂下》中说:"为者常成,行者常至。"大意是:只要勇于行动,就能成功地做好某件事情。只有行动者才能走到成功的终点,只有坚持者才能实现自己的目标。

❖ 实现企业的目标和梦想,需要强大的执行力。企业各项制度和业务目标的实现,需要全员不折不扣地执行。

- ◇ 提高业务质量和效率，需要强大的执行力。需要员工基于企业业务要求，兢兢业业地工作并持续改进业务。
- ◇ 建立客户信任和忠诚，需要强大的执行力。对客户信守承诺，以终为始，始终不渝地坚持，才能获得客户的信任和对企业的忠诚。
- ◇ 促进员工发展和成长，需要强大的执行力。只有公平公正、公开透明的评价与晋升机制，以及待遇改进和奖惩措施，才能让员工有安全感和归属感，不断努力向前。
- ◇ 建立良好的产业生态圈，需要强大的执行力。和客户、合作伙伴、供应商之间建立良好的合作基础，信守承诺，确保实现共生共赢的"命运共同体"。
- ◇ 克服困难和挑战，需要强大的执行力。企业在困难时期各项政策的执行，不仅需要全员共同努力，而且需要不折不扣地完成，还需要剑锋所指、所向披靡地执行，打造永不服输的气势。

企业执行力强，对客户信守承诺、对员工公平公正，就能打造企业之势，成就商业帝国。

常见的提升企业执行力的手段有以下几种：

- ◇ 建立良好的企业文化价值观，并由企业高层带头践行，是企业价值观层面的保障。上行下效、身教胜于言教，榜样的力量是无穷的。
- ◇ 良好的制度是执行力的制度保障。只有符合客户利益、员工利益、合作伙伴利益、股东利益以及社会利益，才能让成为大家共识的价值观得到有效执行。
- ◇ 良好的流程是执行力的保障。建立标准化的流程及业务管理，让执行过程简单透明，并可监控和追溯。
- ◇ 公平公正是有效执行的关键。建立以结果为导向的考核机制，对员工进行公平公正、公开透明的评价，公开通报正向激励、负面处罚事件并进行公正的处理；在处理一些资深的干部和员工时，要提前沟通，不否定他们曾经的功劳，就事论事。同时，不仅敢于淘汰不合格的员工、不合格的干部，更敢于不拘一格地用人才，实施能者上、平者让、庸者下的用人政策，这不仅是让全员对企业信任的基础，也是激发员工动力的源泉。
- ◇ 信守承诺，表里如一是企业加强执行力建设的关键。对客户、供应商、合作伙伴等的承诺要在严格遵守合同的基础上兑现，包括产品质量、服务质量承诺，供货及工程交付承诺，保密协议承诺，评标过程的公平公正承诺等，这是建立企业品牌的基础。

除了强有力的执行力政策和措施，还要建立内部、外部的问题反馈渠道，如举报邮箱、问题反馈热线及平台等，让员工、客户、合作伙伴等和企业高层建立联系，积极发现企业的各类问题，推动业务改进，保持高效的执行力。

第七章

"道法术器势"
永不过时

"道法术器势"几乎涵盖了所有领域：企业管理、战略制定、个人成长、教育医疗、各行各业、文化传承、社会发展等方方面面，都可以运用这一哲学理念。如果在对应的发展阶段建立系统化的管理体系，就容易让事务的发展获得成功。这种思维就是系统化的管理思维，大到国家治理，小到个人目标，均可适用。

个人学习规划、业务能力提升、客户交流、个人创业、职业经理人成长、普通员工成长、从战略到执行、项目管理、企业渡过难关时的应对策略等，都可以用"道法术器势"思维进行规划和设计，只要坚持不懈，就会极大地提高成功的可能性。

本书对"道法术器势"的总结如下。

首先，"道法术器势"是系统化的管理思维（见图7-1）。它强调企业管理、解决问题、处理业务等方面，并提倡全面考虑理念、规则、方法、工具、环境等多个层面；以客户追求、问题处理、业务要求等最高目标作为愿景和使命，建立核心价值观和指导理念，并以此为基础建设管理制度、管理规则，以及运

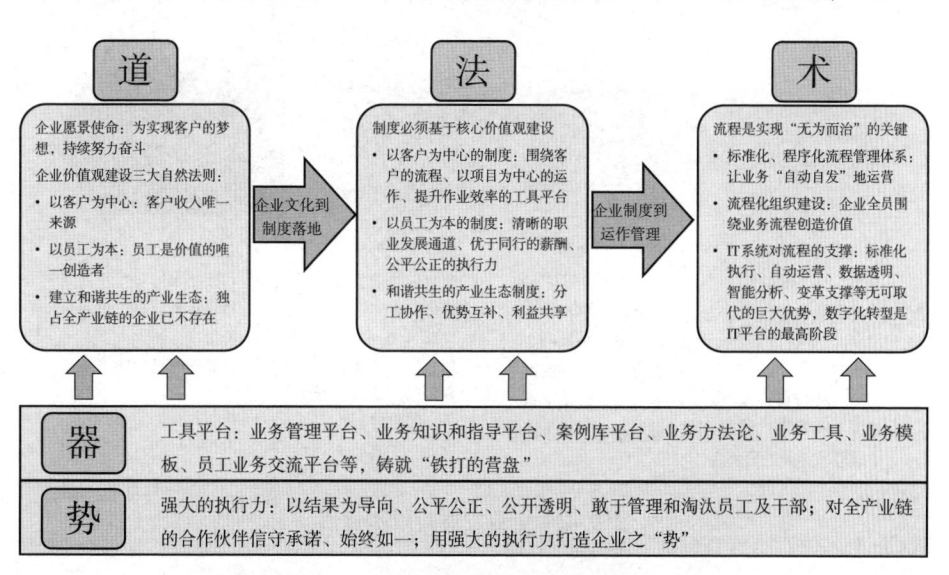

道	法	术
企业愿景使命：为实现客户的梦想，持续努力奋斗 企业价值建设三大自然法则： • 以客户为中心：客户收入唯一来源 • 以员工为本：员工是价值的唯一创造者 • 建立和谐共生的产业生态：独占全产业链的企业已不存在	制度必须基于核心价值观建设 • 以客户为中心的制度：围绕客户的流程、以项目为中心的运作、提升作业效率的工具平台 • 以员工为本的制度：清晰的职业发展通道、优于同行的薪酬、公平公正的执行力 和谐共生的产业生态制度：分工协作、优势互补、利益共享	流程是实现"无为而治"的关键 • 标准化、程序化流程管理体系：让业务"自动自发"地运营 • 流程化组织建设：企业全员围绕业务流程创造价值 • IT系统对流程的支撑：标准化执行、自动运营、数据透明、智能分析、变革支撑等无可取代的巨大优势，数字化转型是IT平台的最高阶段

企业文化到制度落地 → 企业制度到运作管理 →

器	工具平台：业务管理平台、业务知识和指导平台、案例库平台、业务方法论、业务工具、业务模板、员工业务交流平台等，铸就"铁打的营盘"
势	强大的执行力：以结果为导向、公平公正、公开透明、敢于管理和淘汰员工及干部；对全产业链的合作伙伴信守承诺、始终如一；用强大的执行力打造企业之"势"

图7-1 "道法术器势"的管理思维

作的方法和机制；同时，建设工具平台，如业务知识、案例库、培训赋能、各类工具模板、互动交流平台等作为支撑，为整体目标的实现提供管理方式；最后用强有力的执行力进行推进，使企业目标、业务目标、解决问题的目标通过"系统性功能强健"的运作管理模式，展现出强大的生命力，实现终极梦想。"道法术器势"有助于我们更好地应对复杂问题，推动事业不断发展。

其次，"道法术器势"是确保战略执行落地的方法和手段。没有战略目标和远景目标的企业，不可能走向强大，正如"如果一个人驾驶一艘船，却不知道驶向哪个码头（战略目标），那么任何风都不会是顺风"所言。让这个远大目标实现最好的思路就是"道法术器势"，它从战略目标制定、制度规则建设、运作机制建设、工具平台支撑、高效执行手段等方面梳理出一套行之有效的办法，帮助战略目标的实现。

再次，"道法术器势"是根据企业现状、业务现状、问题现状的特点，制定而成的符合企业自身特点的管理体系。

一家企业不是在创业之初就能把体系化的制度全部完善的，而是先要活下来。企业需要建立一个法治管理的体系，拿出具体的措施激励员工，调动他们的积极性。尤其是在困难时期，拿下项目合同、做好项目交付就是企业活下来的根本，这时候要给销售和交付团队足够的激励，让他们充分发挥主观能动性和创造性，调动全员的积极性，一步步地在激烈竞争的市场中生存下来（见图7-2）。

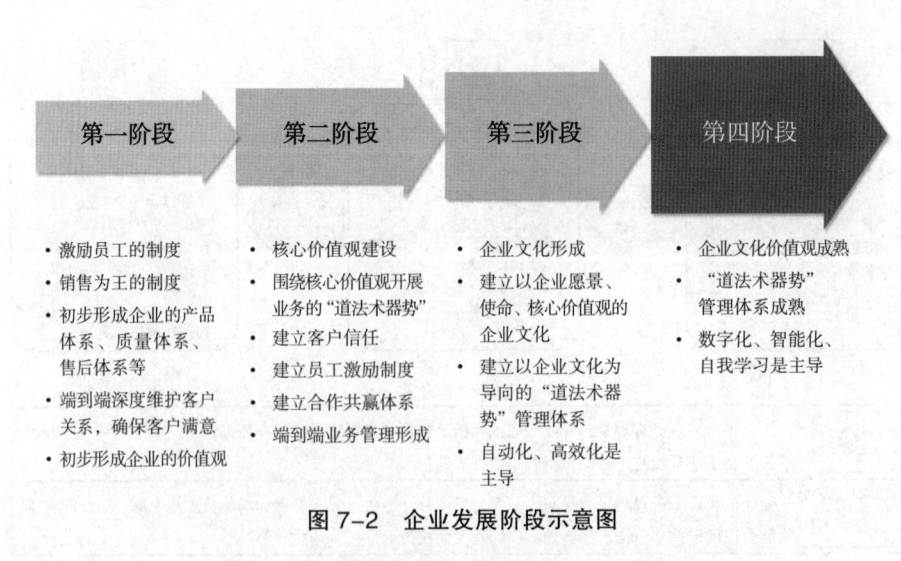

第一阶段	第二阶段	第三阶段	第四阶段
· 激励员工的制度 · 销售为王的制度 · 初步形成企业的产品体系、质量体系、售后体系等 · 端到端深度维护客户关系，确保客户满意 · 初步形成企业的价值观	· 核心价值观建设 · 围绕核心价值观开展业务的"道法术器势" · 建立客户信任 · 建立员工激励制度 · 建立合作共赢体系 · 端到端业务管理形成	· 企业文化形成 · 建立以企业愿景、使命、核心价值观的企业文化 · 建立以企业文化为导向的"道法术器势"管理体系 · 自动化、高效化是主导	· 企业文化价值观成熟 · "道法术器势"管理体系成熟 · 数字化、智能化、自我学习是主导

图7-2 企业发展阶段示意图

最后，"道法术器势"在不同领域的不同阶段，侧重点会有所不同。在客户拓展阶段，如果沟通的是客户高层，企业就要多讲解"道"的概念，说明自身的产品和服务能够给客户带来什么价值。如果沟通的是客户技术人员，企业就要重点讲解"法术器"的概念，即技术方案、执行措施、风险防范、管理要点等客户的关注点。企业在业务混乱时期，需要实施严格的"法治管理"；在业务高速发展时期，需要强调"术"层面的业务规范性管理；在稳定发展时期，需要把"道法术器势"各项内容逐步完善和推行，形成企业体系化"灵魂"。

"道"是灵魂和文化，是共同认可的核心价值理念。

"法"是规则和制度，是企业价值观的制度化呈现。

"术"是方法和手段，是让制度落地的运作规则。

"器"是提升效率的工具，是支撑作业的平台，是企业的运营根基。

"势"是执行力，是对内公平公正、对外信守承诺的执行动能。

"道法术器势"为企业在各领域的业务，以及各类场景下的问题解决提供了一个系统化的思路，构建了一个强健的"结构和体魄"，不仅能让企业在不断变化的环境中立于不败之地，还能帮助企业充满活力地持续发展下去，为社会的进步和发展贡献力量。

基于"道法术器势"理念经营的企业，在成熟运作后便可将接下来的目标定为：成为百年老店！